Hans Kelsen im Kriegseinsatz
der k.u.k. Wehrmacht

Rechtshistorische Reihe

Band 58

Verlag Peter Lang
Frankfurt am Main · Bern · New York · Paris

Gerhard Oberkofler
Eduard Rabofsky

Hans Kelsen im Kriegseinsatz der k.u.k. Wehrmacht

Eine kritische Würdigung seiner militärtheoretischen Angebote

Verlag Peter Lang
Frankfurt am Main · Bern · New York · Paris

CIP-Titelaufnahme der Deutschen Bibliothek

Oberkofler, Gerhard:

Hans Kelsen im Kriegseinsatz der k.u.k.-Wehrmacht : e. krit. Würdigung seiner militärtheoret. Angebote / Gerhard Oberkofler ; Eduard Rabofsky. - Frankfurt am Main ; Bern ; New York ; Paris : Lang, 1988
(Rechtshistorische Reihe ; Bd. 58)
ISBN 3-8204-1549-1

NE: Rabofsky, Eduard:; GT

Die vorliegende Arbeit wurde von
Univ. Prof. Dr. Wilhelm Brauneder
zur Aufnahme in die Reihe empfohlen

Gedruckt mit Unterstützung des Bundesministeriums für Wissenschaft und Forschung, des Universitätsbundes der Universität Innsbruck und der Kulturabteilung des Amtes der Tiroler Landesregierung

ISSN 0344-290X
ISBN 3-8204-1549-1

Printed in Germany

INHALT

VORWORT

Hans KELSEN hat das Bewußtsein und die Einstellung von einigen Juristengenerationen entscheidend geprägt, obschon der Inhalt seines anspruchsvollen Gedankengebäudes nur wenigen Experten tatsächlich bekannt ist. In Vergessenheit geraten ist allerdings, daß Hans KELSEN im Großreich Österreich - Ungarn fast zwanzig Jahre seines wissenschaftlichen Werdens und Wirkens erlebt und hier schon vor Ausbruch des Ersten Weltkrieges seine als "Reine Rechtslehre" bezeichnete Theorie des positiven Rechts entwickelt hat. Im Verlaufe des Ersten Weltkrieges gelangte KELSEN in die militärpolitisch einflußreiche Position des letzten Beraters des letzten Kriegsministers des letzten Kaisers von Österreich. Aus den nicht nur militärisch, sondern vor allem wissenschaftlich interessanten Verflechtungen der juristischen Ansichten von Hans KELSEN mit Verwaltungs- und später auch mit Verfassungsfragen der k.u.k. Wehrmacht ergibt sich ein bislang völlig unbekanntes KELSEN-Porträt. Vor allem für jene Gesellschaftswissenschaftler, die nicht rückhaltlos der Abstraktheit der virtuosen rechtlichen Konstruktionen von KELSEN folgen, sondern dem konkreten Nutzen seiner vielfach gepriesenen Lehre für die Rechtspflege nachspüren wollen, ist der Umgang von KELSEN mit der juristischen Praxis der Monarchie Österreich - Ungarn von großem Interesse.

Daß sich die beiden Autoren zusammengetan haben, um den Kriegseinsatz von Hans KELSEN in der k.u.k. Wehrmacht zu rekonstruieren, ist das Ergebnis ihrer schon jahrelang andauernden gemeinsamen Forschungsarbeit. Diese fand vor allem in den beiden Büchern "Verborgene Wurzeln der NS-Justiz. Strafrechtliche Rüstung für zwei Weltkriege" (Wien 1985) und "Studien zur Geschichte der österreichischen Wissenschaften zwischen Krieg und Frieden" (Wien 1987) sichtbaren Ausdruck. Dabei ist ihnen immer wieder das Wirken von Hans KELSEN begegnet, dem Eduard RABOFSKY schon 1961 eine kritische Abhandlung gewidmet hat. 1985 waren sie allerdings noch der Auffassung, daß der spätere Schöpfer der Verfassung der Republik Österreich während seines Militärdienstes nicht sehr ambitioniert an die ihm gestellten militärpolitischen Aufgaben der k.u.k. Monarchie herangegangen ist. Daß das Gegenteil der Fall ist, war auch für die beiden Autoren überraschend.

Gerhard Oberkofler — Eduard Rabofsky

I.

DER ERSTE WELTKRIEG UND HANS KELSEN

Mit seinem anspruchsvollen und überaus umfangreichen rechtswissenschaftlichen Gedankengebäude hat Hans KELSEN auf dem Gebiete des Rechts das Imperium Austriae zu einem Imperium mundi fortentwickelt(1). So formulierte jedenfalls René MARCIC, der wohl rhetorisch wirkungsvollste Anhänger der Lehren von Hans KELSEN, als Rektor der Universität Salzburg anläßlich einer besonders feierlichen Laudatio im Jahre 1967(2). Tatsächlich hat KELSEN und seine Reine Rechtslehre sozusagen Massenwirkung erzielt, aber KELSENs Einfluß besteht, wie Johann J. HAGEN treffend feststellt, nicht etwa darin, daß seine Lehre landauf landab diskutiert wird, sondern darin, "daß sie das Bewußtsein und die Einstellung von einigen Juristengenerationen zu prägen vermochte und weiterhin zu prägen imstande ist, obwohl ihr subtiler Inhalt nur wenigen Experten wirklich bekannt ist"(3). Bruno KREISKY schließlich merkt nicht unrichtig an, daß heute jeder bessere Jurist KELSEN-Schüler gewesen sein will(4).

In Wien wurde zu Ehren des 1930 an die Universität Köln übersiedelten und in weiterer Folge in den USA tätigen Gelehrten ein als gesetzliche Stiftung besonders dotiertes Hans KELSEN-Institut geschaffen. Dessen Leiter, Robert WALTER, schätzt den Einfluß von KELSEN auf die Rechtswissenschaft durch die Begründung der Wiener rechtstheoretischen Schule als von niemand übertroffen ein(5).

An den von MARCIC in die KELSEN-Ehrung eingeführten Begriff eines von KELSEN ausgehenden Imperium Austriae kann bei der Gesamtbewertung des juristischen Handelns von KELSEN durchaus angeknüpft werden - auch wenn dieser Begriff mehrdeutig ist. Denn in der Gegenwart ist es nahezu in Vergessenheit geraten, daß der 1881 in Prag, einem intellektuellen Zentrum einer imperialen Macht geborene Hans KELSEN im Großreich Österreich - Ungarn fast zwanzig Jahre seines wissenschaftlichen Werdens und Wirkens erlebt hat. Unterbrochen wird das geschlossen erscheinende, Rechtslehren schöpfende Bild des Hans KELSEN durch die vermeintlich wissenschaftsleere Pause der Zeit des Ersten Weltkrieges vom August 1914 bis zum Oktober 1918.

Bereits erhebliche Zeit vor Kriegsbeginn hatte KELSEN seine später als "Reine Rechtslehre" bezeichnete Theorie des positiven Rechts entwickelt. Der hohe Anspruch dieser Rechtslehre auf Ausschließlichkeit verlangt eine umfassende Untersuchung sowohl ihrer behaupteten logischen Geschlossenheit als auch ihres Praxisbezuges.

Das von Rudolf Aladár METALL minutiös und lückenlos gestaltete Werkverzeichnis von Hans KELSEN weist dessen Aufsatz "Zur Reform der verfassungsrechtlichen Grundlagen der Wehrmacht Österreich-Ungarns" in der eben neugegründeten Zeitschrift für Militärrecht (1. Band 1917, 8 - 23) als KELSENs bedeutsamste wissenschaftliche Arbeit dieser noch undurchleuchteten Periode seines Wirkens während des Ersten Weltkrieges aus(6). Als einziger unter der Vielzahl von Autoren, die sich mit KELSEN befassen, hat Hermann KLENNER diese Periode nachdrücklich erwähnt(7). Er führt aus, daß KELSEN mit dem Versuch betraut war, die zerbröckelnde Habsburger-Monarchie in einen zentraleuropäischen Völkerbund mit kaiserlicher Oberhoheit hinüberzuretten. Und weiter: "Im ersten Weltkrieg hatte sich Hans KELSEN als letzter Berater des letzten Kriegsministers des letzten Kaisers von Österreich dafür sein Militärverdienstkreuz wohl verdient"(8).

Aktenmäßig präzise wurde KELSEN die bronzene Militärverdienstmedaille am Bande des Militärverdienstkreuzes für hervorragende Dienstleistung während des Krieges verliehen. Denn KELSEN hat laut dem Belohnungsantrag des k.u.k. Kriegsministeriums 4 G Abteilung vom 12. Juni 1917 das Feldgerichtsarchiv und die statistische Gruppe der 4 G Abteilung dieses Ministeriums ins Leben gerufen, deren Leitung er neben seinem Referat besorgte(9).

Die von KELSEN "Zur Reform der verfassungsrechtlichen Grundlagen der Wehrmacht Österreich-Ungarns" angelegte Schrift ist KLENNER seinerzeit (1972) nicht zugänglich gewesen. Sie liegt im übrigen auch in der Bibliothek des Kriegsarchivs nicht auf. Diese Schrift wurde aber zum auslösenden Faktor der vorliegenden Untersuchung des umfangreichen militärpolitischen Einsatzes von KELSEN, der seinen schriftlichen Niederschlag im Kriegsarchiv der Republik Österreich hat.

Das sorgfältig behütete Dokumentenmaterial des Kriegsarchivs über KELSEN hat ebenso wie das gegenständliche Archivmaterial des Allgemeinen Verwaltungsarchivs (Akten des Ministeriums für Kultus und Unterricht) in der KELSEN-Forschung bisher kein Interesse gefunden. Selbst Christian BRODA, der nur sieben Tage vor seinem viel zu frühen Ableben in der Wohnung von Eduard RABOFSKY das von den Autoren gesammelte umfangreiche Aktenbündel studieren konnte, war vom Umfang und von der Unversehrtheit dieser Unterlagen aus dem militärischen Leben seines Taufpaten Hans KELSEN äußerst beeindruckt. Dies umsomehr, als ihm bis dahin das militärische Engagement von KELSEN nicht näher bekannt gewesen war. BRODA verstand KELSEN als liberal bürgerlichen Freund seiner Eltern(10). In seinen wenigen Begegnungen mit ihm wurde weder die Kriegszeit noch der Zusammenbruch der Monarchie erwähnt. BRODA weist jedenfalls auf ihm bekannt gewordene Hilfeleistungen von KELSEN für einzelne von der k.u.k. Militärjustiz bedrohte oder von der defensiven Abwehr des Armeeoberkommandos verfolgte Personen wie Otto BAUER hin. Über diese zivile Seite des Militäreinsatzes von KELSEN finden sich auch bei METALL, nicht jedoch bei Otto BAUER, einige Bemerkungen(11).

Der massiv deutschnational und antisemitisch eingestellte letzte Chef der Nachrichtenabteilung des k.u.k. Armeeoberkommandos Max RONGE berichtet noch zehn Jahre nach dem Zusammenbruch der Monarchie über einen Herrn, "dessen Namen mir natürlich genannt wurde, in hoher amtlicher Stellung beim Landwehrdivisionsgericht und bei der Militäranwaltschaft", der Erkundigungen über tschechische Angeklagte eingezogen habe. "Dieser Herr dürfte in aller Heimlichkeit die Amnestie betrieben und dem Monarchen etwas von der ewigen Dankbarkeit der Amnestierten vorgeredet haben"(12). Diese Äußerung kann auf KELSEN bezogen werden, da METALL(13) die Versetzung von KELSEN vom Divisionsgericht zum Gnadenreferat der Justizabteilung des Kriegsministeriums in diesem Sinne schildert. Von dort ist KELSEN nach einer weiteren Versetzung und durch einen "Zufall" zu einem geradezu sagenhaften Aufstieg in der bürokratischen Hierarchie des k.u.k. Kriegsministeriums gelangt.

Es lohnt sich, den Blick auf KELSENs Jugend zu richten, um zu erkennen, daß er von sich aus zunächst keine Ambitionen für eine militärische Laufbahn erkennen ließ. Aus Anlaß seiner Habilitationswerbung an der Universität Wien legte KELSEN unterm 6. Februar 1911 dem Professorenkollegium folgendes Curriculum vitae vor(14):

"Ich wurde am 11. Oktober 19881 zu Prag geboren. Die Volksschule und das Gymnasium absolvierte ich in Wien. Nach Ableistung des Einjährig Freiwilligenjahres widmete ich mich den juristischen Studien an der Universität in Wien, wo ich im Mai 1906 zum Doktor der Rechte promoviert wurde. In den Wintersemestern 1907 und 1908 arbeitete ich in den staatswissenschaftlichen Seminaren der Professoren (Georg) JELLINEK und (Gerhard) ANSCHÜTZ in Heidelberg. Im Wintersemester 1910 besuchte ich das staatsrechtliche Seminar an der Universität in Berlin.

Von der rechts- und staatswissenschaftlichen Fakultät der k.k. Universität in Wien wurde mir im Jahre 1908 das Universitäts-Jubiläums-Reisestipendium per K 1200, im Jahre 1910 des Haber-Linsbergsche Reisestipendium verliehen. Nach einer mit Unterbrechung durch Studienreisen absolvierten einjährigen Gerichtspraxis trat ich im Juli 1908 beim k.k. österreichischen Handelsmuseum ein, wo ich im November 1909 zum Konzeptsadjunkten ernannt wurde.

Im Sommersemester 1909 erhielt ich von der Studienkommission der Exportakademie den Lehrauftrag für Verfassungs- und Verwaltungslehre. Ich las zunächst ein Spezialkolleg über Verfassung und Verwaltung der Balkanstaaten. Seit dem Wintersemester 1909/10 lese ich auch das ordentliche Kolleg über österreichische Verfassung und Verwaltung. Von der Leitung des Wiener Volksheims eingeladen, hielt ich im Wintersemester 1910 einen Kurs über Allgemeine Staatslehre ab.

Im Mai 1910 wurde ich zum Mitgliede der k.k. staatswissenschaftlichen Staatsprüfungskommission in Wien für die Prüfungsfächer: Allgemeines und österreichisches Staatsrecht ernannt".

Diese eigenhändige Vorstellung des 30jährigen Hans KELSEN bringt nicht viel. Sie zeigt aber immerhin eine frühzeitige Orientierung auf eine staatsrechtlich spezialisierte akademische Laufbahn hin. Seine Wiener akademischen Lehrer nennt KELSEN hier nicht mit Namen, über sie sollte er sich erst später gegenüber seinem von ihm autorisierten Biographen METALL äußern: "Der Romanist (Karl von) CZYHLARZ lehrte römisches Recht, ohne dessen Zusammenhang mit der antiken Kultur oder dessen Bedeutsamkeit für die Gesellschaft unserer Zeit zu beachten; ich fand bald heraus, daß ich durch das Studium seines Lehrbuches mir in wenigen Wochen aneignen konnte, was er in nicht sehr lebendiger Rede durch ein ganzes Semester vortrug. Der Germanist (Otto von) ZALLINGER war ein ungewöhnlich schlechter Redner; er sprach sichtlich nur mit großer

Anstrengung. Sigmund ADLER, der österreichische Rechtsgeschichte lehrte, war eine komische Figur. Schon nach kurzer Zeit gab ich den Besuch der meisten Vorlesungen auf und wandte mich der Lektüre philosphischer Werke zu"(15).

In seiner Habilitationsschrift über "Hauptprobleme der Staatsrechtslehre entwickelt aus der Lehre vom Rechtssatze" (Tübingen 1911) begründete KELSEN seine "Reine Rechtslehre". Sie wurde von den begutachtenden Professoren Adolf MENZEL und Edmund BERNATZIK mit dem Bemerken akzeptiert: "Jedenfalls haben wir es mit einem Werke zu tun, das nicht nur hinsichtlich seines Umfanges, sondern auch in bezug auf seine inhaltlichen Qualitäten das Durchschnittsmaß einer Habilitationsschrift überschreitet"(16). Nach Anhörung des Probevortrages "Zur Lehre vom Gesetz im materiellen und formellen Sinne mit besonderer Berücksichtigung der österreichischen Verfassung" beschloß das Kollegium der Wiener rechts- und staatswissenschaftlichen Fakultät in seiner Sitzung vom 10. Juli 1911, Hans KELSEN für allgemeines und österreichisches Staatsrecht, Rechtsphilosophie und deren Geschichte zu habilitieren, welcher Beschluß vom Minister für Kultus und Unterricht am 9. August 1911 bestätigt wurde(17). Damit hat KELSEN nicht nur den Grundstein zu seiner akademischen, sondern auch zu seiner militärrechtlichen Laufbahn gelegt, denn er konnte wenige Jahre später einen Teil seines Habilitationsvortrages, militärrechtlich aufbereitet, dem k.u.k. Kriegsminister im Rahmen eines wissenschaftlichen Gutachtens anbieten.

Darauf wird noch näher einzugehen sein. Aber schon hier sei festgehalten, daß KELSEN während des Ersten Weltkrieges zu einer völkerverbindenden, friedensfördernden Interpretation seiner abstrakten Thesen offenkundig nicht vordringen konnte. Er hat ihnen vielmehr eine Auslegung gegeben, die einen nach außen, aber auch nach innen agierenden Kriegsapparat juristisch legitimierte und, wenn auch vergeblich, zu konservieren versuchte. Daß KELSEN dabei von diesem mit gesicherten Arbeits- und Karrieremöglichkeiten entlohnt wurde, ist in Rechnung zu stellen.

Für KELSEN war der Dienstantritt bei der k.u.k. Armee im Jahre 1914 wohl wie für Millionen auf einem Zufall beruhend. In seinem Marschgepäck befanden sich aber nicht nur seine als Einjährig Freiwilliger und auf Waffenübungen gewonnenen Ausbildungskenntnisse, sondern auch eine auf eigener Erkenntnis beruhende rechtsphilosophische Aufbereitung von staatserhaltendem ideologischen Bewußtsein. Dazu gibt seine im Jahre 1913 im Vorfeld des Ersten Weltkrieges erschienene Arbeit über "Politische Weltanschauung und Erziehung" (Annalen für soziale Politik und Gesetzgebung, 2. Band 1913, 1-26) Auskunft. KELSEN tritt hier "aus der Ebene einer Seinserklärung und kausalen Wirklichkeitsbeschreibung in ein Gebiet der Sollbetrachtung" (Seite 13). Nach KELSEN werde der Patriotismus als Ziel der großen bürgerlichen Bewegung, neuestens mittels politischer Erziehung durch die Schule propagiert. "Politische Bildung soll nicht bloß im Intellekt des Einzelnen beschlossen sein, sie soll das Interesse und die Freude am Staate, ja die Liebe und Opferbereitschaft für das Gemeinwesen bedeuten, dem man angehört". Über die von KELSEN 1913 verlangte Opferbereitschaft war zu der von ihm 1916 vorgeschlagenen militärischen Propädeutik an den Schulen auch für den Frieden kein großer Schritt mehr nötig. Er bot diese Idee in seiner erst 1917 erschienenen Publikation der Zeitschrift für Militärrecht an, die noch eingehend behandelt werden soll.

Zumindest seit 1911 hat KELSEN eine Rechtstheorie unter Berufung auf ein abstraktes Rechtsreinheitspostulat entwickelt, mit der er den notwendigen Praxisbezug jeder juristischen Dogmatik ablehnte, da diese als eine weder analytische noch wertende Wissenschaft verstanden werden müsse(18). Für ihn und seine Anhänger ist die Reine Rechtslehre keine politische Rechtfertigung des positiven Rechts, sondern die reine Lehre des Rechts. KELSEN stellt sie als eine von der politischen Geschichte völlig unabhängige wissenschaftliche Entwicklung vor. Nach 1914 mußte KELSEN aber auf militärrechtlicher Ebene seine wertneutrale Praxisauffassung erproben, wobei die Kluft zwischen seinem abstrakten Lehrgebäude und seinem militärrechtlichen Handeln geradezu durch seine Person zu verlaufen schien, als er im Verlaufe des Krieges zur militärverfassungsrechtlich nicht nur theoretisch, sondern konzeptiv maßgeblichen Person aufstieg. Kann im Verlaufe dieser Arbeit selbstverständlich nicht auf Gestalt und Inhalt des Werkes von KELSEN gebührend eingegangen werden, so ist es dennoch unvermeidbar, den Schöpfer der "Reinen Rechtslehre" mit dem rechtsphilosophischem Gehalt seiner Kerngedanken über eine verfassungsmäßige Absicherung der ins Wanken geratenen Monarchie zu konfrontieren. Sein Biograph METALL ist zwar bemüht, ihn als "Rechtstechniker" für das politische Ergebnis seiner Konzepte etwa für das österreichische Bundesverfassungsgesetz - dafür wird KELSEN allerdings noch in der Gegenwart überschwänglich gelobt -, zu entschuldigen. Besonders das mit dieser Untersuchung erstmals veröffentlichte Dokumentenmaterial läßt es allerdings nicht zu, den berühmten Gelehrten zum weisungsgebundenen Verfasser eines ihm wissenschaftlich und moralisch widerstrebenden Gedankengutes zu degradieren. Denn KELSEN entwickelte nicht nur wichtige rechtliche Grundlagen für eine konsolidierende Umgestaltung der den Ersten Weltkrieg auslösenden Monarchie, sondern identifizierte sich auch mit deren System in wesentlichen Grundsätzen. Aber die eigentlichen Grundnormen im Recht der k.u.k. Wehrmacht mit der Lehre von KELSEN zu bestimmen gelingt ebensowenig, wie dessen militärisches Sein und Sollen aus den "Letzten Tagen der Menschheit" von Karl KRAUS herauszufiltern.

Der überaus fleißige, intelligente und ehrgeizige Hans KELSEN setzte, wie METALL sagt(19), seine rechtsphilosophische Denkarbeit auch im Kriege fort. Mehr versprach KELSEN sich offenkundig durch seinen qualifizierten rechtspolitisch-juristischen Einsatz in der k.u.k. Armee, die ihm eine entsprechende Förderung seiner akademischen Nachkriegslaufbahn sichern sollte. Immerhin wird die praktische Erfahrung, die KELSEN während seiner Kriegsdienstleistung sammeln konnte und auf der seine noch eingehend zu behandelnde militärverfassungsrechtliche Arbeit beruhen soll, von METALL erwähnt(20). Diese Praxis bestand, außer in einigen Monaten strafrechtlicher Tätigkeit, in einem weitgehend eigenständigen intellektuellen Beitrag im Bereich des von ihm aufzubauendenMilitärstaatsrechtes. Ohne eigentliche Praxiserfahrung gelang es KELSEN, für sein staatsrechtliches Angebot Interesse im zentralen Kreis der Kriegshierarchie der Monarchie zu finden. Über die von KELSEN zu entwickelnde Militärverfassung versprachen sich seine Förderer offenkundig, den juristischen Weg zu einem effektiven Militärstaat zu finden. Hierfür erwiesen sich die Abstraktheit und die Praxisablehnung der rechtsphilosophischen Grundlagen des Denkgebäudes von KELSEN durchaus geeignet. Obschon die rechtshistorische Einbeziehung der "verfassungsrechtlichen Grundlagen der Wehrmacht Österreich-Ungarns" in die wissenschaftliche Tätigkeit von KELSEN im Rahmen der Darstellung und Kritik positivrechtlicher Phänomene (Verfassungsrecht, Völkerrecht) von METALL ausdrücklich(21) vorgenommen wurde, ist die von KELSEN in hohem Maße selbständig entwickelte Konstruktion einer Militärverfassung der Monarchie bis in die

Gegenwart unbekannt geblieben. Ob KELSENs völliger Mißerfolg bei der Gestaltung einer neuen Struktur der k.u.k. Wehrmachtsverfassung die Ausprägung seiner Theorie der Trennung von Rechtstheorie und Rechtspraxis zusätzlich gefördert hat, ist nicht auszuschließen. KELSEN jedenfalls gab sich einer von ihm wohl nicht wahrzunehmenden juristischen Bewußtseinsspaltung im Militärjustizdienst hin, die er später kritisch von Johann Wolfgang GOETHE ableitete. Seine "Allgemeine Staatslehre" (Berlin 1925) schmückt ein Zitat dieses Dichterfürsten: "In Kunst und Wissenschaft, sowie im Tun und Handeln kommt alles darauf an, daß die Objekte **rein** aufgefaßt und ihrer Natur gemäß behandelt werden." Das von ihm fett gesetzte Wort "rein" half ihm wohl auch über die eigene Widersprüchlichkeit im Weltkrieg hinweg.

Haben die Erfahrungen von zwei Weltkriegen es unmöglich gemacht, den Zusammenhang des einen Weltkrieges mit dem anderen, noch furchtbareren Weltkrieg zu übersehen, so ist es selbstverständlich, einen schweigenden, aber maßgeblich in das Kriegsrecht verstrickten Kriegsteilnehmer wie KELSEN über seine einstigen Positionen aktenmäßig zu befragen. Für die KELSENforschung ist die sozialgeschichtliche Ausleuchtung vor allem der bisher völlig unbekannten militärrechtlichen Tätigkeit des berühmten Gelehrten unverzichtbar. Ist KELSEN doch der einzige Professor für Staatsrecht unter besonderer Berücksichtigung des Militärrechtes an einer österreichischen Universität gewesen.

Da KELSEN seine Staatstheorie auf die Annahme von dreihundert Jahren Klassengleichgewicht stützte und auch nach dem Zerbröckeln dieses Gleichgewichtes ein Festhalten am ideologischen Kern der Doppelmonarchie ihm möglich schien, setzte er bis zum letzten Tag des seit langem erkennbaren Zerfalls der Monarchie auf deren Konsolidierung durch eine juristisch reparierte Armee. Das wichtige Spezifikum der Monarchie, die nationale Frage, die KELSENs Vorstellung von Staat und Recht entscheidend prägte, ließ ihn an eine Allgewalt des Staates glauben (22), die er seit 1916 als vorwiegend in der Armee für realisierbar hielt. Soziale Zusammenhänge blieben für KELSEN hinsichtlich ihrer Wirkung auf die Einheit des Staates oder dessen Zerfall unberücksichtigt. So sah er in der Armee dieses quasikolonialen Staates(23) die maßgebliche Klammer für dessen Zusammenhalt.

Die historisch notwendig gewordene totale Umgestaltung des Herrschaftsapparates des Habsburgerimperialismus wurde von KELSEN nicht angestrebt. Erstaunlich ist eher sein penetrantes

Festhalten an schon gescheiterten, staatsrechtlich konfusen Konstruktionen. Ihn faszinierte weit über deren Existenz hinaus die Symbolfigur einer fiktiven Allerhöchsten Autorität, die er im Interesse der bestehenden Gewalten nicht nur mit einer verfassungsrechtlich neu gestalteten Armee und vor allem mit einem Allerhöchstem Kommando am Leben erhalten wollte. Noch 1925 meinte KELSEN vom Institut des Staatsoberhauptes, daß dieses seine Funktionen umso wirkungsvoller zu erfüllen vermag, als die äußeren Formen, in denen die Monarchie traditionell zum Ausdruck kommt (Krone, Szepter, Thron, Zeremoniell), daraufhin abzielen(24).

Über den Kriegseinsatz von KELSEN während des Ersten Weltkrieges ist außer den knappen, oft unwesentlichen Angaben von METALL nur wenig bekannt. Der berühmte Rechtslehrer hat wohl tausende Seiten wissenschaftlicher Arbeiten zurückgelassen, aber über die sicher auch ihn berührenden und von ihm berührten Vorgänge des Ersten Weltkrieges, vor allem über jene von spezifischem juristischen und praktischen Gehalt, an denen er unmittelbar beteiligt war, liegen von ihm bisher keine nennenswerte Äußerungen vor. Das wundert, denn immerhin war KELSEN vom Reserveleutnant im Train zum maßgeblichen Berater des k.u.k. Kriegsministers des letzten Kaisers von Österreich aufgestiegen(25). Der von KELSEN autorisierte Biograph METALL schreibt die militärische Karriere von KELSEN mehrfach der Verkettung von "Zufällen" zu(26). Die Bedeutung von wichtigen Vorgängen im Leben des Einzelnen, die unbeeinflußbar vom subjektiven Wollen ablaufen, braucht hier nicht dargelegt werden. Es geht aber um die für KELSEN verwertbar gewordenen und konsequent genutzten "Zufälle", die seinen Weg von der Superarbitrierung bis zur Superkarriere im höchsten Gremium der k.u.k. Armee begleitet haben. KELSENs Kenntnisse von den Rechtszusammenhängen im Armeeapparat, vom Kriegsablauf, von den gewaltigen, militärisch oft sinnlosen Verlusten der kämpfenden Truppe, von der Führungsschwäche in der militärischen Spitze und in der Administration, sowie sein Einblick in den vor allem von Ungarn her den Zerfall fördernden "nationalen Separatismus" machte es ihm möglich, beträchtliche Zufälle für seine persönliche Karriere zu nutzen und manche "Zufälle" sogar herbeizuführen. Allein wegen der Verifizierbarkeit derselben ist es notwendig, auf die interessanten militärischen Personalaufzeichnungen über KELSEN genauer einzugehen. Im Unterabteilungs-Grundbuchblatt der k.u.k. Armee(27) wird die militärische Laufbahn des 1.65 m großen, schwarzhaarigen, mit gerader Nase, kleinem Mund, ovalem Kinn und Angesicht beschriebenen Trainsoldaten Hans KELSEN zunächst so notiert:

1. Oktober 1900 Präsentierung des Einjährig Freiwilliger zur aktiven Dienstleistung beim Train-Regiment Nr. 1, 28. Dezember 1900 Ernennung zum Gefreiten, 1. April 1901 Ernennung zum Korporal, 1. Oktober 1901 Ernennung zum Wachtmeister und Versetzung in die Reserve nach Ableistung des Einjährig-Freiwilligen- Präsenzdienstes, 1. Jänner 1902 Ernennung zum Leutnant in der Reserve, 14. September bis 11. Oktober 1902 28tägige Waffenübung, 11. September bis 8. Oktober 1904 28tägige Waffenübung, 1. Mai bis 28. Mai 1908 28tägige Waffenübung, 31. Dezember 1912 Entlassung aus der Landwehr, 4. August 1914 Präsentierung als ehemaliger Leutnant zur aktiven Dienstleistung bei der k.u.k. Traindivision Nr. 14 in Innsbruck (Erzherzog Eugenstraße Nr.46), 19. September 1914 Superarbitrierung als zum Truppendienst in der Landwehr untauglich, zu Lokaldienst geeignet, in der Mobilität zum Kanzleimanipulationsdienst bei Behörden und höheren Kommanden verwendbar, 1. November 1914 Ernennung auf Kriegsdauer vom Leutnant zum Oberleutnant, 7. August 1915 Übersetzung mit 1. August 1915 vom Oberleutnant zum Oberleutnant-Auditor, 15. August 1917 Allerhöchste belobende Anerkennung für vorzügliche Dienstleistung während der Kriegszeit, 26. Dezember 1917 Ernennung mit 1. November 1917 zum Hauptmann-Auditor mit Titel und Charakter, 14. Mai 1918 Ernennung zum Landsturm Hauptmann-Auditor mit 1. Mai 1918.

Die Beförderung von KELSEN zum Hauptmann-Auditor geschah außertourlich und auf, seinen Universitätskollegen und Offizierskameraden Wenzeslaus Graf GLEISPACH zufällig einschließenden Wunsch des Kriegsministers. "Abgesehen davon", - so heißt es im Referat des Sektionschefs Generalchefauditor FEIGL - "daß diese Offiziere in jeder Beziehung vorzüglich qualifiziert sind, hat das Kriegsministerium an deren Beförderung deshalb ein besonderes Interesse, weil sie bei den verschiedensten Anlässen als Vertreter des Kriegs Ministers zu interministeriellen Beratungen entsendet werden. Ist es derzeit nicht möglich, stets einen Stabsoffizier zu entsenden, so legt das Kriegs Ministerium doch Gewicht darauf, daß als seine Vertreter bei den Beratungen nicht Subalternoffiziere intervenieren"(28).

Neben diesen Veränderungen in der Charge vermerkt das Unterabteilungsgrundbuchblatt mit Interesse, daß KELSEN am 14. Juni 1904 vom mosaischen zum evangelischen Glauben übergetreten ist, was freilich so nicht richtig ist, weil KELSEN am 10. Juni 1905 in der Pfarre Maria Rotunda in Wien römisch-katholisch getauft wurde und er erst 1912 evangelisch geworden ist(29). Weiters lesen wir, daß KELSEN am 15. Mai 1912 das Fräulein

Margaretha BONDY geehlicht hat und daß erst 1917 seine Heimatzuständigkeit von Brody in Galizien auf Wien laut Heimatschein der Reichshaupt- und Residenzstadt Wien berichtigt wurde.

In den Veränderungen seiner militärischen Funktionen wird der Aufstieg des Trainleutnants KELSEN etwas deutlicher. Im August 1914 nach Angaben von METALL(30) an einer schweren Lungenentzündung erkrankt, ist KELSEN, wie schon erwähnt, am 19. September 1914 superarbitriert worden. So wurde damals eine auf einer strengen militärärztlichen Überprüfung beruhende dauernde oder zeitweilige Feststellung der Wehrdienstuntauglichkeit bezeichnet. Sein Schüler aus dem Wiener Rechtsphilosophie-Privatissimum Alfred VERDROSS vermittelte KELSEN über seinen Vater, den damals in Innsbruck (Speckbacherstraße 29) wohnenden k.u.k. Generalmajor Ignaz Edler von VERDROSS(31), einen Dienstplatz im k.u.k. Kriegsfürsorgeamt in der Berggasse, wo Siegmund FREUD wohnte und wohin KELSEN am 1. Dezember 1914 versetzt wurde. Hier hatte KELSEN unter anderem die Verteilung von Wolle an Damen der Gesellschaft zu leiten, die daraus Stutzen für die an der Winterfront kämpfenden Soldaten verfertigten(32). KELSEN war mit dieser zivilen Tätigkeit, die ihm wohl auch Zeit gelassen hätte, seine "Reine Rechtslehre" fortzuentwickeln, nicht zufrieden. Ihm ging es um die Einbindung in das Kriegsgeschehen als Justizoffizier der "gemeinsamen" Armee. KELSEN schrieb deshalb am 24. Juni 1915 an die 4. Abteilung des k.u.k. Kriegsministeriums (Militärjustizverwaltung) folgendes Bittgesuch: "Ich bitte um Verwendung im Militärjustizdienst womöglich unter Ernennung zum Auditor und Zuteilung zum k.u.k. Heere. Ich bin Privatdozent für öffentliches Recht an der k.k. Universität in Wien und Mitglied der k.k. staatswissenschaftlichen Staatsprüfungskommission. Ich habe auf strafrechtlichem Gebiet theoretisch gearbeitet (zur Theorie der Schuldformen) und bin mit dem Verwaltungsdienst bei Zentralbehörden durch meine fünfjährige Praxis als Konzipist beim k.k. österreichischen Handelsmuseum vollständig vertraut. Als Mitglied der juristischen Fakultät Wien habe ich die Qualifikation zum Verteidiger in Strafsachen. Die Angehörigkeit zur Fakultät ersetzt somit die Richteramtsprüfung, soferne es sich um die Strafrechtspraxis handelt. Ich bin derzeit als Landsturm-Oberleutnant dem k.u.k. Kriegsministerium, Kriegsfürsorgeamt, zugeteilt"(33). Feldmarschall-Leutnant Johann LÖBL von TAUERNSTORFF befürwortete noch am selben Tage das Ansuchen von KELSEN "mit Rücksicht auf die ganz besondere Qualifikation des Bittstellers wärmstens"(34).

Mit 3. Oktober 1917 wurde KELSEN, inzwischen (14. September 1915) auch mit dem Titel eines außerordentlichen Universitätsprofessors ausgestattet, dem Präsidialbüro zugeteilt. Im folgenden sollen nun die wissenschaftlichen Angebote von KELSEN, die seine militärische Laufbahn bis an die Seite des letzten Kriegsministers begleiteten, dargestellt werden.

A N M E R K U N G E N

- Anmerkungen zu I. -

1 Rene **Marcic**: Die Schönheit und das Recht. In: Philosophie huldigt dem Recht. Hans Kelsen. Adolf Merkl. Alfred Verdross. Ehrendoktoren der Universität Salzburg. Wien 1968, 13-18, hier 18.

2 Ebenda.

3 Johann J. **Hagen**: "Reine Staatslehre": Staatslehre ohne Staat. In: Plädoyers für einen wissenschaftlichen Humanismus. Wien 1981, 115.

4 Bruno **Kreisky**: Zwischen den Zeiten. Erinnerungen aus fünf Jahrzehnten. Berlin 1986, 169.

5 Robert **Walter**: Hans Kelsen. In: Neue Deutsche Biographie 11, 1977, 479-480; **derselbe**: Hans Kelsen. In: Wilhelm **Brauneder** (Herausgeber): Juristen in Österreich 1200-1980. Wien 1987, 290-296 (mit Hauptliteratur 324 f.).

6 Rudolf Aladár **Métall**: Hans Kelsen. Leben und Werk. Wien 1969, 122-161.

7 Hermann **Klenner**: Rechtsleere. Verurteilung der Reinen Rechtslehre. Berlin 1972, 59; vgl. auch Hermann **Klenner** - Eduard **Rabofsky**: Die 'Reine Rechtslehre'. Das Wirken von Hans Kelsen in marxistischer Sicht. Weg und Ziel 1972, 329-332, hier 329. Die Akten des Kriegsarchivs waren zu diesem Zeitpunkt noch nicht bekannt.

8 Ebenda.

9 Kriegsarchiv Wien.

10 Hans Kelsen zum Gedenken. Mit Beiträgen von Walter **Antoniolli**, Christian **Broda**, Hertha **Firnberg**, Hans **Kelsen**, Hans R. **Klecatsky**, Norbert **Leser**, Rudolf A. **Métall**, Herbert **Schambeck**, Ernst **Topitsch**, Alfred **Verdroß**, Robert **Walter** (= Schriftenreihe des Hans Kelsen-Instituts Band 1), Wien 1974.

11 **Métall**, Kelsen, 18 f.

12 Max **Ronge**: Kriegs- und Industrie-Spionage. Zwölf Jahre Kundschaftsdienst. Zürich-Leipzig-Wien 1930, 280.

13 Wie Anmerkung 11.

14 Allgemeines Verwaltungsarchiv Wien, Akten des Ministeriums für Kultus und Unterricht Nr. 30728/1911.

15 **Métall**, Kelsen, 5 f.

16 Zitiert so im Referat von MENZEL betreffend die Besetzung der erledigten Lehrkanzel des Staats- und Verwaltungsrechts vom 15. Juni 1919. Allgemeines Verwaltungsarchiv Wien, Akten des Ministeriums für Kultus und Unterricht Nr. 14841/1919. Das Habilitationsgutachten selbst ist nicht erhalten.

17 Allgemeines Verwaltungsarchiv Wien, Akten des Ministeriums für Kultus und Unterricht Nr. 30728/1911.

18 Vgl. Ralf **Dreier**: Reine Rechtslehre und marxistische Rechtstheorie. Aspekte eines Theorienvergleichs. In: Reine Rechtslehre und marxistische Rechtstheorie (= Schriftenreihe des Hans Kelsen-Instituts 3). Wien 1978, 121-140, hier 139.

19 **Métall**, Kelsen, 28 f.

20 **Métall**, Kelsen, 106.

21 **Métall**, Kelsen 106.

22 Johann J. **Hagen**: Soziologie und Jurisprudenz. In: Reine Rechtslehre (wie Anm. 18), 91-101, hier 94.

23 Ebenda, 95.

24 Allgemeine Staatslehre. Berlin 1925.

25 Wie Anmerkung 7.

26 **Métall:** Staat als Recht. In: Philosophie huldigt dem Recht (wie Anm. 1), 55-63, hier 56.

27 Kriegsarchiv Wien.

28 Ebenda.

29 Ebenda.

30 **Métall**, Kelsen, 18.

31 Adreßbuch der Stadt Innsbruck für 1914.

32 **Métall**, Kelsen, 18.

33 Kriegsarchiv Wien.

34 Ebenda.

II.

RESERVELEUTNANT HANS KELSEN ZIEHT IN DEN KRIEG

Als KELSEN am 4. August 1914 von Wien aus, das de facto längst seine Heimatstadt geworden war - nach dem Papier war er, wie sein Vater, nach der galizischen Stadt Brody zuständig -, in den Krieg zog, da sang man hier begeistert das Lied vom Prinzen Eugen, dem Edlen Ritter. Große Teile der österreichischen und ungarischen Bevölkerung befanden sich im Kriegstaumel. Anders war das etwa in Böhmen und Mähren, wo sich schon in den Augusttagen eine starke Opposition gegen den Krieg entwickelt hatte. Der erwartete Widerstand der Sozialdemokratie in Mittel- und Westeuropa gegen den Krieg erwies sich als eine klägliche Illusion. Die Antikriegsbeschlüsse der Internationalen Sozialistenkongresse in Stuttgart 1907, in Kopenhagen 1910 und in Basel 1912 wurden in der Zeit vom Attentat in Sarajewo bis zu dem Ablauf des Kriegserklärungsmechanismus in der sozialdemokratischen Presse nicht einmal erwähnt. Karl RENNER erklärte mit der ihm eigenen Anpassungsfähigkeit, "daß der Krieg dem Fortschritt diene und der österreichische Generalstab ein Vollstrecker dieses Fortschritts sei"(1).

Der Tag, an dem sich der Reserveleutnant Hans KELSEN bei der k.u.k. Traindivision Nr. 14 "zur aktiven Dienstleistung" in Innsbruck "präsentierte", wurde von der "Arbeiter-Zeitung" als Tag der Deutschen Nation gefeiert. Die berüchtigte Hymne des AZ-Chefredakteurs und nachmaligen Verfassungsexperten der Partei Friedrich AUSTERLITZ lobte den Tag, an dem die deutsche Bruderpartei für die Kriegskredite im deutschen Reichstag stimmte, als "Tag der stolzesten und gewaltigsten Erhebung des deutschen Geistes".

So äußerte sich damals der im Kriegsverlauf späterhin gegen die übelsten Exzesse der Militärjustiz mutig auftretende Publizist der Sozialistischen Partei. Im Parlament konnten sich die sozialdemokratischen Abgeordneten eine solche Schande ersparen, weil dieses in den ersten Kriegsjahren gar nicht einberufen wurde.

Es ist nicht möglich, die politische Umgebung von Hans KELSEN so zu rekonstruieren, daß genaue Angaben über seine Einstellung und sein Verhalten im Zusammenhang mit dem auch für ihn einschneidenden Ereignis des Kriegsbeginns im Jahre 1914 möglich wären. Nach wie vor ist auf METALL zu verweisen(2). Karl RENNER stand in voller Übereinstimmung zu Hans KELSEN, wie Manfred MATZKA betont, allerdings ohne diese Verbindung zu terminisieren oder zu konkretisieren(3). Den Lassalleanismus, also die Staatsbejahung, die Auffassung von einem klassenneutralen, instrumentalisierbaren Staat setzte der als "Schwarzgelber" schon vor 1914 apostrophierte RENNER dem Marxismus entgegen. So wie KELSEN sah RENNER den Staat als eine mit beliebigen Inhalten füllbare Form des menschlichen Zusammenlebens(4). KELSEN und RENNER dürften sich gelegentlich im gastfreundlichen Hause des Ehepaares BRODA mit anderen demokratischen Intellektuellen getroffen haben(5). Die gedanklichen Konstruktionen eines instrumentalisierbaren Staates scheinen die Brücke gewesen zu sein, auf der KELSEN den Schritt zum dynastisch orientierten Soldaten, dem die Allerhöchste Befehlsgewalt des Herrschers oberste Richtschnur des Handelns, Denkens und Fühlens sein sollte, nicht auf Befehl, sondern aus Berufung tun konnte. Es ist ja kein Zufall, daß die Friedensthesen von Immanuel KANT(6) durch KELSEN nicht in sein reiches Gedankenspektrum mit aufgenommen worden sind. Dies, obschon KELSEN wie so manche andere österreichische Intellektuelle, insbesondere aus der Sozialdemokratie, gerne an KANT anknüpfen, schon deshalb, weil sie so Georg Wilhelm Friedrich HEGEL als im Vorfeld von Karl MARX gelegen unbeschaut aus dem Wege gehen können. KELSEN ließ sich zwar in der Festschrift zum 200. Geburtstag des großen Königsberger Philosophen auf dessen Lehre von den drei Gewalten oder Funktionen des Staates ein(7). Aber mit KANTs Schrift "Zum ewigen Frieden", in der KANT die Bedingungen formuliert hat, um dem Übel zu begegnen, das uns vom Krieg und von der Zurüstung auf diesen droht, wußte KELSEN nichts anzufangen.

Durch den Generalstabschef Franz Graf CONRAD von HÖTZENDORF wurden Dualismus, Trialismus und Föderalismus gleichermaßen zugunsten eines liberalen Zentralismus verworfen und nach dem Modell dieses militärischen Technokraten sollte mit der Armee die innen- und außenpolitische Problematik der Monarchie gelöst werden. Während aber CONRAD von HÖTZENDORF nicht viel nach der verfassungsmäßigen und politischen Durchsetzbarkeit seiner Vorstellungen fragte, war KELSEN stets um die Schaffung einer rechtsstaatlich variablen, verfassungsgesetzlichen Fundierung des Allerhöchsten Kommandos mit seinen militärischen Attributen bemüht. Das erschien in der k.u.k. Armee zu Kriegsbeginn sogar realistisch, weil eine schnell aufsteigende Schicht junger Militärtechnokraten, die überwiegend dem Bürgertum und dem in Österreich-Ungarn stark verbreiteten Verdienstadel entstammten, zu erhöhtem Einfluß gelangt war.

Für diese Schicht garantierte den Zusammenhalt der zahlreichen Völkergruppen die Dynastie und die Armee. Darauf beruhte die Lebensphilosophie der k.u.k. Offiziere, deren Existenz gefährdet erschien, wenn an der Einheit von Kaiserhaus und Armee gerüttelt wurde. Da die Bestrebungen Ungarns bewußt auf die Zweiteilung der einzigen in der Monarchie bestehenden Machteinheit, nämlich der gemeinsamen Armee, hinzielten, waren viele Offiziere antimagyarisch eingestellt und fielen zunehmend einem deutschen Nationalismus in die Hände. Dieser wurde auch durch die militärische Inferiorität einer Armeeführung gefördert, die sich mit einem schlecht ausgerüsteten und unzureichend bewaffneten Heer in einen solchen Krieg eingelassen hatte. Die Niederlagen in Galizien und in Serbien führten auch zu einer rasch steigenden Verfilzung mit der deutschen Heeresführung.

Ohne Namen zu nennen, kommen die leitenden Staatsmänner und Militärs der Monarchie bei Bruno KREISKYs Schuldbetrachtungen über die Kriegsursachen schlecht weg. Dies wohl zurecht, wenn auch KREISKYs Meinung, "der Kaiser war von einer Reihe von Männern umgeben, die am Untergang der Monarchie gebastelt haben", zu wenig über die Tätigkeit dieser Personen aussagt (8). FRANZ JOSEPH I. "hat sie zwar nicht sehr geschätzt - er war ja ein sehr kritischer Mensch - aber durchzusetzen vermochte er sich nicht. Die Kamarilla wollte keine Verständigung, obwohl Serbien um Zusammenarbeit geradezu gebettelt hat. Und 1914 wollte man dann nach der Ermordung des Erzherzogs in Sarajewo den Glanz der österreichischen Monarchie wiederherstellen; man wollte den kleinen Krieg ohne zu bedenken, daß daraus infolge der Bündnissysteme ein großer Krieg werden müßte"(9).

"Was an Kaiser FRANZ JOSEPH kritisiert werden muß, ist nicht nur seine Schwäche gegenüber den Regierenden, sondern seine absolute Unkenntnis ihres wirklich frevelhaften Mutes", betont KREISKY(10). "METTERNICH hat ihn immer wieder gesagt, er dürfe unter keinen Umständen einen Krieg führen, weil Österreich an einem Krieg unweigerlich zerbrechen werde. Dem Kaiser ist aber erst ganz allmählich bewußt geworden, wie brüchig das alte Österreich war"(11).

Manche wegen ihrer Teilnahme oder Beteiligung an wichtigen Vorgängen im Ersten Weltkrieg qualifizierte Personen haben über dessen Vorfeld und Ablauf geschwiegen. Das ist bei jenen Personen besonders bedauerlich, die in der Lage gewesen wären, sich analytisch zu äußern. Eine solche sowohl militärrechtlich als auch politisch überaus ausdrucksfähige Persönlichkeit mit höchster juristischer Präzision wie Hans KELSEN gehört leider zu diesem Kreis der Schweigsamen. Der berühmte Gelehrte hat wohl eine Fülle von wissenschaftlichen Arbeiten zurückgelassen, aber über die sicher auch ihn zutiefst berührenden Vorgänge des Ersten Weltkrieges, vor allem über jene, an denen er unmittelbar beteiligt war, liegen keine nennenswerten Aussagen vor. Insoferne ist die Geschichtsschreibung von Bruno KREISKY besonders interessant, als von ihm die Verfassung der Republik Österreich und einer ihrer bedeutendsten Mitverfasser, "der große Staatsrechtler Hans KELSEN", lediglich bei der Darstellung eines Prüfungsablaufes an der Universität Wien (1929) erwähnt wird bzw. daß dieser den "berühmten Aufruf von 1927" unterzeichnet habe, mit dem neununddreissig Persönlichkeiten die politische Heimat ihres Liberalismus in der Sozialdemokratie bekundet haben. Über die politisch-militärische Tätigkeit von Hans KELSEN finden sich bei KREISKY keine Bezugspunkte, obschon diese nicht nur für die Sozialdemokratie eine entscheidende Frage beinhalten und den grundsätzlichen Widerspruch zwischen der Reinen Rechtslehre und den marxistischen Rechtspositionen in der Praxis dokumentieren. Immerhin wurde der von KREISKY genannte "große Staatsrechtler" zum 1. Oktober 1918 an der Universität Wien zum Professor für Staats- und Verwaltungsrecht mit besonderer Berücksichtigung des Militärrechtes bestellt. KELSEN war und blieb bis zum heutigen Tag der einzige österreichische Rechtslehrer dieser besonderen Qualifikation.

Eben wegen seines Schweigens über Motive und Milieu, über Inhalt und Zielvorstellungen seiner militärpolitischen Tätigkeit von historischer Bedeutung im Ersten Weltkrieg müssen bei der Offenbarung und Untersuchung der auf KELSEN bezugnehmenden Akten des Wiener Kriegsarchivs zumindest kulissenartig einzelne Teile des furchtbaren und dramatischen Geschehens beleuchtet werden. Um die Anforderungen an das juristische Denken vorzustellen, soll die Mitte August des Jahres 1914 vor den aus den Ferien herbeigeeilten Professoren der Wiener Universität von ihrem Rektor Richard von WETTSTEIN-WESTERHEIM verlesene Kundmachung herangezogen werden.

"Von ihren erhabenen Monarchen sind Deutschland und Österreich-Ungarn in das Feld gerufen worden, um die höchsten Güter ihres staatlichen Seins zu verteidigen, um die mitteleuropäische Kultur und die in ihr geborgenen Ewigkeitswerte der Menschheit zu schützen gegen Angriffe von Ost und West. In flammender Begeisterung ziehen die Heerscharen der verbündeten Reiche in den Kampf für das Vaterland wohl wissend, daß die Fahnen entrollt worden sind in einem gerechten, ehrenhaften Kriege, der nicht der Eroberungslust entsprungen ist, noch dem Völkerhasse, sondern der Notwendigkeit, durch jahrhundertlangen Aufbau groß und mächtig Gewordenes zu erhalten, um es zu schirmen gegen den Ansturm der Scheinkultur und der Unkultur, mit denen sich die Neider deutscher Größe verbündet haben, die das zu zerstören drohen, was in schlichter Arbeit, in weltbürgerlicher Gerechtigkeit und in reinem Aufwärtsstreben an Gütern des Lebens, der Volkswirtschaft, des Geistes und der Kunst im Herzen Europas geschaffen worden ist, dank dem einträchtigen Friedenswirken der nun für immer verbündeten zwei mitteleuropäischen Reiche.

In begeisterter Freundschaft und in treuer Vergeltung schlagen die Herzen der Völker Österreichs und Ungarns dem deutschen Verbündeten entgegen, voll Hoffnung auf glorreichen Sieg der gemeinsamen gerechten Sache. Auch die Stätten der Gelehrsamkeit und Forschung sind ergriffen vom Feuer der vaterländischen Bewegung, die Ruhe der wissenschaftlichen Arbeit weicht vor dem großen Schauspiel des Völkerringens. Voll stolzer Jugendkraft zieht die Studentenschaft ins Feld und in hingebungsvoller Liebe fühlen die akademischen Lehrer für die heilige Sache des Vaterlandes.

Die Universität Wien, eine der ältesten Stätten deutscher Forschung und Lehre, fühlt sich in diesen großen Tagen gedrängt, ihren Schwestern im deutschen Reiche, allen deutschen Hochschulen, herzinnigen Gruß zu entbieten, mit ihnen zu treuem Handschlage die Rechte zu reichen. Längst bevor das politische Bündnis der Reiche durch die Weisheit der Monarchen und die Fürsorge großer Staatsmänner aufgerichtet worden ist, bestand die geistige und wissenschaftliche Gemeinschaft der Völker. Die Güter der Kultur, der staatlichen Ethik und Gesittung, zu deren Schutz wir auf den Kampfplatz getreten sind, sind gemeinsame Güter, und der Sieg, den wir erhoffen, wird diese gemeinsamen geistigen Schätze emporheben zu neuer und erhöhter Blüte.

Für den schweren Kampf der Kriegswaffen, wie für den in glücklichen Friedenszeiten wiederkehrenden Kampf mit den Waffen des Geistes und der Wissenschaft bringt die Universität Wien den Hochschulen des Deutschen Reiches in bundesbrüderlicher Kameradschaft ihren Gruß!"(12).

Dieser Erklärung des Wiener Professorenkollegiums hatte der Universitätsdozent Hans KELSEN nicht mehr Beifall zollen können. Bei Anwesenheit im Saale hätte er sich diesem auch kaum entziehen können, obwohl Inhalt und Ausdrucksweise schon damals nicht den Anforderungen von KELSEN an Staatsrechtspositivismus entsprachen. KELSEN hatte sich, wie schon erwähnt, am 4. August 1914 pflichtgemäß bei der Traindivision Nr. 14 in Innsbruck präsentiert, allerdings nicht um an die Front abzugehen. Er wurde nach einer eilig beantragten Superarbitration als für den Truppendienst untauglich erklärt.Dennoch hegte KELSEN militärische Ambitionen. Denn während an der Front, der er fernbleiben konnte, die Menschen massenweise dahinfielen, hoffte KELSEN mit Recht auf eine Konjunktur des Militärrechtes.

Die österreichischen Feldzüge des Jahres 1914, insbesondere in Galizien gegen die zaristischen Armeen, waren trotz ungeheuerer Blutopfer durch katastrophale Niederlagen gekennzeichnet. In den galizischen August- und Septemberkämpfen hatten die k.u.k. Truppen oftmals ohne ausreichende Vorbereitung angegriffen. Gerade die besten Truppen hatten die schwersten Verluste, was im übrigen KELSEN 1917 dazu anregte, bei seinem Verfassungskonzept für ein neues Kriegsrecht die totale Durchführung der allgemeinen Wehrpflicht voranzustellen. Aber darüber wird in einem anderen Kapitel zu sprechen sein. Allein die vier Tiroler Kaiserjägerregimenter hatten nach den ersten sechs Wochen des Krieges 9.700 Mann Verluste. Im Durchschnitt betrugen die Verluste dieser Regimenter 64 %. Mitte September 1914 mußte die k.u.k. Armee nach einer schweren Niederlage bei Lemberg hinter den San zurückgehen, den weniger als zwei Drittel der 900.000 Soldaten, mit denen die Offensive begonnen hatte, wieder erreichten. Diese Niederlagen erschütterten die österreichisch-ungarische Armee schwer. Und mit welchen Hoffnungen waren die Soldaten in die Schlacht gezogen! Die Rede des Regimentskommandanten des 2. Tiroler Kaiserjägerregimentes Oberst Alexander BROSCH von AARENAU, der zu den einflußreichsten und bedeutendsten Persönlichkeiten in der Umgebung des Thronfolgers FRANZ FERDINAND gehört hatte und dann im Nachtgefecht bei Hujcze am 6./7. September 1914 fiel, ist erschütternd. Am 9. August 1914 feuerte er in Brixen aus Anlaß der nach einer Feldmesse erfolgten feierlichen Vereidigung des vor dem Abmarsch nach Galazien stehenden 2. Tiroler Kaiserjägerregimentes die Mannschaft mit folgenden Worten an:

"Soldaten!
Auf den Tag sind es heute 6 Wochen, daß von Serbien gezahlte feige Buben unsern heißgeliebten Thronfolger Erzherzog FRANZ FERDINAND, den Stolz und die Zukunft Österreichs, und seine edle hochsinnige Gemahlin tückisch hinmordeten. Ins Herz getroffen ging ein Wutschrei durch die Monarchie und unser greiser, von seinen Völkern abgöttisch geliebter, schon schwer genug geprüfter Kaiser mußte auch dieses furchtbare Leid über sich ergehen lassen. Doch vermochte es ihn ebenso wenig wie seine Völker niederzudrücken. Im Gegenteil! Mit ungeahnter Energie, begleitet von der Einigkeit der Völker, erklärte Se.Majestät, um das in der Geschichte einzig dastehende Verbrechen zu rächen, an Serbien den Krieg und als Rußland sich anschickte, mit diesem Land der Mörder gemeinsame Sache zu machen, wurde die allgemeine Mobilisierung angeordnet. Jubelnd begrüßte das kaisertreue Volk Österreichs diesen Entschluß und Volk und Armee jauchzten ihrem greisen Fürsten zu, als er zu den Fahnen rief.

Unsere Balkanarmee ist bereits auf dem Marsch. In kurzer Zeit wird sie die serbische Armee vernichtet und das Land der Mordbuben gezüchtigt haben.

Die größere, darum aber auch noch ehrenvollere Aufgabe fällt uns zu. Wir marschieren gegen Rußland.

Soldaten! Ihr werdet von der Riesenarmee Rußlands gehört haben. Das soll Euch nicht verzagt machen. Die russische Armee besteht zum Großteil aus unzivilisierten Barbaren, die weder Liebe zum Kaiser, noch zum Vaterlande kennen. Von Begeisterung und Siegeszuversicht ist beim russischen Soldaten wenig vorhanden und die militärische Ausbildung steht weit hinter der unseren zurück. Innere Unruhen und der Schutz der weiten Grenzen verhindern Rußland, seine ganze Armee gegen uns zu wenden. Mit uns geht überdies Deutschland mit seinem mächtigen glorreichen Heer. Mit uns geht aber, was noch viel mehr wiegt, die Begeisterung aller Völker der Monarchie, mit uns geht das Recht und mit uns daher auch Gott. Mit diesen Bundesgenossen müssen wir siegen und auch einen an Zahl überlegenen Gegner vernichten. Was vor Jahren dem kleinen Japan gelungen ist, muß auch uns möglich sein.

Tiroler! Wir führen einen heiligen Krieg! Es gilt das Blut unseres Thronfolgers zu rächen, es gilt für unseren vielgeliebten alten Kaiser und für Habsburgs edlen Sproß zu streiten, es gilt für die Ehre und Existenz unseres Vaterlandes zu kämpfen.

Generationen von Vorfahren, die seit einem Jahrhundert die Geschichte der Tiroler Kaiserjäger mit ihren Ruhmestaten gefüllt haben, blicken auf Euch herab. Generationen von Nachkommen werden sich an Eurem Verhalten im Krieg ein Beispiel nehmen müssen. Tiroler! Vergesset nicht, daß das Regiment Se.Majestät den Kaiser, dem Ihr jetzt den Eid der Treue erneuern werdet, zum Inhaber hat und unsere Fahne die goldene Medaille mit dem Bildnis Sr.Majestät trägt. Infolge dieser höchsten Auszeichnung sind wir zu doppelter Hingebung für Thron und Heimat verpflichtet. Bleibt Eures Eides eingedenk in ernster Stunde und zeigt, daß der Löwenmut der Tiroler, ihre Kaisertreue und glühende Vaterlandsliebe die gleiche geblieben ist, wie unter Andreas Hofer und Speckbacher, wie bei Novara und Custozza.

Wie Eure Vorfahren werdet Ihr für Kaiser und Reich begeistert zu siegen oder zu sterben wissen.
Der Sieg muß dann unser sein! Da walte Gott!!"(13).

Aber der Krieg der österreichisch-ungarischen Armee begann nicht nur mit feierlichen Deklarationen und blutigen Schlachten.

"Der Krieg der österreichischen Armee begann mit Militärgerichten. Tagelang hingen die echten und die vermeintlichen Verräter an den Bäumen auf den Kirchplätzen, zur Abschreckung der Lebendigen" - so läßt Josef ROTH seinen Leutnant TROTTA aus Ostgalizien, der Heimat von KELSEN, berichten(14). Georg TRAKL erzählt seinem Innsbrucker Freund Ludwig von FICKER über sein qualvolles Erleben in einer galizischen Sanitätsscheune. FICKER berichtet: "Aber so oft er in das Freie trat, immer habe ihn ein anderes Bild des Grauens angezogen und erstarren gemacht. Da standen nämlich auf dem Platz, der wirr belebt und dann wieder wie ausgekehrt schien, Bäume. Eine Gruppe unheimlich regungslos beisammenstehender Bäume, an deren jedem ein Gehenkter baumelte. Ruthenen, justifizierte Ortsansässige"(15).

Auch der Historiker Heinrich BENEDIKT erinnert sich an seine "große Zeit" im Kriege, als er dem Armeeoberkommando als Nachrichtenoffizier in Przemysl zugeteilt war: "Auf einem Gang durch die Festungsstadt sah ich eine Gruppe ruthenischer Bauern - vielleicht war auch ein Pope darunter -, die zum Galgen geführt wurden". Einmal fuhr BENEDIKT nach Nisko, dem Sitz des 4. Armeeoberkommandos: "Eine Baumreihe führte dorthin, und an den Bäumen hing noch ein Dutzend Gehenkter"(16).

Dieses schauerliche Bild entspringt leider nicht der Phantasie von Schriftstellern, von denen Karl KRAUS sich am tiefsten mit diesen Schandtaten befaßt hatte. Vielmehr ist es eine historische Tatsache, daß sich die Zivilisation und Gerechtigkeit der Habsburgermonarchie mit Ausbruch des Weltkrieges auf ihre Kehrseite drehte und sich, wie jede bedrohte Bourgeoisordnung, "als unverhüllte Wildheit und gesetzlose Rache" darstellte (Karl MARX)(17). Dem Armeeoberkommando war der galizische Boden, auf dem es den Krieg gegen die zaristischen Armeen führen wollte, als unsicher und schwankend bekannt. Mit unerbitterlicher Härte wandte sich das Armeeoberkommando daher gegen jene Bevölkerungsteile dieses Landes, von denen die Habsburgermonarchie als despotische Fremdherrschaft empfunden wurde(18). So wurden tiefgreifende militärische Maßnahmen gegen die in Galizien seßhaften slawischen Einwohner angeordnet. Rund 14.000 "Ruthenen" als solche wurden die Westukrainer der Monarchie bezeichnet - wurden im Lager Thalerhof bei Graz "konfiniert". Von ihnen starben ein Drittel an Flecktyphus(19).

Zur Sicherung der Aufmarschgebiete der Truppen in Galizien ergriff die Armeeführung der Monarchie auch zu ihrer schon 1848 angewandten barbarischen Methode, Geiseln aus der heimischen Bevölkerung zu ergreifen. Diese hatten, obschon unschuldige Menschen und Bürger der Monarchie, mit ihrem Leben für die Handlungen anderer zu haften. Die Festnahme von Geiseln, wenn auch mitunter von kriegführenden Armeen anderer Staaten angewandt, ist stets als völkerrechtswidrig zu betrachten. Geiseln wegen Verbrechen anderer Personen zu töten oder deren Tötung anzudrohen, war nach allgemeinen Völkerrechtsgrundsätzen stets verboten gewesen. Ohne strafrechtliche Verurteilung darf nur der bewaffnete Feind im Kampf getötet werden(20). Allein der Umstand, daß den Geiseln durch ihre Einkerkerung jede Einflußnahme auf das Geschehen unmöglich gemacht wurde, machte die Völkerrechtswidrigkeit der Geiselnahme auch für die Militärbehörden erkennbar.

Am 15. August 1914 erging vom 14. k.u.k. Korpskommando in Sambor an das 2. Tiroler Kaiserjägerregiment der Befehl Nr. 10, das ganze Aufmarschgebiet strengstens abzusperren und russophil verdächtige Personen festzunehmen. Insbesondere wären Popen, Lehrer und russische Studenten zu verhaften und "zur eventuellen standrechtlichen Behandlung den zuständigen Landwehr Gerichten einzuliefern"(21).

Der besondere Charakter dieser Repressionsmaßnahmen läßt erkennen, daß sie längere Zeit vor ihrer Anordnung sorgfältig vorbereitet worden sind und auf die als gegnerisch betrachtete orthodoxe Kirche und die mit dieser verbundene ukrainische Intelligenz abgezielt waren. Das von dem Metropoliten der unierten Kirche in Galizien Andreas Graf SEPTYCKYJ dem Kaiser noch vor Kriegsbeginn vorgeschlagene Konzept, die Macht Österreichs nach dem Slawischen Osten hin zu festigen und auszudehnen, wurde noch vor der ersten Feindberührung gegenüber der Bevölkerung in Galizien zu realisieren versucht(22).

Die Verhängung des Standrechtes wurde sowohl als Einschüchterungsmaßnahme gegenüber der einheimischen Bevölkerung wie auch als Freibrief für die Truppe gegenüber Zivilisten wirksam. Um die möglichst weitgehende Publikation des Standrechtes speziell in der Zivilbevölkerung sicherzustellen, wurde mit dem oben zitierten Befehl vom 15. August 1914 angeordnet, daß, sobald eine Truppe (auch Arbeiterabteilungen) in einem Ort einmarschiert (und zwar auch auf dem Durchmarsch), die Verhängung des Standrechtes nach vorausgegangenem Horn- und Trompetensignal von einem Offizier in den landesüblichen Sprachen verlautbart werde. Diese Verlautbarung (eventuell mit Zuhilfenahme eines Dolmetschers) hatte sich darauf zu beschränken, daß jeder, der eine feindselige Handlung gegen eine Militärperson oder militärische Einrichtung etc. unternimmt, der Militärstrafgerichtsbarkeit unterstellt und standrechtlich erschossen wird. Nur so lassen sich die enormen Zahlen von Opfern erklären, die von Karl KRAUS im Jahre 1919(23), vom Abgeordneten DASZYNSKI aber bereits am 15. Juni 1917 in dem seit 1914 erstmals wieder einberufenen Reichsrat genannt wurden(24).

Die in mehreren "Stufen" sichtbar werdende Praxis der Kriegsgerichte erreichte im unmittelbaren Front- und Etappengebiet gegen Rußland, also in Galizien und der Bukowina, ihre vollste Schärfe und Grausamkeit. Das radikal vereinfachte Verfahren der Militärgerichtsbarkeit wurde noch auf ein Feldverfahren reduziert, das den "Bedürfnissen der Kriegsführung" untergeordnet wurde(25). In Galizien hatte 1914/15 fast jeder Offizier und fast jeder Gendarmeriewachtmeister das Recht, Personen, die ihnen verdächtig vorkamen, ohne Gerichtsverfahren hinrichten zu lassen(26). Noch im eigenen Land stehend erhielten die Tiroler Kaiserjäger so wie andere Truppenteile vom Kommando in Lemberg am 19. August 1914 nachstehenden militärstrafrechtswidrigen und völkerrechtswidrigen Befehl(27):

"Ergeht an die 30. Inft.Trupp.Div., 11.M.Brig., 93.Ldst.Brig., höchste Kommanden Zölkino, Sokal, Mosty Wielkie, Kamionka str., Stojanów, 3. ITD Lemberg, 3. Armeekommando Lemberg, Militärkommando Lemberg, AE Kdo. Lemberg und Landesgendkdo. Lemberg, am 19. August 1914.

In der Beilage sind jene Ortschaften genannt, deren Bewohner sich als russophil gezeigt bzw. verdächtig gemacht haben.

Sobald Truppen in oder in die Nähe dieser Ortschaften gelangen, sind **unbedingt** nach eingeholter Orientierung Geiseln auszuheben. In erster Linie jedenfalls die angesehensten einflußreichen Personen.

Sobald sich irgendwo nur die geringsten Anzeichen einer Unterstützung des Feindes bemerkbar machen, ist in rücksichtslosester Weise vorzugehen. Kein Mittel ist in solchem Falle scharf genug".

In einer angeschlossenen Liste wurden als "russophile Ortschaften" Galiziens genannt:

Stanislawczyk - Leszniów - Grzymalówka - Korsow östl. Leszniów - Szczurowice - Radziechów - Stojanów - Sienków - Skomorochy - Torki der ganze Ort - Warez - Przystań - Sokal - Bojanice westl. Sokal - Sielec - Parchacz - Rzeczyca -Ulhowek - Domazyr - Witków Nowy - Batiatycze - Tadanie südöstl. Kamionka str. - Spas östl. Kamionka str. - Sokole östl. Kamionka str. - Dernów südl. Kamionka str.

Ebenso wurden Proskriptionslisten von "Russophilen" Persönlichkeiten aufgelegt. So enthält eine Präsidialverordnung vom 27. Oktober 1914 (-Reservat-) folgende Namen(28):

1. Dr.iur. Leo Alexejewitsch, Advokat in Stanislau.
2. Dr.iur. Cyrill S. Czerljunczakewicz, Advokat in Przemysl.
3. Dr.iur. Iwan S. Czerljunczakewicz, Advokat in Skala.
4. Dr.iur. Militon M. Widrak, Advokat in Czortkow.
5. Dr.iur. Alexander I. Sawjuk, Advokat in Sanok.

6. Dr.iur. Michael E. Sochotcki, Advokat in Turka (übersiedelt nach Kiew am 28. Juli / 10. August 1914).
7. Dr.iur. Marian Th. Gluszkewicz, Advokat im Lemberg (übersiedelt nach Kiew am 28. Juli / 10. August 1914).
8. Dr.iur. Wladimir Th. Dudykewicz, Advokat in Kolomea.
9. Dr. med. Kornel Mironowicz, Arzt in Skolje.
10. Pfarrer Kornel Senik, in Bereznica Korolewskaja bei Zidaczew.
11. Pfarrer Markill Rastawecki, In Gromno bei Komarno.
12. Bauer Luka Staricki, aus Znesenje bei Lemberg.
13. Bürger Gabriel Mulkewicz, aus Kaminka, Strumilowa.
14. Bauer Thomas Djakow, aus Werbjesz, bei Mikolajew am Dniestr.
15. Pfarrer Johann Maszczak, in Lipica Dolna, bei Rohatyn.
16. Pfarrer Nikolaus Winnicki, in Halicz.
17. Gutsbesitzer Anton Kryskow, in Unjatycz bei Drohobycz.
18. Dr.iur. Johann M. Drogomirecki, Advokat in Zlozcow.
19. Cand.iur. Wladimir N. Kotelnicki, in Lemberg.
20. Notar Alexander Strocki, in Ottynia.

Die Redakteure der Zeitungen:

21. Prikarpatskaja Russ - Simon Andrejewitsch Labenski (übersiedelt nach Kiew am 28. Juli / 10. August 1914).
22. Goloss Naroda - Ilja Iwanowitsch Ceroch.

Die beiden Abgeordneten:

23. Des Wiener Parlamentes und des galizischen Landtages - Dr.iur. Dmitri A. Markow.
24. Des Wiener Parlamentes - Landesgerichtsrat Wladimir M. Kurillowicz.
25. I.A. Jaworski.
26. Julius Siekalo.

Werden diese Personen betreten, sind sie zu verhaften und dem Milkmdo zu überstellen".

Kennzeichnend für das Vorgehen der k.u.k. Militärbehörden ist auch die Inhaftierung eines zwölfjährigen Knaben (Josef Zeransik) wegen Spionageverdachtes für die russischen Truppen(29).

Das k.u.k. 14. Korpskommando in Lemberg schärfte mit Reservatbefehl vom 25. August 1914 Nr.52 den in Galizien stehenden Truppen die Aufbringung von Geiseln aufs neue ein(30):

"Ich mache die Truppen und speziell jene Formationen, bei welchen eine besonders scharfe Überwachung notwendig ist - (Trains und Anstalten) -, auch auf das Recht der Aushebung von Geiseln aufmerksam. Diesen Geiseln wäre zu bedeuten, daß sie bei der geringsten feindseligen Handlung der Bevölkerung niedergemacht werden. Es ist mit unerbittlicher Strenge, aber gerecht vorzugehen".

Die ins Ungeheuerliche gesteigerte Geiselnahme der Hitlerarmeen konnte leider an die Praxis der österreichischen Armeen 1914/15 in Galizien und Serbien anknüpfen. Nach Artikel 6 b des am 8. August 1945 in London beschlossenen Status des Internationalen Militärgerichtshofes wurden solche Befehle, die im Geiselerlaß der Hitlerwehrmacht vom 1. Oktober 1941 einen traurigen Höhepunkt erreichten, als Kriegsverbrechen festgestellt. Expressis verbis geschah dies durch das IV. Genfer Abkommen vom 12. August 1949 zum Schutze von Zivilpersonen im Kriege. Aber bereits im Ersten Weltkrieg mußte es den kriegführenden Regierungen ausnahmslos bekannt gewesen sein, daß die Festnahme und das Niedermachen von unschuldigen Geiseln kraß völkerrechtswidrig war. Daran ändert auch nichts, daß, wie im zitierten Befehl Nr. 10 vom 15. August 1914 aus Sambor, Armeekommanden solche Maßnahmen stets als militärisch üblich ausgelegt und Widerstand dagegen zu einer Standgerichtssache erklärt haben. Dem Juristen KELSEN, der nach seinem rechtstheoretischen Paukenschlag nun seit 1914 eine militärrechtliche Karriere zielstrebig forcierte, waren diese Vorgänge in seiner galizischen Heimat sicher bekannt. Er kommt darauf ebenso wenig zu sprechen wie Alfred VERDROSS in seinen diversen völkerrechtlichen Untersuchungen. VERDROSS hat im Jahre 1920 über "Die völkerrechtswidrige Kriegshandlung und der Strafanspruch der Staaten" (Berlin) seine Habilitationsschrift drucken lassen, ohne diese Verbrechen der k.u.k. Armeen auch nur anzudeuten. KELSEN hat diese Arbeit in der "Neuen Freien Presse" (8. September 1920) in gekonnter "militärrechtlicher" Schweigsamkeit rezensiert.

In den Befehlen des k.u.k. Armeekommandos für den galizischen Raum befindet sich auch jener Befehl vom 2. März 1915(31), wonach russische Soldaten, die im Besitze von Proklamationen an k.u.k. Truppen oder an die Völker der Monarchie betroffen werden, dem nächsten Feldgericht zu übergeben und dort "je nach dem Inhalt der Proklamation wegen Verleitung zur Desertion, Verletzung militärischer Dienstpflichten oder zum Hochverrat standrechtlich zu behandeln" seien. Der Besitz solcher österreichfeindlicher Proklamationen hätte allerdings gefangenen russischen Soldaten niemals als Straftat vorgeworfen werden dürfen, da diese offenkundig einem Befehl ihrer Kriegsführung entsprechen mußten.

Der durch Karl KRAUS notorisch gewordene, am 11. August 1914 neuernannte Kommandant der k.u.k. 3.Armee Rudolf BRUDERMANN, dem in Galizien auch die Tiroler Kaiserjägerregimenter unterstellt waren, erließ folgenden Armeebefehl Nr. 1 in Sambor (32):

"Soldaten der 3. Armee! Mit heutigem Tage habe ich das Armeekommando übernommen. Herzlichst begrüße ich jeden Einzelnen der mir unterstellten Kommanden, Truppen und Anstalten. Fest ist meine Zuversicht, daß jeder von Euch bis zum letzten Atemzuge voll das Seine dazu beiträgt, auf daß die Hoffnung herrlich sich erfülle, die der heißgeliebte Kriegsherr und das Vaterland in uns setzen. Fest ist mein Glaube, daß Eurer Tapferkeit und Eurer Ausdauer mit der Ihr, würdig Eurer Väter kämpfen werdet, kein auch noch so starker Feind wird widerstehen können. Haltet immer gute Mannszucht, tragt willig auch die schwerste Mühsal, und laßt auch noch im Tode Euren Ruf sein: 'Es lebe der Kaiser und König!'."

Die Aufrechterhaltung dieser "Mannszucht" unter den Soldaten wurde neben dem Standgerichtsverfahren gegen Zivilisten zur zweiten Aufgabe der k.u.k. Militärjustiz. Das in Sambor stationierte 3. Armeekommando übertrug mit Reservatbefehl vom 19. August 1914(33) die ihm zustehende Befugnis, Personen des Mannschaftsstandes, gleich viel welcher Charge, über Antrag des zuständigen Kommandanten ohne vorhergegangene Aufnahme des Warnungskonstituts strafweise, jedoch unbeschadet der ihnen etwa zukommenden Kadetteneigenschaft, zu Soldaten ohne Chargengrad der niedrigsten Löhungsgebühr zu degradieren, an die ihm unterstehenden Korps-, Truppen Divisions- und Brigade-Kommandanten. Das war jedoch die noch gelinderte Maßnahme des Kriegsstrafrechts, das unter der totalen Ausschaltung des Reichsrates seine durch die Militärstrafprozeßordnung vom 5. Juli 1912 festgelegten bescheidenen Rechtsschutzgarantien durch derartige Befehle einbüßte. Gleichzeitig wurde die Regelung für den Waffengebrauch vorgesetzter Offiziere gegenüber den eigenen Soldaten in Erinnerung gebracht:

"Wer in entscheidenden Augenblicken zaghafte Reden führt, Waffen oder Munition wegwirft, den Gehorsam verweigert, sich eigenmächtig dem Gefecht zu entziehen sucht oder plündert, wird zum warnenden Beispiele von Truppen, Kommandanten bzw. vom einschreitenden Vorgesetzten selbst oder auf dessen Befehl angesichts der Truppe unverzüglich niedergemacht" (Dienst Reglement I. Teil, Punkt 33). "Wer in Feindesnähe absichtlich über den Raillierungsort fliehend hinwegeilt, verfällt der schwersten Strafe und kann, wenn er nicht auf den ersten Ruf dahin zurückkehrt, von den hinter der Gefechtslinie befindlichen Offizieren oder auf deren Befehl niedergemacht werden" (Dienst Reglement I. Teil, Punkt 33, 3. Absatz). "In Notfällen, namentlich bei Alarmierungen, Ausrückungen zur Erhaltung oder Herstellung der öffentlichen Ruhe und Ordnung sowie gegen einen sich ungestüm oder tätlich widersetzenden Untergebenen, ist jeder vorgesetzte Offizier berechtigt, von seiner Waffe Gebrauch zu machen, um seinen Befehlen den nötigen Gehorsam zu verschaffen, wenn ihm hierzu kein anderes Mittel zu Gebote steht" (Dienst Reglement Punkt 659, 2. Absatz).

Nachdem schon bei den ersten Kämpfen in Galizien furchtbare Verluste eingetreten waren, erging vom k.u.k. 4. Armeekommando aufgrund eines entsprechenden Befehls des Armeeoberkommandos am 31. Oktober 1914 der Befehl(34), der gesamten Mannschaft zu verlautbaren, "daß die Verbrechen der Desertion, der Feigheit in allen Fällen und des Wegwerfens von Waffen und Munition standrechtlich behandelt werden. Hierbei ist zu betonen, daß jeder Vorgesetzte die unbedingte Pflicht hat, Untergebene auf der Stelle niederzumachen, welche im Gefecht nicht ihre Schuldigkeit tun, davonlaufen oder zurückbleiben, Waffen und Munition wegwerfen, zaghafte Reden führen oder sich dem Feinde zu ergeben trachten".

Am 30. Jänner 1915 verlautbart die Kommandoabfertigung des 2. Regiments der Tiroler Kaiserjäger(35) die weitere Ausdehnung der standrechtlichen Bestimmungen für den Bereich der Armee, und zwar a) für Meuterei in verbrecherischen Fällen, b) für die Teilnahme der Desertion eines andern, c) für Desertion-Komplottstiftung auch hinsichtlich der Teilnahme am Komplotte oder d) für Vorschubleistung durch Verhehlung oder sonstige Begünstigung eines Deserteurs. Mit dieser Kundmachung an die Mannschaft wurden auch die bisher bekanntgegebenen standrechtlichen Bestimmungen bezüglich der Desertion unter dem Titel "Versprengte, Selbstbeschädigung, Diebstahl und Plünderung und dergleichen" mit dem Beisatz eingeschärft, daß das Standrecht auch beim Versuche, sowie bei der Mitschuld und Teilnahme an solchen Verbrechen, die standrechtlich behandelt werden können und ihrer Natur nach einem Versuch bzw. Mitschuld oder Teilnahme zulassen, Anwendung finden. Diese Standrechtsbestimmungen gegenüber den eigenen Soldaten wurden den Mannschaften in ihrer Muttersprache oft erläutert, wobei auch speziell hervorgehoben wurde, daß jeder, der den Dienst vor dem Feinde "aus Feigheit verabsäumt, sich insbesondere ohne geleisteten pflichtmäßigen Widerstand und äußerste Not gefangen gibt, unwiderruflich die Todesstrafe erwirkt, welche früher oder später unnachsichtig vollzogen werden wird"(36). Die Kommandoabfertigung des k.u.k. 2. Tiroler Kaiserjägerregiments vom 7. März 1915 in Wroblowice verlautbart neuerlich(37): "Wer ohne Waffen, unverwundet und ohne Rücksendungsausweis aufgegriffen wird, ist sofort zu verhaften und zur unverzüglichen standrechtlichen Behandlung dem nächsten Feldgericht zu übergeben".

Am 16. März 1915 verfügte das Armeeoberkommando mit dem Befehl Op.Nr. 32.183 eine neuerliche Ergänzung der bei der Armee im Felde hinsichtlich des Standrechtes bestehenden Bestimmungen(38) und damit eine außerordentliche Verschärfung des Militärjustizterrors. Auf Militärpersonen, für die der ordentlichen Militär-Gerichtsbarkeit unterstehenden Zivilpersonen, sowie für Zivilpersonen im Feindesland wurde die Anwendung des Standrechtes entsprechend einer gegenüber der bisher geltenden ungemein ausgedehnten Liste von Straftaten befohlen, die von den Militärjuristen des k.u.k. Kriegsministeriums zusammengestellt worden war. Es handelt sich um mehr als achtzig Paragraphen des Militärstrafgesetzes, bei denen nunmehr die Anwendung des standgerichtlichen Verfahrens und die Todesstrafe zwingend vorgeschrieben wurde. Darunter befanden sich neben den gewissermaßen von ihrer Art aus dem Militärstrafrecht zustehenden Verbrechen wie jenen des Hochverrats, des Aufruhrs und der Ausspähung in der Überzahl zahlreiche Delikte des normalen Strafrechts. So wurden Diebstahl, Veruntreuung und Betrug ab einer relativ geringen Schadenshöhe bereits zum Gegenstand standrechtlicher Verfahren und Urteile. Zahlreiche Personen, vor allem Arbeiterinnen und Arbeiter in Kriegsbetrieben, unterstanden der "ordentlichen Militärgerichtsbarkeit" und gerieten schon bei Majestätsbeleidigung, Störung der öffentlichen Ruhe oder bei Beschädigung an Maschinen und Gerätschaften unter die Todesdrohung des Standrechtes. Die in dem Befehl angeführten Verbrechen wurden bei Personen des Soldatenstandes gemäß § 142 M.St.G. und an jenen des Nichtsoldatenstandes nach kaiserlicher Verordnung vom 25. Juli 1914 RGBl Nr. 157, der Verordnung des k.u.k. Ministeriums vom

27. Juli 1914 Nr. 5490/Min.Präs. und der Verordnung des Landeschefs für Bosnien und Herzogowina und Armeeinspektors in Sarajewo vom 26. Juli 1914 Zl. 7122 Präs. ohne Rücksicht darauf, in welchem Gebiet des Bereiches der Armee im Felde der Tat- und der Aburteilungsort gelegen ist, standrechtlich abgehandelt.

Vor Verfügung des Standrechts wurde angeblich öffentlich gewarnt und angedroht, daß jeder, der sich nach dieser Kundmachung eines solchen Verbrechens schuldig macht, standrechtlich gerichtet und mit dem Tode bestraft werden wird. Tatsächlich waren den vor das Standgericht gestellten Personen aus örtlichen, zeitlichen und sprachlichen Gründen weder die Deliktsart noch die Strafverschärfung bekannt.

Für Militärverbrechen wurde die Todesstrafe durch Erschießen, für die gemeinen Verbrechen die Todesstrafe durch den Strang bestimmt, wenn aber bei dem vorstehend angeführten Militärverbrechen schon im Gesetze die Todesstrafe durch den Strang angedroht ist, wurde auch standrechtlich auf diese Strafe erkannt.

Die Kundmachung dieses Befehls hätte aber auf die in den militärischen Dienstvorschriften vorgeschriebene Art und durch wiederholtes Vorlesen und Erläuterung vor der versammelten Mannschaft, auch in deren Muttersprache zu erfolgen gehabt. Selbst bei halbwegs ausreichenden Sprachkenntnissen mußte der verlesene Teil und seine Bedeutung unverständlich bleiben. Soweit überhaupt Strafdrohungen verlesen wurden, konnte den Mannschaften ohne Erläuterung deren Bedeutung nicht bekannt werden.

Weiters wurde verlautbart: Die Bestimmungen über die standrechtliche Behandlung haben auch auf den Versuch nach § 15 M.St.G. sowie auf die Mitschuld und Teilnahme an den durch Standrecht bedrohten Verbrechen nach § 11 M.St.G. volle Anwendung.

Der Tag der ersten Kundmachung dieser Standrechtsbestimmungen ist von allen Kommandos, Behörden und Anstalten dem AOK-EOK telegrafisch zu melden. Mit diesem Tage treten die vorstehenden Standrechtsbestimmungen in Kraft, gleichzeitig verlieren alle früheren bei der Armee im Felde verlautbarten Standrechtskundmachungen ihre Wirksamkeit.

Zunehmend gingen die Truppenführungen dazu über, die Todesurteile an gemeinen Soldaten zur Abschreckung in den Regimentskommandoabfertigungen zu veröffentlichen.

Da es schon in den ersten Kriegsmonaten ein geschlossenes Überlaufen von tschechischen und slowakischen Truppenteilen zur russischen Armee gab, griff die Militärjustiz schon von Kriegsbeginn an zu massiven Excessen gegenüber den Soldaten. Als das 11., das 38. und 88. tschechische und das 13. und 73. slovakische Infanterieregiment sich weigerten, anzugreifen, wobei mangelnde Ausrüstung zunächst die ausschlaggebende Ursache gewesen war, wurden sie von österreichischen und ungarischen Truppen umstellt und niedergeschossen. Täglich wurden Überläufer und Kriegsdienstverweigerer standrechtlich erschossen oder gehenkt. Schließlich ging sogar trotz Verlautbarung des vorstehend angeführten Befehls über die Verschärfung der Militärstrafen das sogenannte Prager Hausregiment Nr. 28 mit fliegenden Fahnen und mit der Regimentsmusik an der Spitze zu den Russen über. Daraufhin wurden die tschechischen Truppenteile mit ungarischen und österreichischen Mannschaften gemischt und durch deutsche Einheiten korsettiert(39). Die österreichische Militärjustiz, einschließlich ihrer nichtmilitärischen Ableger in Böhmen und Mähren, brachte es nach tschechischen Angaben im Kriegsverlauf zu mehr als 5.000 Hingerichteten. Während im deutschsprachigen Bereich zunächst sehr wenige schwerere Verurteilungen ausgesprochen wurden, wütete die Militärjustiz in den slawischen Teilen der Monarchie. Dabei standen die Militärjuristen in Böhmen und Mähren noch unter einer gewissen Kontrolle. In Galizien in der Bukowina, in den serbischen und kroatischen Landesteilen, konnten sie fast alles tun, was sie wollten. Dadurch gelangte die österreichische Kriegsjustiz im Ersten Weltkrieg zu einer Schreckensbilanz, die in keinem der anderen kriegführenden Länder auch nur teilweise erreicht wurde(40). Der polnische sozialistische Abgeordnete Ignacy DASZYNSKI erklärte 1918 im Reichsrat, daß die Zahl der in Galizien hingerichteten Opfer 80.000 betrage. Daß zehntausende Verhaftete slawischer, italienischer und rumänischer Nationalität in Konzentrationslager gerieten, wo viele von ihnen umkamen, dürfte einer der Gründe sein, weshalb sich einstige Militärjuristen auch nach dem Ersten Weltkrieg sich ihrer Mitwirkung am todbringenden Justizapparat der Monarchie nicht mehr erinnern wollten.

Die österreichischen Parteien, auch die Sozialdemokratie, machten keine ernsthaften Versuche, die tollwütige Militärjustiz zurückzuhalten. Einige Artikel von Friedrich AUSTERLITZ und einige Reden von Viktor ADLER bleiben eine rühmliche Ausnahme. Erst als im Jahre 1916 im k.u.k. Kriegsministerium erkannt wurde, daß eine solche Militärjustiz den Trend zum Zusammenbruch auch in der Armee nur beschleunigt, wurden unter Kaiser KARL dämpfende Maßnahmen ergriffen und manche Urteile gemildert.

Lenkt selbst ein oberflächlicher Blick auf die ersten Monate des Weltkriegsgreuels unverzüglich auf die Frage nach der politischen und juristischen Verantwortung, so tritt die wesentliche Frage dazu, konnten human und demokratisch empfindende Menschen es begründen, alles zu unterlassen, was in bezug auf die Verteidigung des Landes schädlich wirken könnte. Diesen Grundsatz hatte Viktor ADLER durch den ganzen Krieg hindurch getragen. Er hat die österreichische Sozialdemokratie durch seinen großen Einfluß auf die Partei in eine Position hineingeführt, die mit ganzer Kraft die Monarchie zu erhalten suchte. Eine Zusammenarbeit zwischen den österreichischen Sozialisten und dem Kaiserhaus hat er für konkret möglich gehalten. Viktor ADLER trat für eine "Interessengemeinschaft" mit der Monarchie ein und empfahl eine Politik, wie sie LASSALLE im Deutschland des 19. Jahrhunderts empfohlen hatte.

Das im Jahre 1974 von Alfred VERDROß UND Norbert LESER übereinstimmend festgestellte politische Beziehungsfeld von KELSEN in den ersten Republikjahren stimmt mit dem vor dem Ersten Weltkrieg Feststellbaren durchaus überein. KELSEN war keineswegs ein engagierter Parteigänger der Sozialdemokraten, er gehörte keiner Partei an und sein Verkehr beschränkte sich nicht auf linksgerichtete Kreise, so vermerkt VERDROß. Das bestätigt auch LESER mit der Pointierung, daß KELSEN mit der Sozialdemokratie sympathisiert hat. Sein Fernbleiben von jeder Partei führt LESER auf dessen "bewußte Überzeugung" zurück, daß ein Wissenschaftler objektiv bleiben muß und er sich diesen objektiven Standpunkt nicht durch Bindungen an eine Partei erschweren soll(41). Ein solches mit der inneren Überzeugung nicht stets übereinstimmendes politisches Verhalten der Parteiabstinenz hat KELSEN schon vor dem Kriege stets eingehalten. Während seiner Kriegsdienstleistung dürfte er seine Kontakte zu sozialdemokratischen Politikern in gedämpfter Form aufrechterhalten haben. Daß er 1918 von Karl RENNER in die Staatskanzlei berufen wurde, steht wohl im direkten Zusammenhang mit seinem Umgang mit diesem während des Krieges und mit der gemeinsamen Bindung an ein lassalleanisches Staatskonzept. So wie KELSEN trotz seiner Gegnerschaft zum Nationalsozialismus nie als Antifaschist aktiv geworden ist(42), so war er ebensowenig ein sich als solcher zu erkennen gebender Kriegsgegner. Diese Passivität stimmt mit seiner prinzipiellen Ablehnung einer marxistischen Lösung des Hauptwiderspruchs der Gegenwart überein und gleicht dem Verhalten anderer, wenn auch weniger berühmter bürgerlicher Rechtsphilosophen(43). KELSEN dürfte daher mit den gleichen politischen Ansichten wie die linksbürgerlichen Intellektuellen den Kriegsbeginn registriert haben. Diese in Österreich nicht sehr bedeutenden Kräfte trachteten im Kriege die persönlichen Interessen und die Staatsaufträge übereinstimmend mit der Staatsmacht zu erfüllen. Auch nach dem Zusammenbruch konnten sie ihrer Staatsidee, die nun republikanisch geworden war, anhänglich bleiben. Wie KELSEN "die Unbestechlichkeit seines juristischen Denkens mit dem Verständnis für das Wesen des politischen Kompromisses zu verbinden in der Lage war", hat nicht erst dem früheren Wissenschaftsminister Heinz FISCHER 1985(44) imponiert, sondern schon mehr als 70 Jahre vorher so manchem Militär im Apparat der k.u.k. Armee.

Der nie auch nur einen Tag an einer Front gelandete KELSEN leistete seinen Dienst zunächst für den Sieg und später, durchhaltend, bis zum Zusammenbruch in den Büroräumen des k.u.k. Kriegsministeriums. Er unterschied sich dabei im Tragen des Kriegsrisikos nicht von den Millionen von Bauern und Arbeitern. Wie bei diesen oder eher noch früher muß KELSEN schon im ersten Kriegswinter auch die Ernüchterung erfaßt haben. Aber KELSEN war nie persönlich berührt von den unmenschlichen Plagen in den Fabriken und auf den Feldern. Das schamlose Kriegsgewinnertum, von dem den Arbeitern nicht nur der Lohn, sondern auch die Ernährung gestohlen wurde, kannte er nur aus dem Kriegsüberwachungsamt, dessen Versagen ihm juristisch nie auffiel. Ihm wurde nie wie den Menschen im Soldatenrock das entwürdigende Verhalten vieler Offiziere gegenüber den hungernden und frierenden Untergebenen fühlbar. Vom Schicksal der Verwundeten und Verstümmelten erfuhr KELSEN selbst im Kriegsfürsorgeamt, wo er 1914 verwendet worden war, kaum so viel, um in seinen Erinnerungen ein Wort der Anteilnahme zu finden. Er witzelt lediglich über sein damaliges Kriegsschicksal, das ihn zwang, "Wolle zu verteilen, welche von Damen der Gesellschaft zum Stricken von Stutzen für die an der Winterfront in Galizien befindlichen Truppen verwendet wurde", und Fehlbeträge der von ihm geführten Kasse aus eigenem zu ersetzen(45).

Schon in den ersten Kriegsmonaten waren die Verluste so furchtbar, waren an der Ostfront so entsetzliche Dinge erlebt worden, daß bei manchen Soldaten einfach die Nerven versagten. Sie wurden dann "medizinisch" behandelt, worüber von Jaroslav HASEK bis Georg TRAKL literarische Nachrichten zur Ernüchterung bis in die Gegenwart vorliegen. Andere Fälle von nervenkranken Soldaten wurden durch die Militärjuristen unter die Lupe genommen. Die Militärgesetzparagraphen über Feigheit (§ 243 M.St.G.) und Vortäuschung einer Krankheit (§ 293 M.St.G.) trieben die Patienten zurück an die Front oder vor ein Feldgerichtspeloton. Für Offiziere gab es allerdings fast nie eine standrechtliche, sondern vielmehr eine standesgemäße Behandlung. Nicht daß ihnen nicht auch das blanke Entsetzen geglaubt werden soll, das sie an der Front erlebt und das sie in akute Nervenkrisen getrieben hat. Aber das anschließend zitierte Dokument darf in einer Darstellung der Kriegskulisse des Umfelds von Hans KELSEN nicht fehlen, zumal es aus seinem Einrückungsraum stammt(46): "Innsbruck, am 10. Oktober 1914. KM Erl.Präs.Nr.13.2347 vom 1. Oktober 1914:

Das Kriegsministerium lenkt die Aufmerksamkeit auf die überaus große Zahl Offiziere, welche sich unverwundet, nur mit "Nervenchok" in den Heilanstalten befinden. Weit entfernt, an der Dienstunfähigkeit dieser Offiziere bei ihrer Abgabe an die Heilanstalt zu zweifeln, ist es doch eine auffallende Erscheinung, daß dieselben, - wenigstens soweit dies Wien betrifft, nach kürzester Zeit, anscheinend ganz gesund, tagsüber die Straßen beleben, damit gleichzeitig dokumentierend, der weiteren spitalmäßigen Pflege entraten zu können.

Solche Offiziere könnten, abgesehen davon, daß sie durch ihr Abgehen aus der Heilanstalt für Verwundete Platz machen, bei dem empfindlichen Mangel an aktivem Ausbildungspersonal, bei den Ersatzkörpern bis zu ihrer völligen, gewiß in kürzester Zeit zu erwartenden Wiedergenesung wertvolle Dienste leisten.

Jedenfalls muß angenommen werden, daß derlei Offiziere imstande sind, spätestens nach vier Wochen wieder zur Front zurückzukehren; sollte dies nicht der Fall sein, so sind sie der Superarbitrierung zu unterziehen. Hierbei wird bemerkt, daß sie auf Anstellungen in Lokaldienstposten nicht hoffen können, da diese in erster Linie für, infolge Verwundung oder durch andere, vor dem Feinde akquirierte schwere Krankheiten dauernd dienstunfähig gewordene Offiziere vorbehalten bleiben müssen.

Ergeht an alle StatKmdos, dann Ersatzkörper und ErgBezKmdos des Heeres, der Ldw. und des Lst.".

Für viele dieser Offiziere führte über derartige Erkrankungen der Weg in eine Position abseits der Front. Dies traf vor allem für Juristen zu, die selbst im frontnahen Gebiet im Ersten Weltkrieg nie gefährdet waren. Viele Juristen drängten sich geradezu zur Verwendung im Militärjustizdienst. Der Professor für Strafrecht an der Universität Wien (vorher Universität Prag) Wenzeslaus Graf GLEISPACH war bei der Musterung für den Landsturm als zum Dienst mit der Waffe für untauglich befunden worden. Aber am 16. September 1915 richtete er im Einvernehmen mit dem Unterrichtsministerium an das Kriegsministerium das Ansuchen um Übernahme in den Militärjustizdienst: "Von dem Wunsche erfüllt, in dieser großen und schweren Zeit Seiner Majestät und dem Vaterlande nicht nur im bürgerlichen Leben zu dienen, sondern meine Fachbildung der Wehrmacht zur Verfügung zu stellen, bitte ich ergebenst, meine Meldung entgegenzunehmen und mich zum Offiziere für den Justizdienst zu ernennen"(47). GLEISPACH wurde der legistischen Abteilung 4/II des k.u.k. Kriegsministeriums zugewiesen, in der auch KELSEN einige Monate tätig war. Beide wurden am 26. Oktober 1917 vom k.u.k. Kriegsministerium dem k.k. Minister für Landesverteidigung als "in jeder Beziehung vorzüglich qualifiziert" zur außertourlichen Beförderung zu Landsturmhauptmannauditoren vorgeschlagen(48). GLEISPACH, der den Krieg wie KELSEN de facto nur vom Hörensagen her kannte, war für umfangreiche Verschärfungen des Militärstrafrechtes mitverantwortlich. In seiner Antrittsvorlesung an der Universität Wien am 8. Mai 1915 distanzierte er sich demonstrativ von seinem Vorgänger Heinrich LAMMASCH, weil dieser Straf- und Völkerrechtslehrer von einer christlichen Weltanschauung aus eine ablehnende Haltung gegenüber der Kriegspolitik der Monarchie und dem Kriegsstrafrechtskonzept des Generalstabes eingenommen hatte.

Unter den leider sehr zahlreichen brutalen österreichischen Militärjuristen stach Graf GLEISPACH besonders hervor, weil er die Grausamkeit der Feldgerichtspraxis als strafrechtswissenschaftliches Prinzip verkleidete und in den Universitätsunterricht, in die militärische Justizausbildung und in die Militärstraflegistik in fachlich aufwendiger Form einbrachte. Ihn kann man als Symbolfigur der militärrechtlichen Greueltaten bezeichnen. Wie eine solche rechtswissenschaftliche Stationierung auf die Verhältnisse in der Truppe wirkten, schildert die Literatur dieser Zeit. So läßt Karl KRAUS einen als "Kaiserjägertod" verschrieenen General zu einem Oberst sprechen: "Herr

Oberst, was führen Sie hier für einen Sauhaufen, lassen Sie jeden Mann, der ausgetreten ist, drei Stunden anbinden!"(49). Tatsächlich diente der k.u.k. Armee der Aufrechterhaltung ihrer "Mannszucht" auch die Strafe des Anbindens selbst wegen kleinerer Disziplinarvergehen. So verlautbarte beispielsweise ein Regimentsbefehl des k.u.k. 2. Tiroler Kaiserjägerregiments am 28. Jänner 1915(50), daß die Kaiserjäger Dominikus JUEN, Albert SUWA, Albert BRUCHA, Adolf HOFER, Franz UNSA, Karl ARNET, Josef BUCEKA, Rudolf WALEK, Karl FÜRST, Karl PAULNITZ und Eduard PARAL wegen unerlaubten Fernbleibens anläßlich eines Eisenbahntransportes, wodurch sie die Abfahrt versäumten, mit zwei Stunden "Anbinden" bestraft wurden.

Der 1980 wegen seines 1944 in Wien über einen 17jährigen Soldaten verhängten Todesurteiles in strafrechtliche Untersuchung geratene ehemalige Vorsitzende eines Feldgerichtes der Hitlerwehrmacht und frühere Strafrechtslehrer der Wiener Universität Erich SCHWINGE sieht 1941 in der massenweise angewendeten grausamen Militärjustiz der k.u.k. Armee von 1914 bis 1918 ein entscheidendes Mittel für den zu garantierenden Endsieg der Hitler-Wehrmacht. In seiner Broschüre über die Entwicklung der Mannszucht in der deutschen, britischen und französischen Wehrmacht(51) erlangte die unheilvolle Justizgeschichte der österreichisch-ungarischen Armee, die 1918 unbestreitbar total zusammengebrochen ist, eine siegvortäuschende Auslegung.

SCHWINGE schreibt (52): "Was hier durch zeitgerechtes Vorgehen der Kommandostellen erreicht werden kann, zeigt die Geschichte der österreichisch-ungarischen Armee in den Jahren 1914 bis 1918. Sie enthält die Lehre, daß auch eine schwer ausgeblutete, übermüdete und halbverhungerte Truppe, die außerdem durch den Nationalitätenhader geschwächt ist, in ihrem Kampfwert noch lange erhalten werden kann, wenn ihre Führung gegen Lockerungs- und Zersetzungserscheinungen nur energisch und zielbewußt vorgeht. Die strenge Kriegszucht, in der Wehrmacht der Doppelmonarchie während des ganzen Krieges aufrechterhalten, hat die Folge gehabt, daß der drohende Verfall um Monate und Jahre hinausgeschoben wurde. Die Entwicklung ist im einzelnen so lehrreich, daß sie verdient, festgehalten zu werden".

Es empfiehlt sich, der geschichtlichen Darstellung von SCHWINGE über die Kriegsjustiz als Kampfmittel noch weiter zu folgen. Nach SCHWINGE bestand in der österreichisch-ungarischen Armee schon vor dem Weltkrieg Klarheit darüber, "daß die Mannszucht in einem künftigen Kriege nur dann aufrechterhalten werden könne, wenn es für Massenstraftaten ein Verfahren gebe, in dem Raschheit von Aburteilungen und Vollstreckung mit größter Strenge verbunden sei"(53). Vom Standrecht der k.u.k. Armee ist SCHWINGE denn auch ganz begeistert: "Unter 'Standrecht' konnten durch den k.u.k. Kriegsminister oder den zuständigen Kommandanten im Felde alle Verbrechen gestellt werden, deren rasche Unterdrückung notwendig war. Als Strafe gab es im Standrecht nur die Todesstrafe, die innerhalb kurzer Frist nach der Urteilsfällung zu vollstrecken war, falls sie bestätigt wurde"(54).

Es ist anzunehmen, daß KELSEN von jenem Armee- und Flottenbefehl Kaiser KARLs vom 2. März 1917 Kenntnis hatte, mit welchem die Strafe des Anbindens und des Schließens in Spangen aufgehoben wurde. KELSEN hat diese Maßnahme, sofern sie im Kreise der Militärjuristen mit ihm besprochen wurde, zweifellos gutgeheißen. Mit 3. Februar 1918 ordnete Kaiser KARL aber aufgrund eines Telegramms aus Cattaro die Wiedereinführung der Anwendung der Strafe des Schließens in Spangen und des Anbindens, und zwar des Schließens in Spangen als Strafverschärfung, des Anbindens als Ordnungsstrafe und als Strafverschärfung, neuerlich an. Das war ein Ereignis, das den Beifall von SCHWINGE findet: "Die Ereignisse des Frühjahrs 1918 sahen das Armee-Oberkommando psychologisch wieder ganz auf der Höhe seiner früheren Leistungen; es erwies sich auch der neuen Schwierigkeiten gewachsen"(55).

Hier handelt es sich um militärrechtliche Vorgänge, die den Arbeitsbereich von KELSEN als maßgeblichen juristischen Berater des k.u.k. Kriegsministers wohl mehr als bloß gestreift haben. Mit dem Chef der juristischen Sektion des k.u.k. Kriegsministeriums Generalchefauditor Leopold FEIGL ist KELSEN ständig in unmittelbarem Kontakt gestanden. Auch mit dem Pressereferenten des Armeeoberkommandos und Verfasser der Heeresberichte Edmund GLAISE von HORSTENAU führte KELSEN in den letzten Monaten des Krieges Gespräche(56). Umso bemerkenswerter ist es, daß KELSEN auf derartige konkrete juristische Vorgänge im k.u.k. Kriegsministerium nie eingegangen ist. Daß aber KELSEN an dem militärischen Teil seines Lebens mit besonderer Anhänglichkeit hing, geht derzeit wohl nur mehr aus einer Schilderung hervor, wie schwer er sich 1933 von seinem in der k.u.k. Armee ausgefaßten Dienstrevolver getrennt hatte. "Nach längeren verzweifelten Versuchen, sich seiner zu entledigen, warf KELSEN ihn, in eine Bananenschale eingewickelt, in den Rhein, wo er jetzt mit dem Nibelungenring die Götterdämmerung des Nationalsozialismus überlebt hat" (57). In dieser mit Sicherheit von KELSEN selbst autorisierten Darstellung kommt dessen Ausweichen gegenüber einer korrekten politischen Offenlegung seiner Tätigkeit im Ersten Weltkrieg zum Ausdruck. Der Spaß mit der Götterdämmerung des Nationalsozialismus ist gerade so viel wert, wie jener vom "Überleben" des Armeerevolvers nach mehr als dreißig Jahren Aufenthalt im Geschiebe des Rheins. Insgesamt gilt das leider auch für METALLs Schilderung von KELSENs Tätigkeit im Ersten Weltkrieg, was Christian BRODA den Autoren gegenüber zustimmend lächelnd bestätigt hat. Aber das bisher vorliegende Material aus dem Wiener Kriegsarchiv läßt Hans KELSEN als maßgeblich an der juristischen Kriegsführung der k.u.k. Monarchie beteiligten Offizier erkennen.

A N M E R K U N G E N

- Anmerkungen zu II. -

1 Manfred **Matzka** (Hrsg.): Sozialdemokratie und Verfassung. Wien 1985, 13.

2 Rudolf Aladár **Métall**: Hans Kelsen. Leben und Werk. Wien 1969.

3 Wie Anmerkung 1.

4 Vgl. Norbert **Leser**: Hans Kelsen und Karl Renner. In: Reine Rechtslehre und Karl Renner. In: Reine Rechtslehre und marxistische Rechtstheorie (= Schriftenreihe des Hans Kelsen-Instituts Band 3). Wien 1978, 41-62, hier 60.

5 Vgl. Engelbert **Broda**: Wissenschaft.Verantwortung. Frieden. Ausgewählte Schriften. Wien 1985, 303-305.

6 Immanuel **Kant**: Zum ewigen Frieden. Mit Texten zur Rezeption 1796-1800. Herausgegeben von Manfred **Buhr** und Steffen **Dietzsch**. Leipzig 1984.

7 Archiv für Rechts- und Wirtschaftsphilosophie 1923/ 24, 261-298.

8 Bruno **Kreisky**: Zwischen den Zeiten. Erinnerungen aus fünf Jahrzehnten. Berlin 1986, 56.

9 Ebenda.

10 Ebenda.

11 Ebenda.

12 Universitätsarchiv Innsbruck.

13 Tiroler Landesarchiv, Kaiserjägerarchiv.

14 Josef **Roth**: Radetzkymarsch. dtv 1984, 303.

15 Erinnerungen an Georg Trakl. Zeugnisse und Briefe. Salzburg, 3. erweiterte Auflage 1966, 200 f.; Georg Trakl. In Selbstzeugnissen und Bilddokumenten. Dargestellt von Otto **Basil**. Rowohlt Taschenbuch 1965, 150.

16 Heinrich **Benedikt**: Damals im alten Österreich. Erinnerungen. Wien 1979, 277.

17 Karl **Marx**: Der Bürgerkrieg in Frankreich. MEW 17, 355.

18 Hans **Hautmann**: Kriegsgesetze und Militärjustiz in der österreichischen Reichshälfte 1914-1918. In: Erika **Weinzierl** und Karl R. **Stadler** (Hrsg.): Justiz und Zeitgeschichte (= Veröffentlichungen des Ludwig Boltzmann-Instituts für Geschichte der Gesellschaftswissenschaften Salzburg Nr. 1). Wien 1977, 101-122, 117.

19 **Hautmann**, Kriegsgesetze, 113.

20 Alfred **Verdroß**: Völkerrecht. Hier nach der neubearbeiteten und erweiterten 3. Auflage, Wien 1955, 378 benützt.

21 Regimentskommandoabfertigung vom 17. August 1914. Tiroler Landesarchiv, Kaiserjägerarchiv.

22 Vgl. Eduard **Winter**: Rußland und das Papsttum. Teil 2. Berlin 1961, 583 f.

23 Fackel 501-507, Jänner 1919, 45.

24 Arbeiter-Zeitung vom 16. Juni 1917.

25 Georg **Lelewer**, in: Franz **Exner**: Krieg und Kriminalität in Österreich. Wien 1927, 111-196, 113. Georg **Lelewer** (Major-Auditor im Ministerium für Landesverteidigung und Privatdozent an der Universität Wien) gab 1912 (Wien) heraus: Die Militärstrafprozeßordnungen Österreich-Ungarns für die gemeinsame Wehrmacht und für die beiden Landwehren.

26 **Hautmann**, Kriegsgesetze, 108.

27 Tiroler Landesarchiv, Kaiserjägerarchiv.

28 Ebenda.

29 Ebenda.

30 Ebenda.

31 Ebenda.

32 Ebenda.

33 Ebenda.

34 Ebenda.

35 Ebenda.

36 Ebenda.

37 Ebenda.

38 Ebenda.

39 Vgl. auch Eva **Priester**: Kurze Geschichte Österreichs. Wien 1949, 575.

40 Wie Anmerkung 18.

41 Vgl. Hans Kelsen zum Gedenken. Mit Beiträgen von Walter **Antoniolli**, Christian **Broda**, Hertha **Firnberg**, Hans **Kelsen**, Hans R. **Klecatsky**, Norbert **Leser**, Rudolf A. **Métall**, Herbert **Schambeck**, Ernst **Topitsch**, Alfred **Verdroß**, Robert **Walter** (= Schriftenreihe des Hans Kelsen-Instituts Band 1). Wien 1974, 64 (**Verdross**) und 65 (**Leser**).

42 Vgl. Eduard **Rabofsky**: Antifaschistischer Widerstand und Hegel. In: Manfred **Buhr** - Todor J. **Oiserman**: Vom Mute des Erkennens. Berlin 1981, 357-376, hier 371.

43 Vgl. W.A. **Tumanow**: Bürgerliche Rechtsphilosophie. 1975, 311 ff.

44 Heinz **Fischer**, in: Hans Kelsen. Ein Leben im Dienste der Wissenschaft. 1985, 7.

45 **Métall**, Kelsen, 18.

46 Tiroler Landesarchiv, Kaiserjägerarchiv.

47 Kriegsarchiv Wien.

48 Ebenda.

49 Die letzten Tage der Menschheit IV, 12.

50 Tiroler Landesarchiv, Kaiserjägerarchiv.

51 Erich **Schwinge**: Die Entwicklung der Mannszucht in der deutschen, britischen und französischen Wehrmacht seit 1914. zweite erweiterte Auflage. Berlin 1941.

52 **Schwinge**, Mannszucht, 53 f.

53 **Schwinge**, Mannszucht, 54.

54 **Schwinge**, Mannszucht, 54.

55 **Schwinge**, Mannszucht, 57.

56 Peter **Broucek** (Hg.): Ein General im Zwielicht. Die Erinnerungen Edmund Glaises von Horstenau. Band 1: k.u.k. Generalstabsoffizier und Historiker (= Veröffentlichungen der Kommission für Neuere Geschichte Österreichs 67). Wien-Köln-Graz 1980, 540. GLAISE-HORSTENAU schreibt in seinen Erinnerungen: "Den Staats- und Völkerrechtsprofessor Kelsen, der bei Gelegenheit unter Bezug auf sich meinte, daß mehr oder minder jeder einmal Kohn geheißen habe, kannte ich schon, als er noch Hauptmann-Auditor im Präsidialbüro des Kriegsministeriums war. Wir hatten in den letzten Monaten des Krieges manches verfassungsrechtliche und politische Gespräch miteinander".

57 **Métall**, Kelsen, 63.

III.

MILITÄRGUTACHTEN ZUR FRAGE DER MATERIELLEN UND FORMELLEN RECHTSKRAFT VON MILITÄRVERWALTUNGSAKTEN

Noch vor seiner mit Unterstützung des Feldzeugmeisters Ignaz von VERDROß erfolgten Versetzung (1. Dezember 1914) an das Militärfürsorgeamt in Wien 9, Berggasse war KELSEN mit 1. November 1914 zum Landsturm-Oberleutnant ernannt worden. Er reklamierte am 18. Jänner 1915 beim k.k. Ministerium für Landesverteidigung zu Recht die ihm ab 1. November 1914 zustehende Gebührenerhöhung entsprechend dem neu erlangten Dienstgrad. Für Kompetenzstudien im Heer der Monarchie ist es vielleicht erwähnenswert, daß der Gebührenantrag von KELSEN beim k.k. Ministerium für Landesverteidigung eingereicht, aber von diesem zur "kompetenten Erledigung" an das k.u.k. Kriegsministerium, immerhin im gleichen Gebäude, abgetreten wurde.

KELSENs Dienstleistung beim Militärfürsorgeamt dauerte knapp ein halbes Jahr, denn schon am 24. Juni 1915 betrieb er selbst seine künftige Verwendung im Militärjustizdienst durch Antrag an die IV. Abteilung des k.u.k. Kriegsministeriums. Hätte sich KELSEN nach seiner Erkrankung zu Kriegsbeginn im August 1914 vom eigentlichen Militärdienst fernhalten wollen, so wäre das Kriegsfürsorgeamt in Wien sicher als eine dem friedlichen Behördenwesen am nächsten stehende Militärinstitution dazu geeignet gewesen. Als Grund für seinen persönlichen Versetzungsantrag ist wohl die Tatsache zu berücksichtigen, daß KELSEN nach seiner Genesung mit einer eventuellen Aufhebung des Superarbitrierungsbescheides rechnen mußte. Ohne einen solchen Bescheid konnte er aber im Kriegsfürsorgeamt nicht weiter beschäftigt werden, sondern wäre vielmehr zum Frontdienst bei seinen Traintruppen in Galizien abzustellen gewesen. KELSEN drängte es freilich, wenn die Aktenüberlieferung, woran nicht zu zweifeln ist, korrekt ist, keinesfalls an die Front. Er wollte allerdings dem Kriegsgeschehen juristisch offenkundig näher stehen, als es bei dem von ihm gegenüber METALL als unmilitärisch glossierten Dienst im Kriegsfürsorgeamt möglich war. Deshalb, und um seine weitere militärische Tätigkeit nicht dem Zufall zu überlassen, ergriff KELSEN die Initiative und bemühte sich intensiv um Übernahme in irgendeine Offiziersfunktion im Militärjustizdienst. Wegen des außerordentlichen Anschwellens von Militärstrafsachen kam eigentlich nur die Tätigkeit als Militärrichter oder als Militärankläger in Betracht. KELSEN bittet schriftlich um Verwendung im Militärjustizdienst, unter gleichzeitiger Ernennung zum Militärauditor und Zuteilung zum k.u.k. Heer (24. Juni 1915). Hierbei handelt es sich um den Versuch, gleich drei militärische Karrieresprünge zu bewältigen. Der erste Sprung verlief ohne Problem. Aber für den zweiten mußte eine dem Militärstrafrecht entsprechende Qualifikation nachgewiesen werden, strebte KELSEN doch eine Verwendung als Militärrichter oder als Militärankläger an. Dagegen ergaben sich beim k.k. Landesverteidigungsminister rechtliche Bedenken. Als Bewerber für den unmittelbaren Einsatz der k.u.k. Kriegsjustiz behauptete dagegen Hans KELSEN, daß er durch seine Stellung als Universitätsdozent sowohl die Qualifikation zum Verteidiger in Strafsachen habe und daß seine Zugehörigkeit zur juridischen Fakultät die Richteramtsprüfung, soweit es sich um die Strafrechtspraxis handle, ersetze. Dem wollte der rechtlich sehr penible Landesverteidigungsminister nicht beipflichten und stritt KELSEN den rechtlichen Anspruch auf einen solchen Qualifikationsnachweis im vollen Umfange ab. Aber im Hinblick "auf das Visum der Militärkanzlei seiner Majestät des Kaisers und des Königs" stimmte er "ausnahmsweise" doch zu (siehe oben Seite 19).

Daß KELSEN schon damals auch in der Militärkanzlei des Kaisers über persönliche Beziehungen verfügte, ist nicht übersehbar. Dennoch war der k.k. Landesverteidigungsminister dem Antrage auf Übersiedlung von KELSEN von der Landwehr in das gemeinsame Heer der Monarchie nicht zugeneigt. Er verfügte vielmehr, KELSEN nicht zum Landsturm-Oberleutnant-Auditor zu ernennen, sondern diesen nur in das k.k. Offizierskorps für den Justizdienst als Landsturm-Oberleutnant-Auditor zu "übersetzen". In der Ausfertigung darüber hob er hervor, daß die Übersetzung ausnahmsweise erfolgt sei. Welchen Grund Seine Excellenz der Herr Landesverteidigungsminister für eine solche Demonstration seines Mißvergnügens gehabt haben mochte, ist nicht mehr feststellbar. Vielleicht war ihm nur das "Stellenangebot" von KELSEN zu aufdringlich, auch mag er von den im k.k. Justizdienst geforderten speziellen Kenntnissen des Hans KELSEN nicht überzeugt gewesen sein.

Jedenfalls wurde der Ausnahmsweise-Auditor am 1. August 1915 dem Militärkommandanten in Wien als Stellvertreter des Militärstaatsanwaltes zugeteilt und unterstand dort dem Hauptmann-Auditor Dr. Karl GRUBER. Auch diese Tätigkeit übte KELSEN nicht lange aus. Schon am 1. Oktober 1915 übersiedelte KELSEN als Konzeptoffizier in die Abteilung 4/I unter dem Kommando von k.u.k. Generalauditor Josef KILLIAN.

Die in der Gegenwart nicht unberechtigt als gleichfalls unbewältigte Vergangenheit bezeichnete Geschichte der k.u.k. Militärstrafjustiz kann aus den KELSEN-Akten des Kriegsarchivs kaum etwas gewinnen. Natürlich hat KELSEN die Gestalt der k.u.k. Militärjustiz in ihrem Konzept und in ihren erschütternden Ergebnissen schon in den ersten Kriegsjahren gut erkennen können. Aber die Zeit seiner Verwendung in der Militärstrafjustiz war überaus kurz und teilweise auf Gnadenakte beschränkt, weshalb für ihn eine aktive Beteiligung an der 1915 eskalierenden Kriegsstrafjustiz ausgeschlossen werden kann. Sein Einfluß auf die Militärjustiz war in dieser Zeit völlig unbedeutend, da er nur staatsrechtlich und nie strafrechtlich publizierend aufgetreten war. Wie aus Gesprächen der Verfasser mit Christian BRODA hervorgeht, war KELSEN gegenüber dem intensiven Einsatz der Militärstrafrechtslehrer zurückhaltend.

Irgendwie landet KELSEN dann in der Abteilung 4/II des k.u.k. Kriegsministeriums, wo er ausgerechnet mit seinem späteren Kollegen und erbitterten Feind an der Wiener Universität und in weiterer Folge zum Blutjuristen Adolf HITLERs avancierten Wenzeslaus Graf GLEISPACH gemeinsam zur Beförderung als besonders verdienstvoller Offizier vorgeschlagen wird. Allerdings heißt es dabei, daß dies höchstens für die nächsthöhere Charge in Betracht kommen könne. Beide waren damals nämlich bereits in so hoher ministerieller Verwendung, daß sie als Vertreter des Kriegsministers zu interministeriellen Besprechungen entsendet wurden, bei denen "Subalternoffiziere" unerwünscht waren.

Ehe sich KELSEN aber durch seinen militärpolitischen Beitrag in der "Zeitschrift für Militärrecht" in das Büro des Präsidiums des Kriegsministers katapultierte, hatte er unterschiedliche juristische Anträge zu erledigen. So mußte er sich neben anderen Militärjuristen in einem von der Abteilung 4/G Int.Nr. 834 aus 1917 im Oktober 1917 der 11. Abteilung des k.u.k. Kriegsministeriums präsentierten Gutachten zur "Änderung der Durchführungsbestimmungen zum Pferdestellungsgesetz" äußern(1). Grund hierzu war eine Anfrage der Landesregierung in Troppau (26. Februar 1917), welche Zwangsmittel gegen ausgewählte Schätzmeister anzuwenden seien, die sich weigern, die Amtshandlung wegen der ihnen für ihren Arbeitsaufwand zu gering scheinenden Entlohnung vorzunehmen. Der Sache nach ging es um die Anwendung einer Rechtsvorschrift, mittels derer die von der Armee benötigten Pferde von ihren Eigentümern zu "stellen" wären. Aus dieser Anfrage entwickelte sich ein überaus umfangreicher innerministerieller Rechtsstreit im k.u.k. Kriegsministerium, auf den hier nur wegen der Heranziehung von Hans KELSEN zur Erstattung eines persönlichen Gutachtens eingegangen werden soll. Im Gegenstand äußerten sich mehrere Dienststellen, unter anderem auch der Chef der ökonomischen Sektion des k.u.k. Kriegsministeriums, das k.u.k. Kriegsüberwachungsamt und die Abteilung 11 des k.u.k. Kriegsministeriums.

Schließlich teilte die Abteilung 4 G im Oktober 1917 der 11. Abteilung des k.u.k. Kriegsministeriums zu dem von KELSEN erstellten Gutachten über "Formelle und materielle Rechtskraft von Militärverwaltungsakten" in eigener Auslegung mit, daß die Erlassung einer bezüglichen Norm in die Kompetenz des Präsidialbüros des k.u.k. Kriegsministeriums falle. Die in dem angesprochenen Gutachten von KELSEN "theoretisch" begründete Auffassung entspräche, so heißt es in dem Schreiben dieser Abteilung, der tatsächlichen Praxis der Militärbehörden im Großen und Ganzen. Daher wäre kein Anstoß gegeben, die Frage der formellen und materiellen Rechtskraft von Militärverwaltungsakten zum Gegenstand einer ausdrücklichen Regelung etwa in Form eines Erlasses oder einer Dienstinstruktion zu machen, "zumal diese für das Gebiet der Zivilverwaltung gleichwichtige Frage in Österreich sowohl wie in Ungarn, soweit hier bekannt, seitens der zivilen Verwaltungsbehörden nocht nicht generell normiert wurde, sondern die Lösung der Frage der Theorie und Praxis überlassen blieb". Damit war dem Gutachten von KELSEN entsprochen worden, weil auch er keine legistische Lösung anzubieten bereit war, obschon sie sich aus der herrschenden Lehre durchaus hätte ableiten lassen. Daraus ergibt sich das Kernproblem dieses bisher unbekannten Gutachtens von KELSEN, das offenkundig nicht im Unvermögen, sondern in der mangelnden Neigung liegt, eine konkrete Lösung dieser für die Militärrechtspraxis von damals nicht unerhebliche Rechtsfrage zu vertreten.

Es ist naheliegend, diese Gelegenheit zu nützen, die Arbeiten von KELSEN auf ihren Einfluß auf die Militärrechtsverhältnisse während des Ersten Weltkrieges hin zu untersuchen. Dies umsomehr, als kaum sonstige Unterlagen über praxisbezogene Arbeiten des Theoretikers KELSEN vorliegen. Dieser nahm damals die Gelegenheit wahr, das ihm zur Lösung übertragene Problem aus dem Pferdestellungsgesetz als ein theoretisches Anliegen von so hohem Range zu erkennen, daß es sich einer grundsätzlichen Bewältigung durch normal generelle Mittel des Verwaltungsrechts entziehe. Bei dieser ihm 1917 im Rahmen des ministeriellen Militärrechtsdienstes übertragenen Arbeit erinnerte sich KELSEN offenbar an seinen Habilitationsvortrag "Zur Lehre vom Gesetz im materiellen und formellen Sinn unter besonderer Berücksichtigung der österreichischen Verfassung", denn er stellte sein Gutachten auch unter den Titel: "Gutachten zur Frage der materiellen und formellen Rechtskraft von Militärverwaltungsakten - erstattet von Oblt. Aud. Universitätsprofessor Dr. **Kelsen**". Auf sechs Folioseiten legt KELSEN seine im Ergebnis von seinem Vorgesetzten auszugsweise übernommene Meinung vor, aus der keine grundsätzliche Anregung zum militärrechtlichen Handeln abzuleiten war.

In den Ausführungen von KELSEN wird im Widerspruch zu den zum Gegenstand bereits vorliegenden Gutachten des Kriegsüberwachungsamtes und zu der abschließenden, schlicht als Äußerung des Rechtsbüros des Chefs der ökonomischen Sektion des Kriegsministeriums vom 17. November 1917 bezeichneten umfangreichen Argumentation überhaupt nicht auf den konkreten Gegenstand der Diskussion eingegangen. Von KELSEN erfährt man nicht einmal, daß es eigentlich um die Frage geht, ob das Kriegsministerium berechtigt wäre, die nach § 6 des Pferdestellungsgesetz vorgenommenen Schätzungen anzufechten. Das genannte Rechtsbüro verneint immerhin diese Frage. Es meint ferner in der Begründung dieser Ansicht, auf eine Auseinandersetzung mit dem Gutachten von KELSEN könne verzichtet werden, offensichtlich deshalb, weil sein Inhalt wohl kaum eine den Rechtsfall lösende Substanz besitzt. Es wird darauf verwiesen, daß KELSENs Ansicht im Gegensatz zum Gutachten des Kriegsüberwachungsamtes Nr. 79495/1916 stehe, das überdies die Praxis des Verwaltungsgerichtshofes für sich habe. Diese habe am Grundsatz der Gebundenheit der Verwaltungsbehörden an ihrer Entscheidung regelmäßig festgehalten, sofern diese jurisdiktionelle Aufgaben der Verwaltung erfüllen.

Das an dem konkreten Gegenstand vorbeigehende KELSEN-Gutachten schält aus einer vorausgegangenen Äußerung der 11. Abteilung des k.u.k. Kriegsministeriums "die für das ganze Gebiet der Heeresverwaltung hochbedeutsame Frage" der "materiellen Rechtskraft von Verwaltungsakten" heraus. Es behandelt aber auch die "formelle Rechtskraft", dies, "obwohl diese derzeit für die Militärverwaltung nicht aktuell" wäre. Auf Seite 3 des Gutachtens erkennt KELSEN, daß er "dieses überaus komplizierte Problem der Verwaltungsrechtstheorie" hier nicht "in seiner Gänze aufrollen" wolle. KELSEN fährt fort: "beschränken wir uns auf die folgenden prinzipiellen Bemerkungen: Vor allem empfiehlt sich an Stelle der unpräzisen, weil das Problem nicht ganz deckenden und daher leicht irreführenden, wie für theoretisch nicht geschulte Verwaltungsbeamte unverständlichen Ausdrücke der 'materiellen Rechtskraft' die Bezeichnung 'Aufhebung oder Änderung von Militärverwaltungsakten' zu wählen. Denn es handelt sich tatsächlich nur um die Frage: Ob und inwieweit Militärverwaltungsakte aufgehoben oder abgeändert werden dürfen bzw. ob und inwieweit die Militärbehörde an ihre eigenen Akten gebunden ist".

Obschon es sich bei dem KELSEN-Gutachten um eine Angelegenheit handelt, die nach seiner Ansicht auch jeder "theoretisch ungeschulte Verwaltungsbeamte" verstehen müßte, wäre mit ihr mancher rechtstheoretisch geschulte Jurist in Schwierigkeiten zu bringen gewesen. Dabei erklärt KELSEN Fälle von absoluter Nichtigkeit von Militärverwaltungsakten erstaunlicherweise mit der durch den Hauptmann von Köpenick gewürzten Figur. Persönlich sachkundig erweist sich seine Argumentation, als er durch Beispiel zu belegen versucht, daß in Fällen, in denen die absolute Nichtigkeit eines Militärverwaltungsaktes zweifelhaft ist, nur die kompetente Militärbehörde befugt sei, diese Nichtigkeit auszusprechen.

Er beleuchtet dies mit einem Beispiel, in dem ein Soldat im Wege einer Superarbitrierung als invalid aus dem Herresverband entlassen wird: "Nachträglich entsteht der gegründete Verdacht, daß der Superarbitrierungsbefund auf unredliche Weise erzielt wurde. Hier geht es nicht an, den Mann - wie es in einem konkreten Fall seitens der Militärbehörde praktiziert wurde - ohne weiteres kurzer Hand zu seinem früheren Truppenkörper einzuberufen und einer neuerlichen Untersuchung zu unterziehen. Vielmehr muß vorher die Aufhebung (Annullierung) der Entlassung aus dem Heeresverbande bzw. des Superarbitrierungserkenntnisses erfolgen". KELSEN verabsäumt es aber, den hierfür erforderlichen Rechtsschritt zur Behebung des Unrechts auch nur anzudeuten.

Sicher spricht KELSEN hier in gewissem Sinne aus eigener Erfahrung, denn auch seine Superarbitrierung wurde ohne vorherige Aufhebung durch neuerliche Untersuchung am 4. Juli 1915 ersetzt und einfach die Frontdiensttauglichkeit festgestellt. Die unmittelbar nach der Einrückung am 4. August 1914 zur "aktiven Dienstleistung bei der Traindivision 14 in Innsbruck" eingetretene Erkrankung KELSENs hatte nämlich dazu geführt, daß schon am 28.August 1914 laut Unterabteilungsgrundbuchblatt Superarbitrierung beantragt wurde. Am 19. September 1914 war er "als zum Truppendienst der Landwehr untauglich, zu Lokaldienst geeignet, in der Mobilität zum Kanzleimanipulationsdienst bei Behörden und höheren Kommanden verwendbar" bezeichnet worden. Dazu: "steht noch im Dienste in Linz Train D 14". Ein weiterer Vermerk im Landsturmevidenzblatt wies gleichfalls auf die Truppendienstuntauglichkeit unter dem Datum Innsbruck 21. September 1914 hin. Dagegen fand eine formelle Aufhebung der Superarbitrierung bei KELSEN im Juli 1915 nicht statt, sondern lediglich eine militärärztliche Befundung. KELSEN hätte daher nach Einführung eines Ersatzes für ihn zum Ersatzdepot der Train Division Nr. 14 einzurücken gehabt. Zu dieser Zeit war KELSEN aber nicht mehr im Kriegsfürsorgeamt, sondern, wie wir schon gehört haben, bereits im Kriegsjustizdienst der Abteilung 4/I des k.u.k. Kriegsministeriums.

Von da an fehlen bis auf eine Notiz alle weiteren Vermerke für einen eventuellen Fronteinsatz von KELSEN. Der eine Vermerk lautet: "auf unbestimmte Zeit enthoben". Jedenfalls hatte KELSEN es nicht nötig, sich um "Rechtsmittel" in seinem eigenen Superarbitrierungsverfahren zu kümmern. Er hat sich aber, wie bereits dargelegt wurde, auch nicht um eine praxisnahe Regelung für oder gegen die Pferde einschätzenden Gutachter bemüht. KELSEN wollte sich auch nicht wie andere Militärjuristen mit der "Abänderung der Durchführungsbestimmungen zum Pferdestellungsgesetz" (Abteilung 11, Nr. 5416 aus 1917) befassen, sondern versuchte, in dieses Thema vielmehr Gedanken einzubetten, die in das Unterrichtskonzept einer von ihm entwickelten wissenschaftlichen Militärverwaltungsrechtsschule aufzunehmen gewesen wären. KELSEN wandte sich hier der künftigen Militärverwaltungsgesetzgebung zu. Und da erfährt die juristische Welt von 1917 grundsätzliche KELSEN-Erkenntnisse, die bislang unbekannt geblieben sind:

"In welchen Fällen die Militärbehörde de lege lata hinsichtlich der Aufhebbarkeit oder Abänderbarkeit von Militärverwaltungsakten ausnahmsweise gebunden ist, wäre festzustellen. De lege ferenda wäre zu bemerken, daß eine prinzipielle Änderung des gegenwärtigen Rechtszustandes in der Frage der sogenannten materiellen Rechtskraft von Militärverwaltungsakten nach h(ier) st(ehender) Ansicht nicht wünschenswert ist. Wenn auch ohne weiteres zugegeben werden mag, daß dem Interesse der Militärverwaltung an einer möglichst weitgehenden Freiheit in Bezug auf Aufhebung und Abänderung von Militärverwaltungsakten ein gleichfalls öffentliches Interesse an der Sicherheit und Stetigkeit der durch einen Militärverwaltungsakt geschaffenen Rechtslage gegenüber steht, wenn auch die Schutzwürdigkeit der einer Militärbehörde gegenüberstehenden Partei anerkannt werden muß, die sich im Vertrauen auf den äußeren Tatbestand eines Militärverwaltungsaktes befindet, so muß es doch zweifelhaft sein, ob es überhaupt möglich ist, jene Fälle, in denen das öffentliche Interesse an der Rechtssicherheit das ihm entgegenstehende öffentliche Interesse an einer eventuellen Aufhebung oder Abänderung eines normwidrigen Verwaltungsaktes überwiegt, von Vorneherein zu übersehen und einwandfrei in genereller Weise zu formulieren. Mit Rücksicht auf die gesetztechnische Schwierigkeit, ja Unlösbarkeit dieses Problems erscheint es nach h(ier) st(ehender) Ansicht zweckmäßiger, die Entscheidung zwischen diesen beiden Interessen im einzelnen Falle der kompetenten Militärverwaltungsbehörde zu überlassen. Doch soll ihr in jedem Falle der Aufhebung oder Abänderung eines Militärverwaltungsaktes die Wichtigkeit des entgegenstehenden öffentlichen Interesses an der Stetigkeit des durch die Verwaltung geschaffenen Rechtszustandes bewußt sein und die Entscheidung erst nach reiflicher Prüfung fallen".

Im Ergebnis weist das Gutachten von KELSEN die Militärverwaltungsbehörde darauf hin, "Entscheidungen erst nach reiflicher Prüfung" fallen zu lassen. Aber um welche Entscheidungen handelt es sich? Nach KELSENs Erkenntnis um solche, bei denen der entscheidenden Militärbehörde faktisch wegen der "gesetzestechnischen Schwierigkeit", ja wegen der "Unlösbarkeit dieses Problems" die Entscheidung zwischen den Interessenten allein, also ohne Leitung durch das Recht, überlassen bleiben mußte. Ob das öffentliche Interesse an der Rechtssicherheit oder ein solches an der Beseitigung einer durch einen Behördenakt geschaffenen Lage jeweils vorzuziehen wäre, hätte die Militärbehörde selbst zu prüfen. Das aber, jedenfalls nach KELSEN, reiflich!

Das hier vorgestellte Gutachten von KELSEN ist die letzte seiner auffindbar gewesenen schriftlichen Ausführungen, ehe er auf Grund seines Artikels in der "Zeitschrift für Militärrecht" über die "Reform der verfassungsrechtlichen Grundlagen der Wehrmacht Österreich-Ungarns" (1917) in das Präsidialbüro des Kriegsministers Rudolf STÖGER-STEINER von STEINSTÄTTEN berufen wurde. Von den drei an der Diskussion über die Auslegung des Pferdestellungsgesetzes beteiligten Abteilungen des k.u.k. Kriegsministeriums wurden entweder Novellierungsforderungen erhoben oder die strittige Rechtsangelegenheit durch Auslegung zu bewältigen getrachtet oder auf den Verwaltungsgerichtshof verwiesen. Nur KELSEN schlägt vor, wegen der "gesetztechnischen Schwierigkeit" bzw. wegen der "Unlösbarkeit dieses Problems" dessen Lösung der "kompetenten Militärverwaltungsbehörde" zu überlassen. Dabei konnte es sich nur um einen in dem Gutachten KELSENs rechtlich nicht abgewogenen, im Ermessen der entscheidungsverpflichteten Militärverwaltungsbehörde liegenden Rechtsakt handeln.

Nach dem vorliegenden Aktenmaterial hätten sich im Gegenstand mehrere rechtlich vertretbare grundsätzliche Lösungen angeboten, denen KELSEN aber ausweicht. Dies ist deshalb bemerkenswert, weil es sich um die einzige nennenswerte praxisbezogene Arbeit des Militärverwaltungsrechtstheoretikers KELSEN handelt, bei welcher die Verwendbarkeit seines in eine abstrakte Lehre gegossenen Strukturkonzepts zu beweisen gewesen wäre. Wenn auch die Reine Rechtslehre die logisch einwandfreie Ableitbarkeit etwa der Gerichtsurteile aus dem Gesetz leugnet(2), so stützt sich KELSEN in seinem Gutachten nicht einmal auf diese These, sondern behauptet einfach, unüberwindbare Schwierigkeiten ließen eine rechtssystematische Lösung nicht zu. Es scheinen sich daher selbst die von Ernst von SCHWIND in dessen Votum separatum (siehe Seite 88) 1918 erhobenen Bedenken hinsichtlich der konkreten Verwendbarkeit der Reinen Rechtslehre im geltenden Staatsrecht zu bestätigen. Denn immerhin hätte ein so hochqualifizierter Jurist wie KELSEN erkennen können, daß die von ihm zu lösende Aufgabe nicht schlechthin unlösbar war, sondern ihrer rechtstheoretisch übersteigerten Verflechtung durchaus zu entbinden gewesen wäre.

Die Annahme einer die Verordnungserlassung begründenden formal gesetzlichen Delegation, die den Bereich der Gesetzgebung gegenüber der Verordnungsgewalt durch einen Blankettrechtssatz abgrenzt, wäre von KELSEN gutachtlich sicher vertretbar gewesen. Selbst seine in den Text der Reinen Rechtslehre (1934, 76-78) zum Begriff der Rechtsquelle ausgeführte Unterscheidung zwischen der Qualität von Rechtsakten im formellen und materiellen Sinne wäre einer praxisnahen Lösung des innerministeriell heftig diskutierten Pferdestellungsgesetzes nicht im Wege gestanden. Aus dem Vergleich der zitierten Texte läßt sich kein Schluß ableiten, der die im Widerspruch zur allgemeinen Meinung stehenden Ansicht von KELSEN zwingend erkennen läßt. Es sei denn, man führt sie auf die penetrante Abneigung von KELSEN gegenüber jeder die Rechtspraxis unmittelbar berührende Aussage zurück. Das von KELSEN im Militärdienst erstellte Gutachten über Recht im formellen und materiellen Sinne entspringt seiner Habilitationsschrift im Jahre 1911 und einer damit in engem Zusammenhang stehenden Publikation in den Juristischen Blättern (1913, 229-232: Zur Lehre vom Gesetz im formellen und materiellen Sinn, mit besonderer Berücksichtigung der österreichischen Verfassung). KELSEN vertritt in diesen beiden

Schriften den Standpunkt, daß nach dem konstitutionellen Prinzip alles materielle Gesetz stets auch formelles Gesetz sei. Dieses wird von KELSEN allerdings nicht hinsichtlich ihrer gesellschaftlichen Bedeutung, sondern nur im Hinblick auf die "Geschichte des Gesetzesbegriffes im Bereich der Staats- und Rechtswissenschaft" beleuchtet. KELSEN hat dem ihm erteilten Auftrag, die Frage der Entschädigungsansprüche der an der Bewertung von Pferden eingesetzten Sachverständigen konkret zu lösen, einen quasitheoretischen Charakter gegeben, wodurch weder zur Bewältigung der Rechtsangelegenheit selbst noch zu deren rechtstheoretischen Gestaltung beigetragen wurde. Es ist durchaus möglich, daß KELSEN die Gelegenheit benützen wollte, die seiner Meinung nach nur wissenschaftlichen Prinzipien unterworfene Reine Rechtslehre im k.u.k. Kriegsministerium zur Geltung zu bringen.

A N M E R K U N G E N

- Anmerkungen zu III. -

1 Alle nicht näher ausgewiesenen Zitate erfolgen nach den Akten des Kriegsarchivs Wien.

2 **Kelsen**: Allgemeine Staatslehre. Berlin 1925, 91.

IV.

ZUR REFORM DER VERFASSUNGSRECHTLICHEN GRUNDLAGEN DER WEHRMACHT ÖSTERREICH-UNGARNS

Von dem ambitionierten militärpolitisch-juristischen Engagement KELSENs ist man nicht einfach deshalb überrascht, weil dieses trotz seines bedeutenden Umfanges und seines fachlichen Einsatzes bisher unbekannt geblieben ist. Da die Militärverfassung der k.u.k. Monarchie vor allem wegen des grundsätzlichen Konzepts dem Rechtsphilosophen KELSEN nicht unbedingt zumutbar erscheint, erweckt die Frage nach dem Zeitpunkt seines ersten Eintretens für die ihm schon in jungen Jahren vorschwebende "höchste Methodenreinheit"(1) besonderes Interesse.

Erst im Jahre 1967 läßt sich Alfred VERDROß darauf näher ein, nachdem METALL in seiner KELSEN-Biographie neben der Aufzählung von dessen Vorkriegspublikationen nur die kühle Aufnahme der die Reine Rechtslehre ankündigenden, 1911 in Tübingen erschienenen "Hauptprobleme" vermerkte. KELSEN veranstaltete aber schon ab 1911 an Sonntagen in seiner Wiener Wohnung ein Privatseminar für absolvierte Juristen, aus der die "österreichische Schule der Rechtswissenschaft" hervorgegangen sein soll. Adolf MERKL, Alfred VERDROß und andere fanden dort, was sie "an den juristischen Vorlesungen vermißt hatten, nämlich eine allgemeine Rechtstheorie, die von den historischen Verschiedenheiten und den soziologischen Bedingtheiten der konkreten Rechtsordnungen abstrahiert. Daher stamme auch die Bezeichnung **Reine Rechtslehre**"(2). Dem schließt VERDROß mit einem Gruß über den Atlantik an das Ehepaar KELSEN an: "Vermutlich konnte in der damaligen Zeit des Rechtshistorismus eine allgemeine Rechtstheorie nur in der Hauptstadt des übernationalen österreichisch-ungarischen Reiches entstehen, da dieses Gebilde nicht als Produkt eines bestimmten Volksgeistes, sondern nur aus einer übernationalen Idee heraus erklärt werden konnte"(3).

VERDROß hat sich nur zeitweise und nie uneingeschränkt der von KELSEN betriebenen Abstraktion juristischer Methodenlehre angeschlossen. Das scheint verständlich, weil VERDROß von einem umfassenderen geschichtlichen Blickfeld ausging, wenngleich auch er eher retrospektive Züge in seine vor allem völkerrechtlichen Arbeiten einbettete.

Wie eng KELSEN sich an die machtpolitischen Gegebenheiten des für ihn allgemeingültigen, weil dreihundert Jahre funktionierenden Staatsgebildes klammerte, erklärt Johann J. HAGEN(4). Im Endstadium der österreichisch-ungarischen Monarchie existierte ein Gleichgewicht zwischen Slawen, Ungarn und Deutschen. Gegenüber diesen auseinanderstrebenden Teilen der k.u.k. Monarchie nahm der Staat ganz von selbst den Charakter eines eigenständigen Wesens an. Vor diesem Hintergrund sind jene Auffassungen zu sehen, die von der Allgewalt des Staates ausgehen und ihm eine gesonderte und neutrale Position zuweisen.

Nach METALL(5) tritt aus dem "ungeheuer reichhaltigen Schrifttum" von KELSEN dessen "Staatsbegriff als Rechtsbegriff zutiefst in altösterreichischen Erfahrungen verwurzelt" hervor: "Denn die österreichische Monarchie, dieses Konglomerat bunter, durch Sprache, Religion und Geschichte unterschiedlicher Gruppen, ließ sich als Staat nicht durch Theorien begreifen, die seine Einheit auf sozial-psychologische oder sozial-biologische Zusammenhänge zu begründen versuchten. Der Staat, der KELSEN am nächsten lag und den er aus eigener Erfahrung am besten kannte, konnte nur als Rechtseinheit verstanden werden"(6). Doch gerade um diese Einheit der Auffassung von Recht geht es, wenn KELSENs juristische Wahrheiten aus einem Dualismus von Reiner Rechtslehre und Militärrechtstheorie ermittelt werden müssen. Es steht fest: KELSEN hat mit der Reinen Rechtslehre nicht seine dem k.u.k. Militarismus dienenden theoretischen Verfassungskonzepte zu amalgamieren versucht. Er betrieb ja beides gemeinsam mit vollem "theoretischen" Einsatz. Daher lautete seine erste rechtswissenschaftliche Forderung im Ersten Weltkrieg, wenn auch fast drei Jahre nach Kriegsausbruch: "Alle wirklich Tauglichen sind schon im Frieden tatsächlich militärisch auszubilden"(7).

KELSEN hat diese Forderung in seinem leitartikelartigen Beitrag zur ersten Nummer der 1917 neu erschienenen "Zeitschrift für Militärrecht" erhoben. Diesem Beitrag kommt eine Schlüsselstellung bei dem militärisch-politischen Aufstieg von KELSEN zu. KELSEN schrieb als k.u.k. Landsturm-Oberleutnantauditor Universitätsprofessor diesen, seinen umfangreichen Beitrag unter dem Titel: "Zur Reform der verfassungsrechtlichen Grundlagen der Wehrmacht Österreich-Ungarns". Es wird in einer Fußnote dieser Zeitschrift darauf verwiesen, daß der Herausgeber Major Dr.Albin SCHAGER vom Armeeoberkommando gegen einige dieser Ausführungen grundsätzliche Bedenken habe und sich vorbehalte, dazu Stellung zu nehmen, was allerdings dann nicht geschehen ist. Hingegen führte, wie METALL sich ausdrückt, "eine Kompetenzeifersüchtelei zwischen Kriegsminister und Generalstabschef" zur Übersiedlung von KELSEN von der Abteilung 4/1 des Kriegsministeriums in das Büro des Kriegsministers General Rudolf von STÖGER-STEINER(8).

Bei der von KELSEN - wie er betont(9) - völlig aus eigener Initiative entwickelte Militärverfassungsrechtsarbeit handelt es sich nicht um eine solche, die zu den im unmittelbaren Blickfeld befindlichen Anliegen der Kriegsführung in den Jahren seit 1914 Stellung nimmt. Eher kann sie noch als Kritik an der kläglichen Vorbereitung der k.u.k. Armee auf den Ersten Weltkrieg empfunden werden. Es fällt schwer, anzunehmen, daß KELSEN tatsächlich mitten in dem furchtbaren und für die Monarchie längst als sinnlos, wenn nicht sogar bereits als verloren erkennbaren Kriegsgeschehen schon an eine Wiederholung des Blutbades unter der Voraussetzung einer wirksameren rechtlichen Vorbereitung gedacht haben sollte. Diese Annahme ist für den gegenwärtigen Kenner des Fortganges des Kampfes um die Neuaufteilung der Erde umso schwieriger, als de facto die damaligen militärrechtlichen Empfehlungen von KELSEN tatsächlich erst vom System Adolf HITLERs genutzt werden konnten.

Von einem solcherart sich aufdrängenden Blick in die Zukunft hat man sich jedoch fernzuhalten, da eine derartige Entwicklung nicht nur für KELSEN, sondern zunächst allgemein noch nicht erkennbar war. Dennoch müßte das militärrechtliche Konzept von KELSEN als auf einen weiteren Kreis der Monarchie gerichtet verstanden werden, umsomehr, als von ihm der Frieden als anzustrebendes Ziel nicht einmal angedeutet wurde.

Ehe auf das militärverfassungsrechtliche Konzept mit seinen aus den späteren Gedanken von KELSEN zu reflektierenden Gesichtspunkten selbst eingegangen wird, ist die Frage anzumerken, welche militärischen und politischen Zukunftsvorstellungen der 1916 in der k.u.k. Armee noch bedeutungslose Militärrechtsstratege Hans KELSEN hatte. Es kann durchaus von der Annahme ausgegangen werden, daß von ihm eventuelle Zukunftsabsichten der Armeeführung für einen nächsten Krieg nicht einmal erwogen wurden. Deutlich erkennbar ist jedoch, daß sich KELSEN mit seiner militärverfassungsrechtlichen Schrift im Kreis der gehobenen Armeebürokratie als für militärstaatsrechtliche Aufgaben fachlich qualifiziert ausweisen wollte.

Sicherlich gab es in verschiedenen Beamtengruppen des k.u.k. Kriegsministeriums, im Armeeoberkommando beziehungsweise im Generalstab manche Juristen, die mit ihrer Hauptaufgabe im Kriegsstrafrecht, dem vorrangigen Aufgabengebiet des juristisch qualifizierten Offiziers, von ihrer wissenschaftlichen oder beruflichen Stellung her nicht voll befriedigt waren. In diesem mußten sie stets eine nachrangige Position einnehmen, umsomehr dann, wenn einzelne von ihnen, wie sicher auch KELSEN, der Kriegsjustiz zurückhaltend bis vorsichtig ablehnend gegenübergestanden sind. Ob innerhalb solcher intellektuell ambitionierten Stabsoffiziere ein Gesprächskreis bereits bestand, der sich mit militärstaatsrechtlichen Problemen befaßte, oder ob ein solcher von Hans KELSEN initiiert worden ist, kann unerheblich bleiben. Bei der Gründung der "Zeitschrift für Militärrecht" muß jedenfalls ein solcher Gesprächskreis schon bestanden haben. Er wurde wohl von einzelnen der führenden Offiziere aus der alten, eng militärisch denkenden Garnitur wegen ihrer Eignung zu Attacken gegen andere Gruppen geduldet oder sogar gefördert.

Der zutiefst enttäuschende und für die k.u.k. Armeeführung in bezug auf ihre Anfangsvorstellungen entwürdigende Kriegsverlauf mußte auch innerhalb derselben ihren Widerhall gefunden haben. Wohl wurde Kritik, soweit es nicht nur unterschwellig eine solche gab, vor allem gegen die politischen Berater des Monarchen gerichtet. Aber es muß eine solche auch im Offizierskorps in vielschichtiger Art bis in die höchsten Ränge ab 1915 permanent geübt worden sein. Wahrscheinlich erwuchs der Einstieg von KELSEN in das Militärstaatsrecht aus dieser Kritik. Sie förderte seine durch oberflächliche Einschätzung genährte Illusion, mittels juristischer Konstruktionen die k.u.k. Armee als den entscheidenden Träger der Staatsmacht und damit die Monarchie vor dem Zerfall retten zu können. Auf ähnliche Vorstellungen beruhen manche in die Gegenwart projizierten Erklärungen der Geschichte der Monarchie, wie sie neuerdings auch Bruno KREISKY anbietet(10). KREISKY kritisiert an Kaiser FRANZ JOSEPH nicht nur seine Schwäche gegenüber den Regierenden, sondern vor allem "seine absolute Unkenntnis ihres wirklich frevelhaften Mutes"(11).

Von dem Versagen der Berater des Kaisers und der 1917 von KELSEN behaupteten Unfähigkeit des Parlaments, dem wegen der zu gering bewilligten Rekrutenzahl die Schuld für den ungünstigen Kriegsverlauf treffe, spannt sich ein breiter Bogen von vermeidbaren Fehleinschätzungen der Geschichte des Ersten Weltkrieges. Die Umleitung der Schuld der militärisch und politischen Führung der k.u.k. Monarchie an dem sich der Katastrophe nähernden Kriegsverlauf auf das Parlament mußte KELSEN bei Militärkreisen verschiedenster Art höchst sympathisch erscheinen lassen. Das zeigt der sprunghafte Aufstieg des k.k. Landsturm-Oberleutnantauditors Hans KELSEN im k.u.k. Kriegsministerium. KELSEN selbst führte ihn auf die oben genannte, von ihm sichtlich gezielte Veröffentlichung zurück. Er verdankt die Einladung dazu seiner Bekanntschaft mit einem Justizoffizier des Armeeoberkommandos, dem Majorauditor Dr. Albin SCHAGER. Von diesem stammte der Plan zur Herausgabe einer "Zeitschrift für Militärrecht", die er gemeinsam mit Universitätsprofessor Dr. Georg LELEWER (Wien) und Oberleutnant Dr. CSASZAR (Budapest) gründete. Ab Nummer 5 (1918) wird dann Hans KELSEN gemeinsam mit sieben anderen Fachleuten des k.u.k. Militärrechtes als ständiger Mitarbeiter dieser Zeitschrift für Militärrecht genannt.

Schon im Sommer 1916 hatte SCHAGER durch den Vorstand der Justizabteilung des Kriegsministeriums die Justizoffiziere auffordern lassen, Beiträge für die erste Nummer dieser neuen Zeitschrift zu liefern. KELSEN mußte, wie er sagte, nicht erst einen solchen schreiben, sondern konnte durch "Herausschneiden" eines Kapitels aus einer für die Nachkriegszeit vorbereiteten größeren Abhandlung, "die sich mit der Frage einer nach dem Kriege durchzuführenden Vorfassungsreform befaßte", die Wünsche des Herausgebers Majorauditor SCHAGER rasch befriedigen(12).

Neben dem Inhalt dieses zweifelhaften Konzeptes von KELSEN über eine k.u.k. Nachkriegsverfassung wäre für die Forschung vor allem von Bedeutung, welche Quellen und vorbereitenden Untersuchungen von ihm bei der Vorbereitung einer solchen doch nach rechtspolitischen Grundsätzen zu fundierenden umfangreichen Arbeit herangezogen wurden. Im Wiener Hans KELSEN-Institut lassen sich darüber wenig Anhaltspunkte finden, auch METALL weiß darüber nichts zu sagen. Das Material könnte KELSEN bei seiner Übersiedlung von Genf in die USA verloren haben, weshalb der Legendenbildung freier Raum gegeben ist.

Die mit seinem Artikel in der Zeitschrift für Militärrecht einsetzende steile Karriere von KELSEN in die militärpolitische Hierarchie der k.u.k. Monarchie ist allerdings ein nicht nur für seine Person, sondern für seinen Weg in der Militärführung bis zum Zusammenbruch der Monarchie überaus interessantes Ereignis. Ohne Einsicht in den Text des Gesamtentwurfes zu seiner angeblich für die Zeitschrift für öffentliches Recht vorbereitenden Abhandlung muß aber die Existenz des Entwurfs einer Nachkriegsverfassung nachgerade in Zweifel gezogen werden. Wird KELSEN mitunter allzu generös zu dem alleinigen Schöpfer der Verfassung der Republik Deuschösterreich ernannt, so erscheint es fragwürdig, daß eine solche "Urverfassung" bisher unbekannt geblieben wäre.

Während ein erheblicher Teil der KELSEN-Biographie von METALL nach seinen Notizen angefertigt wurde, stammen die Angaben über die Geschichte der Entstehung dieses Artikels für die Zeitschrift für Militärrecht von KELSEN selbst(13). KELSEN führt aus, daß der in dieser Zeitschrift erschienene Aufsatz jenes Kapitel aus dem Gesamtkonzept einer Verfassungsreform war, "das sich mit der von ungarischer Seite betriebenen Trennung der gemeinsamen Armee beschäftigte"(14). "Dieses Kapitel schnitt ich buchstäblich aus dem Manuskript heraus und übergab es meinem Chef als Beitrag für die neue Zeitschrift. Da ich nichts weiter erfuhr, vergaß ich die ganze Angelegenheit, der ich keinerlei Bedeutung beimaß. Eines Tages ließ mich mein Chef, ein Oberstauditor, kommen und teilte mir mit, ich sei zum Rapport beim Kriegsminister befohlen. Er fragte mich, ob ich wisse, worum es sich handle, und ich antwortete wahrheitsgemäß, daß ich keine Ahnung hätte. Der Minister empfing mich äußerst ungnädig. Er fragte mich, ob ich nicht wisse, daß Offiziere des Kriegsministeriums nur mit Zustimmung des Ministeriums publizieren dürfen. Ich erwiderte, daß ich, seit ich im Ministerium sei, nichts publiziert habe. Darauf der Minister: 'Und ihr Aufsatz in der Zeitschrift für Militärrecht?'"(15). Über den weiteren Verlauf des Verhörs durch Kriegsminister STÖGERSTEINER berichtet KELSEN weiterhin selbst:

"Ich fand heraus, daß der Minister mich im Verdacht hatte, im Dienste des Armeeoberkommandos zu arbeiten, das mit dem Kriegsministerium in einem ständigen, durch persönliche Eifersüchteleien vergifteten Kompetenzkonflikt stand. Gleich nach seinem Regierungsantritt hatte Kaiser KARL der ungarischen Regierung irgendwelche Zusagen in Sachen der von ihr geforderten Armeetrennung gemacht und den neuen Kriegsminister beauftragt, die Angelegenheit zu studieren und die nötigen Maßnahmen vorzubereiten. Nun hatte der Minister auf irgendeine Weise erfahren, daß die erste Nummer der unter den Auspizien des Armeeoberkommandos herausgegebenen Zeitschrift ... eine Abhandlung über die Armeetrennung bringen werde, was ihn befürchten ließ, daß sich das Armeeoberkommando der Angelegenheit bemächtigen wolle. Daß die Abhandlung von einem seiner Offiziere stamme, betrachtete er als eine Art Treuebruch. All das konnte ich aus den sehr vagen Andeutungen, die der Minister mir machte, nur erraten. Es gelang mir leicht, den Minister zu überzeugen, daß mir der politische Hintergrund der Affaire völlig unbekannt gewesen sei und daß ich keinen größeren Ehrgeiz hätte, als meine bescheidenen Kenntnisse auf dem Gebiet des österreichisch-ungarischen Staatsrechts zu seiner und ausschließlich zu seiner und keines anderen Verfügung zu stellen. Das Ergebnis war, daß er mich sofort ins Präsidium berief und mir ein Bureau in nächster Nähe seines eigenen anweisen ließ"(16).

KELSEN hatte also, wie METALL nochmals separat betont(17), seinen militärrechtlichen Beitrag, "vollkommen vergessen". Immerhin war KELSEN aber nicht so vergeßlich, ein Separatum noch vor seinem Gespräch mit Kriegsminister STÖGER-STEINER am 28. August 1917 dem Vorstand des Präsidialbüros Generalmajor Livius BOROTHA von TRSTENICA "ergebenst" zu überreichen(18). Das Gespräch mit Kriegsminister STÖGER-STEINER, dem die sofortige Berufung KELSENs in das Präsidium folgte (3. Oktober 1917), kann wohl erst ab Mitte September 1917 erfolgt sein. KELSENs Artikel hatte auch in politisch interessierten Kreisen Aufmerksamkeit erregt, wie aus einer Notiz von Josef REDLICH deutlich wird(19).

Von dem Angebot einer verfassungsrechtlichen Reform für die Wehrmacht gedachte der Kriegsminister vor allem die Gedanken von KELSEN über die Abwendung der von ungarischer Seite betriebenen Trennung der gemeinsamen Armee zu verwerten. Dieser hatte aber einleitend in der Zeitschrift für Militärrecht mit dem die gemeinsame Armee betreffenden Satz begonnen: "Die wichtigste Erfahrung, die dieser Weltkrieg gebracht hat, ist die Notwendigkeit einer wirklichen Durchführung der allgemeinen Wehrpflicht. Von einer solchen konnte speziell in Österreich-Ungarn bis vor Kriegsausbruch nicht eigentlich die Rede sein, solange etwa nur 40 % der Wehrpflichtigen in die Armee eingereiht wurden" (ZfM 1, 8). Der gewaltige Menschenverlust in den Kernteilen der kämpfenden Truppe schon in den ersten Kriegsmonaten veranlaßte KELSEN demonstrativ, militärrechtlich in die Zukunft zu blicken, obschon seine Forderung bis 1916 juristisch durch die allgemeine Mobilisierung tauglicher und mindertauglicher Angehöriger der Monarchie so gut wie erfüllt war.

KELSENs zum erheblichen Teil ungeordnet und oberflächlich vorgetragenen Reformgedanken über die k.u.k. Wehrmacht leitet die in jenem im Frühjahr 1917 erschienenen Artikel in der Zeitschrift für Militärrecht massiv erhobene militärpolitische Forderung nach einer militärischen Ausbildung aller Tauglichen schon im Frieden ein. Auch klagt er darüber, daß wegen der rechtlichen Gestalt der bestehenden allgemeinen Wehrpflicht vor Kriegsausbruch nur ein Teil der Wehrpflichtigen in die Armee eingereiht werden konnten. Der volltaugliche und perfekt ausgebildete Einjährigfreiwillige Hans KELSEN ist selbst als gedienter Wehrpflichtiger von Kriegsbeginn an der Armee nur wenige Tage zur Verfügung gestanden. Von seinem militärischen Einsatz im Frieden schöpfte er immerhin das Wissen für fernere Tätigkeit in verschiedenen Büros der k.u.k. Wehrmacht während des ganzen Ersten Weltkrieges.

KELSEN richtet vorrangig eine rechtspolitische Anklage an das "System des vom Parlament alljährlich zu bewilligenden und wehrgesetzlich begrenzten Rekrutenkontingents, das es mit sich brachte, daß bei einem großen Teil wehrpflichtiger und wehrfähiger Individuen von ihrer Wehrpflicht kein Gebrauch gemacht wurde" (ZfM, 8). Nur am Rande läßt er gelten, daß "aus staatsfinanziellen und volkswirtschaftlichen Gründen eine Beschränkung der einzuziehenden Mannschaften geboten war" (ebenda, 8). KELSEN geht ferner ausführlich auf eine fachlich nicht fundierte Einschätzung des Unterschiedes zwischen dem "System des Söldnerheeres" und dem "System der allgemeinen Wehrpflicht" ein. Letzteres beruhe auf "dem politischen Geiste des Kollektivismus (oder auch in einem gewissen Sinne des Sozialismus)" (ebenda, 9). Die Schlußfolgerungen von KELSEN daraus stimmen mit dem von ihm dargelegten Prinzip der allgemeinen Wehrpflicht nicht etwa aus irgendwelchen neuen staatsrechtlichen oder politischen Erkenntnissen überein, sondern gehen von zwei damals in Militärkreisen hinlänglich bekannten Fakten aus: 1. In diesem Krieg fielen schon nach wenigen Monaten diejenigen Bestandteile der kämpfenden Armee, welche das stehende Heer bildeten zum großen Teil durch Tod oder Verletzung aus. 2. Der Grund dafür lag in dem System des vom Parlament alljährlich zu bewilligenden wehrgesetzlich begrenzten Rekrutenkontingents.

KELSEN unterläßt es, zwischen verfassungsgesetzlich vorgegebenen und parlamentarisch durchsetzbaren Beschlüssen zu unterscheiden, und richtet in der Folge scharfe Kritik an dem numerischen Stand der österreichisch-ungarischen Wehrmacht infolge deren Abhängigkeit von der parlamentarisch limitierten Zahl der zu assentierenden Rekruten. Er gelangt zu der Zukunftsforderung, die Rekrutenzahl auf den Maximalstand zu erhöhen, aber künftig die Präsenzdienstzeit zu verkürzen. Dieser Vorschlag hatte natürlich mitten im Weltkrieg keinerlei konkrete Bedeutung mehr. Er war lediglich als eine Fleißaufgabe zu verstehen und erzielte wahrscheinlich nur eine Entlastung der Kritik an der Armeeführung, die trotz eines unbefriedigenden Mobilisierungsstatus einen Kriegsplan verfolgt hatte, der diesem nicht entsprechen konnte.

Vom System her reiht KELSEN das Söldnerheer in das politische Prinzip des extremen Liberalismus, weil niemand zum Heeresdienst gezwungen werden könne, während die allgemeine Wehrpflicht die Last der militärischen Funktion auf die Schultern aller verteile, die diese Last zu tragen imstande seien. Hätte KELSEN nicht vorher auf die gewaltigen Kriegsopfer verwiesen, so stünde nichts seiner Behauptung entgegen, er hätte diesen Beitrag für die Zeitschrift für Militärrecht tatsächlich aus einer länger zurückliegenden großen Arbeit herausgeschnitten. Aber als er den Artikel einreichte, waren in allen kriegführenden Staaten die von ihm als Gegensätze erkannten Rekrutierungsprinzipien von der Kriegsrealität überholt worden. Grotesk wirkt deshalb seine Feststellung: "Mit der Überwindung des englischen Manchester-Liberalismus verschwindet aber auch das diesem Geiste verwandte System des Söldnerheeres" (ebenda, 10).

Wiederholt geht KELSEN von den Erfahrungen dieses Ersten Weltkrieges aus, etwa um daraus abzuleiten, "daß der jeden kriegerischen Erfolg verbürgende Geist bedingungsloser Bereitwilligkeit nicht so sehr aus dem Drill eines langjährigen Kasernendienstes, als vielmehr - ja vielleicht sogar allein - aus einem gefestigten Staatsgefühl, aus dem lebendigen Empfinden der Zugehörigkeit zur staatlichen Gemeinschaft, des Verbundenseins mit dem Ganzen wächst" (ebenda, 11 f.). Aufgabe der Heeresverwaltung wäre aber "nicht die Erzeugung, sondern nur die Verwertung und Stärkung dieses Staatsgefühls" (ebenda, 12). "Hier hat", so KELSEN weiter, "sie vornehmlich zu ernten, wo eine zielbewußte Zivilverwaltung zu säen hat" (ebenda, 12). Diese staatsrechtlichen Thesen von KELSEN sind von ihm nicht etwa schriftlich zurückgezogen, sondern nur aus den Publikationsreihen entfernt worden. Sie liegen im KELSEN-Institut auch nicht auf - Erwähnung finden sie lediglich in den KELSEN-Bibliographien von METALL(20) und von WALTER (21).

Hier ist nun vor allem zu erwähnen, wie KELSEN bemüht war, seinen Vorschlag auf Verkürzung des Präsenzdienstes zum Zwecke der umfassenden militärischen Ausbildung der gesamten Bevölkerung abzusichern. Er schlug neben einer Vermehrung der Zahl von Waffenübungen vor, "in den Schulunterricht obligatorisch eine Art militärische Propädeutik einzuführen. Indem schon in der Schule die Elemente der militärischen Disziplin, die Grundbegriffe der militärischen Theorie beigebracht werden, erfährt die spezifisch militärische Fachausbildung eine wesentliche Entlastung und kann auch aus diesem Grunde leichter in ihrer Dauer eingeschränkt werden. Dies wäre der Hauptzweck der militärischen Propädeutik" (ebenda, 12). Derartige bemerkenswerte Details in seiner "Reform der verfassungsrechtlichen Grundlagen" finden sich nach dem Kriege in keinem der Konzepte KELSENs, wo es darum gehen konnte, vor allem die sozialen und ökonomischen Rechte des Volkes verfassungsgesetzlich zu sichern.

Es soll hier vor allem auf den allgemein militärpolitischen Inhalt dieses Reformartikels von KELSEN eingegangen werden, wobei neuerlich daran zu erinnern ist, daß KELSEN sich hauptsächlich mit der "von ungarischer Seite betriebenen Trennung der gemeinsamen Armee beschäftigen" wollte(22). Im ersten, grundsätzlichen Abschnitt, auf den vorstehend schon eingegangen wurde, verlangt er neben einer Anhebung des Friedensstandes der Armee ein "gefestigtes Staatsgefühl" und dessen "Verwertung und Stärkung" ausgerechnet durch die Heeresverwaltung (ebenda, 12). Auf eigentlich militär- oder staatsrechtliche Aspekte läßt sich KELSEN dabei nicht ein, wohl aber auf eine mit durch Schulunterricht obligatorisch zu verbindende Art "militärischer Propädeutik" (ebenda, 12). Mit der von ihm geforderten Militarisierung der Pflichtschulen hätte "der systematische Ausbau des allgemeinen Wehrpflichtprinzips zu beginnen" (ebenda, 12).

Vermerkt muß werden, daß diese militärpolitischen und verfassungsrechtlichen Empfehlungen von KELSEN nur schwer als systematische Einleitung in das Grundproblem der ungarischen Forderung, nämlich die Armeetrennung, zu erkennen sind. Zunächst richtete sich die Forderung von KELSEN gegen das Parlament: "Wenn mit dem System der allgemeinen Wehrpflicht Ernst gemacht werden soll, dann muß nicht nur die gesetzliche Kontingentierung des Rekrutenstandes, sondern auch das jährliche

Rekrutenbewilligungsrecht des Parlamentes fallen. Dieser Überrest aus der Zeit der ständischen Monarchie stellt ohnehin längst keinen realen politischen Besitzstand der Volksvertretung dar" (ebenda, 12). Denn KELSEN schlußfolgert, daß mit der berechtigten alljährlichen Budgetbewilligung durch das Parlament für dessen Betätigung hinreichend vorgesorgt sei. Für den Oberleutnantauditor KELSEN sind 1916/1917 Parlament und Heereswesen weitgehend unvereinbar, wofür er nicht nur für die bestehende unterschiedliche Kompetenz in Heeresangelegenheit grundsätzliche Gesichtspunkte geltend macht. Er schreibt: "Die möglichste Einschränkung der parlamentarischen Kompetenz auf dem Gebiete des Heereswesens ist nicht nur aus Gründen wünschenswert, die sich aus der zu ordnenden Materie selbst ergeben, sondern auch unter dem Gesichtspunkt verfassungsrechtlicher Erwägungen dringend geboten. Im Verhältnis Österreich zu Ungarn bedeutet die parlamentarische Kompetenz in Heeresangelegenheiten eine schwierige Komplikation. Schon der gegenwärtige Zustand, so wie er durch den Ausgleich des Jahres 1867 geschaffen wurde, ist höchst bedenklich.

Nach den Ausgleichsgesetzen beider Staaten gehören die Militärangelegenheiten zu den sogenannten pragmatischen, aber nur insofern, als eine gemeinsame Armee und Flotte und eine gemeinsame Führung, Leitung und innere Organisation der Wehrmacht in Betracht kommen. Die Wehrgesetzgebung ist jedoch eine sogenannte dualistische Angelegenheit, d.h. die Gemeinsamkeit des Wehrsystems ist keine dauernde, sondern nur eine von Zeit zu Zeit für eine gewisse Dauer zu vereinbarende. Käme eine solche Vereinbarung nicht zustande, dann könnte durch nichts verhindert werden, daß die Wehrverfassung Ungarns eine andere wird, als die Österreichs; ganz abgesehen davon, daß die pragmatische Verwaltungsgemeinschaft, die in der Gemeinsamkeit der Heeresorgane besteht (gemeinsame Armee und Flotte, Kriegsministerium), nach ungarischer, dem Wortlaute der Ausgleichsgesetze entsprechender, immer wieder betonter Auffassung durch einseitige Gesetzesänderung Ungarns oder Österreichs aufgehoben werden kann. Und gerade in diesem Punkt bedeutet die Tatsache, daß die Person des österreichischen Kaisers und des die ungarischen Gesetze sanktionierenden Königs dieselbe ist, keine allzu große Garantie. Denn welche kritische Situation wäre gegeben, wenn selbst bei formaler Aufrechterhaltung der Gemeinsamkeit des Heeres eine übereinstimmende Wehrgesetzgebung in beiden Staaten der Monarchie nicht zustande kommen sollte. Im Hinblick auf diese Momente wären vom Standpunkt militärischer Interessen die folgenden Modifikationen anzustreben:

Der Gesetzgebung sind lediglich die Grundzüge der Wehrverfassung zu überlassen. Dazu gehört die prinzipielle Statuierung der allgemeinen Wehrpflicht und ihrer Voraussetzungen; ferner die Bestimmung der Gesamtdauer der Präsenzdienstpflicht. Diese Ziffer wäre jedoch nur als die Fixierung einer obersten Grenze anzusehen und hätte auch die Dauer aller Waffenübungen einzubegreifen. Diese Normen gehören ihrer Natur nach in die Verfassung beider Staaten, deren Änderung wenigstens in Österreich an gewisse Garantien gebunden ist. Eine Abänderung der die allgemeine Wehrpflicht betreffenden Verfassungsbestimmungen wäre jedoch in den Gesetzen jedes der beiden Staaten an die Bedingung einer analogen Verfassungsänderung im anderen Staate zu knüpfen. Auf diese Weise wäre bei Respektierung der Souveränität beider Staaten und Aufrechterhaltung der vollen Parität jener Zustand rechtlich realisiert, den man wohl im Jahre 1867 im Auge hatte, aber gesetzestechnisch mit unzulänglichen Mitteln herbeizuführen suchte.

Die Durchführung der allgemeinen Wehrpflicht im Rahmen der Verfassung wäre in beiden Staaten verfassungsgemäß der unter ministerieller Verantwortung zu übenden Verordnungsgewalt des Monarchen als des obersten Kriegsherrn zu überlassen. Diejenigen Materien, die heute durch das Wehrgesetz geregelt werden, eignen sich mit Ausnahme der Bestimmung über die allgemeine Wehrpflicht und die Präsenzdienstzeit ihrer sachlichen Bedeutung nach durchwegs eher für eine verordnungsmäßige als für eine legislative Behandlung." (ebenda, 13 f.).

Als Ersatz für die massive Einschränkung legislativer Kompetenz der Volksvertretung, die in der Monarchie ohnehin nur ein Schattendasein führen konnte, bietet KELSEN eine "entscheidende" Militärverwaltungsbehörde samt speziellen Verwaltungsgericht an (ebenda, 15). Dies hätte "als ein Ausgleich für die Beschränkung der legislativen Kompetenz in Militärangelegenheiten zu gelten" (ebenda, 15). Da aber derzeit kein für Österreich und Ungarn gemeinsamer Verwaltungsgerichtshof bestehe, wäre eine "Modifikation in der Organisation der Militärverwaltung" notwendig, die nach Meinung KELSENs "zu einer wichtigen Verbesserung und Vereinheitlichung der Armeeverfassung beitragen kann" (ebenda, 15 f.).

Die Vermengung von Militärverwaltungsangelegenheiten mit jenen des Armeeoberkommandos im Kriegsministerium hält KELSEN für unhaltbar. Denn alle Angelegenheiten des Oberkommandos seien der ministeriellen Verantwortung entzogen, und, so KELSEN weiter: "der ausschließlichen, unverantwortlichen Gewalt des

Monarchen unterstellt. Das ist insbesondere in der österreichischen Verfassung klar und deutlich im § 5 des Deleg.-Ges. v. 1867 ausgesprochen. Das bestimmt aber auch der analoge Pkt. des ung.Gesetzart. XII v. 1867, der ja als mit dem österr. Deleg.Ges. in Übereinstimmung stehend gedacht war. Der in diesem Punkte zu Tage tretende Unterschied im Wortlaute beider Gesetze ist tatsächlich zu Unrecht in dem Sinne interpretiert worden, daß die Kommandogewalt des Herrschers nach ungarischer Verfassung unter ministerieller Verantwortung ausgeübt werden müsse. Denn unter den 'verfassungsmäßigen Herrscherrechten', von denen der Art. XII spricht, kann nichts anderes verstanden werden, als daß die Übertragung der Kommandogewalt auf den Herrscher (in Ungarn wie in Österreich) durch die Verfassung erfolgt. 'Verfassungsmäßig' ist doch nicht gleichbedeutend mit 'unter ministerieller Verantwortung stehend'; verfassungsmäßig heißt: der Verfassung entsprechend; die 'verfassungsmäßig' den Bürgern zustehenden Rechte z.B. haben mit der ministeriellen Verantwortung nicht das geringste zu tun. Verfassungsmäßig übt der konstitutionelle Monarch ohne Einschränkung durch ministerielle Mitwirkung die Kommandogewalt unverantwortlich aus, weil und insofern eben die Verfassung ihm dieses Recht überträgt. Und eine solche Stellung des Chefs der militärischen Exekutive entspricht allein dem innersten Wesen dieser Staatsfunktion. Solange es überhaupt eine solche gibt, wird sie unter dem ausschließlichen Gesichtspunkt der Zweckmäßigkeit autokratisch organisiert sein" (ebenda, 16). Diese Tendenz, so KELSEN, müsse mehr oder weniger auch im Heerwesen "der extremsten Demokratie" zur Geltung kommen (ebenda, 17). Diesen Standpunkt präsentierte KELSEN nach 1918 nicht mehr.

Die rechtliche Zwitterstellung des Kriegsministeriums müsse nach KELSEN im Interesse der Einheit der Armee in allererster Linie zu Gunsten der Einheit des Kommandos gelöst werden. Wie denn auch anders bietet KELSEN das Muster von Preußen bezw. des Deutschen Reiches an, das die Scheidung von Verwaltung und Kommando durch ein Militärkabinett zu bewältigen versuchte. "Die Erfahrungen des großen Krieges drängen energisch zu einer noch viel weitergehenden Entwicklung" - so KELSEN (ebenda, 18), um dann vorzuschlagen: "Das Armeeoberkommando müßte auch im Frieden als ein 'Kommando' die natürliche Spitze jener Pyramide von stufenweise niederen Kommanden sein, als welche sich die strategisch-taktische Gliederung der Wehrmacht darstellt" (ebenda, 19). Selbstverständlich wäre das Armeeoberkommando auch im Frieden - so wie jetzt im Kriege - unmittelbar dem Monarchen unterstellt und außerhalb des Bereiches jeder ministeriellen Verantwortlichkeit" (ebenda, 19).

Mit der konsequenten Teilung lediglich der Militärverwaltungen von Österreich und Ungarn hoffte KELSEN die dauernde, verfassungsgesetzlich garantierte Institution eines einheitlichen Armeeoberkommandos aufbauen zu können. Dieser Vorschlag lief de facto auf einen Militärstaat unter unverantwortlicher Kommandogewalt des Monarchen und seiner von ihm allein bestellten Generalität hinaus.

Die auf die ungarischen Armeetrennungsforderungen eingehenden verfassungsrechtlichen Ratschläge von KELSEN gipfelten auf den Vorstellungen, unter dem Druck der Kriegsverhältnisse Ungarn veranlassen zu können, die 1867 im sogenannten Ausgleich erlangte Sonderstellung im Rahmen der dualistischen Monarchie zu Gunsten einer verfassungsrechtlich gewährleisteten einheitlichen Armeegliederung aufzugeben. KELSEN hatte den Plan, die seit 1848 andauernden Friktionen zwischen Ungarn und Österreich durch die verfassungsrechtlich untermauerte Macht eines einheitlichen Armeeoberkommandos sowohl im Kriegsfalle wie im Frieden zu überwinden. Er schlug daneben ein Armeeverwaltungssystem vor, das eine gewisse Armeeunabhängigkeit gegenüber den Teilstaaten der Monarchie vortäuschen sollte. Es lohnt sich hier nicht, KELSENs Vorschläge, welche Regimenter grundsätzlich im Gefüge der österreichischen und der ungarischen Korps zu verbleiben hätten und welche spezifisch österreichischen und ungarischen Abzeichen, Embleme und Fahnen ihnen einzuräumen wären, näher zu betrachten. Seine schließliche Forderung - "Insbesondere müßten die Offiziere prinzipiell frei disponierbar sein" (ebenda, 21) - ließen jedoch sein ganzes Konzept für Ungarn von vorneherein unrealisierbar erscheinen bezw. nur durch die verfassungsgesetzlich verankerte Macht des Armeeoberkommandos durchsetzbar erscheinen.

Die besonders heikle Sprachenfrage bei der Truppe will KELSEN durch seinen Vorschlag nach einer Verwaltungstrennung bewältigen. Aber die "Kommandosprache" wird von ihm als Kommandoangelegenheit deklariert und "daher nach dem Ermessen des obersten Kriegsherren bestimmt" (ebenda, 22). Die Komplikation zwischen der jeweiligen Staats- oder Vermittlungssprache überwindet KELSEN mit der Empfehlung, "jedem Truppenkörper einen entsprechenden sprachkundigen 'Verwaltungsoffizier' beizugeben" (ebenda, 22). Der Wegfall des gemeinsamen Kriegsministeriums, mit dessen Verantwortung gegenüber dem Parlament, soll durch zwei auf die Verwaltungsaufgaben beschränkte Landesverteidigungsministerien ausgeglichen werden. Die Beseitigung des bestehenden unklaren Zustandes, so wie sie KELSEN forderte, hätte dazu geführt, daß die Parlamente eine ministerielle Verantwortlichkeit lediglich in der Militärverwaltung vorgefunden hätten. Die Kernangelegenheiten, nämlich das Kommando über die k.u.k. Wehrmacht, sollte in Hinkunft verfassungsrechtlich geregelt und zur Gänze in den letztlich rechtsleeren Raum der "Unverantwortlichkeit" des Monarchen gestellt werden, der sich hierzu des nur ihm verantwortlichen Armeeoberkommandos beliebig bedienen konnte.

Ob der Kriegsminister Rudolf Freiherr STÖGER-STEINER seine Vermutung bestätigt fand, daß der Militärverfassungsartikel KELSENs vom Armeeoberkommando initiiert worden war oder nur auf dem militärrechtlichen Selbstverständnis des Autors beruhte, bleibt unerkannt. Eindrucksvoll ist jedoch die typisch österreichische Lösung der "Kompetenzeifersüchtelei" zwischen dem Kriegsministerium und dem Generalstab. General STÖGER-STEINER teilte sich KELSEN zur persönlichen Verwendung zu. Damit aber wurde KELSEN zum letzten maßgeblichen Berater des letzten Kriegsministers des letzten Kaisers der Monarchie.

Vom Frühherbst 1917 bis Spätherbst 1918 war KELSEN als "Rechtsberater" von General STÖGER-STEINER eingesetzt. Gegenüber Charles Adams GULICK gibt KELSEN als Tätigkeitsbereich an: "Meine spezielle Aufgabe war die Ausarbeitung von Gesetzentwürfen, die zur Grundlage einer Trennung der bis damals gemeinsamen österreichisch-ungarischen Armee und der Errichtung zweier unabhängiger Armeen, einer österreichischen und einer ungarischen, dienen sollten. ... Der Kriegsminister holte auch in anderen gesetzlichen und politischen Fragen meinen Rat ein"(23). Feststeht, daß KELSEN seinerzeit dem einzig möglichen Weg zur Rettung der Monarchie durch Abschluß eines Friedens auch bei territorialen Verlusten zumindest aktiv nicht zugeneigt war. Dies, obschon Heinrich LAMMASCH in einem selbst in der Zeitschrift für Militärrecht zustimmend rezensierten Buch für eine entschiedene Friedenspolitik eingetreten war(24). Erst um den 10. Oktober 1918 dürfte KELSEN daran gedacht haben, an den damals in Salzburg lebenden Völkerrechtler Heinrich LAMMASCH heranzutreten. Das aber mit dem Gedanken, die damals bestehende österreichische Regierung Max HUSSAREK durch eine Kommission zu ersetzen, die die Auflösung der Monarchie einvernehmlich mit den Nationen der österreichischen Krone in einem mitteleuropäischen Bund von neu entstehenden Nationalstaaten vorbereiten sollte(25). Aber das alles war zu wenig und zu spät, die Völker erstrebten, wie Karl RENNER in seinem aus dem Verkehr gezogenen und für die Nazis geschriebenen Buch

"Die Gründung der Republik. Deutschösterreich, der Anschluß und die Sudetendeutschen" schreibt, nicht bloß Autonomie im Rahmen eines Bundesstaates, sondern die volle Selbstregierung im souveränen Nationalstaat(26).

ANMERKUNGEN

- Anmerkungen zu IV. -

1 **Métall**, Kelsen, 15.

2 Alfred **Verdross**: Österreich - Heimat der Rechtstheorie. In: Philosophie huldigt dem Recht. Hans Kelsen. Adolf Merkl. Alfred Verdross. Ehrendoktoren der Universität Salzburg. Wien 1968, 49-51, hier 50.

3 Ebenda, 51.

4 Johann J. **Hagen**: Reine Rechtslehre und marxistische Rechtssoziologie. In: Reine Rechtslehre und marxistische Rechtstheorie (= Schriftenreihe des Hans Kelsen-Instituts 3). Wien 1978, 91-101, hier besonders 94.

5 **Métall**: Staat als Recht. In: Philosophie huldigt dem Recht (Wie A.2), 58.

6 Ebenda, 58.

7 Zeitschrift für Militärrecht 1 (1917), 8-23, hier 8; die folgenden Zitate aus diesem Artikel werden oben im Text in Klammer mit der Abkürzung ZfM ausgewiesen.

8 **Métall**, Staat als Recht, 56.

9 **Métall**, Kelsen, 10.

10 Bruno **Kreisky**: Zwischen den Zeiten. Berlin 1986.

11 Ebenda, 57.

12 **Métall**, Kelsen, 19.

13 **Metall**, Kelsen, 19 f.

14 **Metall**, Kelsen 19.

15 **Métall**, Kelsen 19.

16 **Métall**, Kelsen 20.

17 **Métall**, Kelsen 19.

18 Widmungsexemplar dieses Separatums in der Bibliothek des Kriegsarchivs Wien.

19 Fritz **Fellner** (Bearbeiter): Schicksalsjahre Österreichs 1908-1919. Das politische Tagebuch Josef Redlichs. II. Band 1915-1919 (= Veröffentlichungen der Kommission für Neuere Geschichte Österreichs 40). Graz-Köln 1954, 239 (zum 15. Oktober 1917).

20 **Métall**, Kelsen, 125.

21 Robert **Walter**: Hans Kelsen - Leben im Dienste der Wissenschaft. Wien 1986, 30, 57 und 103.

22 Wie A. 14.

23 Charles Adams **Gulick**: Österreich von Habsburg zu Hitler. 1. Wien 1949, 73 f.

24 Heinrich **Lammasch**: Das Völkerrecht nach dem Kriege. München und Leipzig 1917. Rezension von Oberstauditor Dr. **Maschka** in der Zeitschrift für Militärrecht 1, 334-337.

25 **Gulick**, Österreich, 74.

26 Karl **Renner**: Die Gründung der Republik. Deutschösterreich, der Anschluß und die Sudetendeutschen. Wien 1938, 11.

V.

FÜR DIE SYSTEMATISCHE DURCHSETZUNG DER MILITÄRVERWALTUNG MIT "GESUNDEM JURISTISCHEN DENKEN"

Mit Fortdauer des Krieges entwickelte sich im militarisierten k.u.k. Staatsapparat das Bedürfnis, in künftigen Friedenszeiten seine Interessen durch gesondertes Recht normieren zu können. Dafür bot sich eine akademische Installierung des Militärverfassungs- und Militärverwaltungsrechtes an. Das Militärstrafrecht schien durch die amtierenden Professoren des Strafrechts schon ausreichend abgesichert zu sein. So trugen an der Universität Wien der Professor für österreichisches Straf- und Strafprozeßrecht Alexander LÖFFLER und der mit dem Titel eines außerordentlichen Professors für allgemeines und Militärstrafrecht sowie für Strafprozeß ausgestattete Oberleutnantauditor beim kk Ministerium für Landesverteidigung Georg LELEWER Militärstrafrecht vor. Auch der Ordinarius für Strafrecht und Strafprozeß Wenzel Graf GLEISPACH wäre zur Verfügung gestanden.

Die Wiener Rechtsfakultät nahm zu Beginn des letzten Kriegsjahres den wiederholt lancierten Wunsch der Heeresverwaltung nach Errichtung einer eigenen Professur für Militärrecht auf und setzte eine Kommission mit Edmund BERNATZIK und Adolf MENZEL als Referenten und Ernst von SCHWIND, Hans SPERL und Hans von VOLTELINI als Mitglieder zur Beratung in dieser Angelegenheit ein. Auf Vorschlag der beiden Referenten, die die Vertreter des allgemeinen und österreichischen Staatsrechtes waren und seinerzeit Hans KELSEN habilitiert hatten, beschloß die Wiener Fakultät in ihrer Sitzung vom 27. Februar 1918 mit allen gegen eine Stimme, den Privatdozenten Hans KELSEN zum außerordentlichen Professor einzureichen. Seine Lehrverpflichtung sollte neben seinen Nominalfächern (allgemeines und österreichisches Staatsrecht und Verwaltungsrecht, Verwaltungslehre, Rechtsphilosophie und deren Geschichte) eine dreistündige Vorlesung über Militärrecht (Verfassung und Verwaltung) umfassen. Die Antragsteller BERNATZIK und MENZEL begründeten so, wie es von ihnen erwartet wurde, nämlich "daß bisher von den Gebieten des Militärrechtes ausschließlich das Militärjustizwesen und auch dieses kaum in genügendem Maße gepflegt wurde, während die staats- und verwaltungsrechtlichen Gebiete des Militärrechtes nur ganz unzulänglich in den allgemeinen Kollegien über Staats- und Verwaltungsrecht behandelt wurden, obwohl sie einer speziellen Pflege in besonderen Kollegien dringend bedürfen"(1). Und weiter heißt es zur Person des in Aussicht genommenen Militärrechtsprofessors: "Unsere Fakultät ist in der glücklichen Lage, in Dr. KELSEN ein Mitglied zu besitzen, dessen wissenschaftliche und Lehrbefähigung außer Zweifel steht und der außerdem als Reserveoffizier und Hauptmann des Auditoriates zur speziellen Dienstesverwendung unmittelbar dem Kriegsminister zugewiesen ist, somit als dessen Vertrauensmann betrachtet werden kann, und die Qualitäten des Universitätslehrers und Offiziers in sich vereinigt".

Obschon der Hinweis auf die Stellung KELSENs im Staatsapparat der Monarchie eindeutig war, war das Kommissionsmitglied Ernst von SCHWIND dennoch nicht glücklich. Dieser, seit 1899 Ordinarius für Deutsche Rechtsgeschichte in Wien, formulierte am 11. März 1918 ein bemerkenswertes Votum separatum, das auf fünf Seiten seine Ablehnung von KELSEN wissenschaftlich und politisch begründete.

Der Sohn von Ernst SCHWIND, Fritz SCHWIND, emeritierter Professor des Bürgerlichen Rechts und des Internationalen Privatrechts an der Universität Wien und wirkliches Mitglied der Akademie der Wissenschaften in Wien, schrieb 1987 eine Kurzbiographie seines Vaters, in der er auf das diesem von KELSEN vermeintlich zugefügte Unrecht einging:

"Einmal noch raffte sich SCHWIND zu einer wissenschaftlichen Auseinandersetzung auf. Anlaß war die 'Reine Rechtslehre' von Hans KELSEN, die er als wissenschaftlich nicht fundiert und daher gefährlich strikt ablehnte. Diese Auseinandersetzung, die ihm nicht nur ein wissenschaftliches, sondern auch ein emotionales Anliegen war, zehrte an seinem Lebensnerv. Das Ergebnis seiner Überlegungen erschien im Jahre 1928 unter dem Titel 'Grundlagen und Grundfragen des Rechts' und führte zu einer in Ton und Inhalt sehr scharfen Replik KELSENs ('Rechtsgeschichte gegen Rechtsphilosophie?'). Während der Arbeit an einer Antwort auf diese Streitschrift erlitt er im Februar 1929 den ersten Schlaganfall, dem ein langsames und trauriges Hinsiechen folgte, bis ihn der Tod erlöste: Er starb am 14. Juli 1932"(2).

Dabei war Fritz SCHWIND das Votum separatum seines Vaters unbekannt. Er sah die Sache daher so, wie sie sich aus einem Gespräch zwischen ihm und KELSEN in den USA erhebliche Zeit nach dem Zweiten Weltkrieg ergab. Die in der KELSEN Biographie von METALL gegen SCHWIND sen. erhobenen Angriffe wurden von dessen Sohn durch Courtoisie gegenüber der Gestalt KELSENs, aber nicht durch Eingehen auf die Streitsubstanz abgetan.

Das beweist einmal mehr wie es in Kreisen mancher Rechtsgelehrter mit dem Quellenstudium und der Verwertung ihrer historischen Substanz bestellt ist. Durchaus berechtigt erhebt übrigens auch Felix ERMACORA in seiner Antrittsvorlesung an der Wiener Universität mit dem Titel "Kelsen und die marxistische Staatslehre"(3) solche Vorwürfe gegenüber Hans KELSEN. Dieser habe, so ERMACORA, die MARXsche Staatstheorie gar nicht ausgewertet, sie scheine ihm sogar unbekannt geblieben zu sein. KELSEN argumentiere vor allem dort, wo es ihm um die Bedeutung der Demokratie gehe, durchaus mit Argumenten der politischen Wissenschaft und damit entgegen seiner eigenen wissenschaftlichen Forderung, deren Verfechtung ihn berühmt gemacht hat.

SCHWIND senior hatte jedenfalls - so SCHWIND junior - in der Republik Österreich unter KELSENs überlegten und sicher auch überlegenen Gegenangriffen sehr gelitten. Ob er wirklich seinen Schlaganfall nur auf die verschärfte, von beiden Seiten geradezu gehässig geführte Auseinandersetzung zurückführen kann, ist eher zu bezweifeln. Allerdings ging es weder im Jahre 1918 und schon gar nicht ab 1919 um das damalige "wissenschaftliche" Hauptargument von Hans KELSEN auf dem Gebiet des Heeres- bezw. Militärrechts. Die maßgebliche Publikation von KELSEN über die Reform der verfassungsrechtlichen Grundlagen der Wehrmacht Österreich-Ungarns, die 1917 in der damals neugegründeten Zeitschrift für Militärrecht erschienen war, wird von SCHWIND senior nicht einmal erwähnt, obwohl sie für die Ablehnung der Benennung von KELSEN als Spezialist des Militärrechts an der Fakultät erhebliche fachliche Argumente bieten hätte können. Vielmehr begnügt sich SCHWIND senior auf diesem Gebiet mit der Feststellung, daß ein überwältigendes akademisches Bedürfnis an der Pflege des Heeresrechtes an der Universität nicht bestehe, womit er zweifelslos Recht hatte. Die staats- und rechtswissenschaftliche Fakultät der Universität Wien hatte offenbar für das militärstaatsrechtliche Konzept von KELSEN keinerlei Verständnis oder gar forderndes Interesse. Das wohl auch, weil sie rechtswissenschaftliche praxisnahe Aktivität traditionell ablehnte. Nach Ansicht von SCHWIND senior könne überdies der außerordentliche Professor Rudolf LAUN, der ohnedies mit Vorlesungen auf diesem Gebiet betraut sei, das militärrechtliche Bedürfnis decken, wozu dieser durch seine "sehr positive Richtung" gewiß nicht weniger als KELSEN berufen erscheine. "Vielleicht würde auch ein Lehrauftrag für diese Zwecke genügen". Eine eigene vierte Lehrkanzel für Staatsrecht zu schaffen hält SCHWIND senior nicht nur für überflüssig, sondern lehnte sie mit Rücksicht auf die diesbezüglichen Auffassungen von KELSEN ab. Über seine, den Ansichten von KELSEN kraß widersprechende staatsrechtlichen Auffassungen führt SCHWIND senior aus:

"Mir erscheint das Recht in allen seinen Erscheinungen als ein Stück des Lebens. Von der ältesten Zeit bis zur Gegenwart herauf, von den Tagen, da wir die ersten Anzeichen rechtlicher Ordnung aufdecken können bis in unsere Ordnung, wie sie der moderne Rechtsstaat gezeitigt hat, kann man die Beobachtung machen, daß das äußere Zusammenleben der Menschen durch bestimmte Normen geregelt und geleitet wird, die ursprünglich auf ein Minimum eingeschränkt, aber auch heute noch gegenüber der unendlichen Mannigfaltigkeit des Lebens in geringer Zahl den Lebensverhältnissen einen äußeren Halt und eine gewisse Umrahmung geben; eine Umrahmung, die im Leben nicht überschritten werden soll, aber innerhalb deren doch noch weite Bewegungsfreiheit im Leben besteht. Steht nur so das Recht im engsten Zusammenhang mit dem Leben, so ist's mir auch selbstverständlich, daß der **Inhalt** der rechtlich geordneten bestimmten Lebensverhältnisse als das wichtigste erscheint".

SCHWIND senior geht auf die Kritik von Adolf MENZEL über KELSENs Habilitierung ein. Dieser hob hervor, daß nach KELSEN die Herrschaft nicht zum juristischen Wesen des Staates gehöre und dieser ein Rechtssubjekt wie jedes andere wäre, ohne allerdings die Ernennung KELSENs ähnlich wie SCHWIND abzulehnen. Nach SCHWIND konstruiere KELSEN einen Rechtsstaat, der nur auf den Geweben der Rechtsordnung und der Rechtssätze aufgebaut sei und in dem alle realen Machtverhältnisse keine weitere Beachtung verdienen. SCHWIND fügt wohl zu Unrecht dazu, daß der Monarch im Rahmen dieses Rechtsstaates zum Teil keinen Raum findet. Dem ist im Resultat der Thesen von KELSEN keineswegs so. Eben wegen der Verschleierung der realen Machtverhältnisse in den abstrakten Thesen von KELSEN findet hier die Kritik von SCHWIND gegenüber dem in der Folge darzulegenden juristischen Wirken von KELSEN im unmittelbaren Bereich des Monarchen besondere Aufmerksamkeit. Richtig erkennt SCHWIND die Feindschaft von KELSEN gegenüber jeder Anerkennung historischer Zusammenhänge im Rechtsbereich. Er führt aus:

"Wiederholt hat man den Eindruck als lehnte KELSEN ängstlich jeden Blick ins Historische ab, weil da die Unmöglichkeit seiner Auffassungen an der Macht der Tatsache sogleich klar hervortreten würde. Wer könnte sich unter Hinblick auf die Geschichte auch nur für einen Augenblick einen Staat ohne Herrschaft, ohne Über- und Unterordnung denken? Sollte das keine Mahnung sein, daß solche Gedanken auch für die Gegenwart nicht von dieser Welt sind? Nun mag ja die begriffliche astrahierende Denkarbeit, die KELSEN in seinem über 700 Seiten starken Bande über die Hauptprobleme der Staatsrechtslehre aufgehäuft hat, anerkennen, schätzen und bewundern und es mag dabei zweifelhaft sein, ob man ihr als rechtsphilosophischen Aufbau oder als Gedanken-, Turn- und Akrobatenkunst die größere Bewunderung zollen soll".

Lesen wir die Ausführungen von SCHWIND über KELSENs Einstellung zur Rechtsgeschichte, so muß auch daran erinnert werden, daß KELSEN schon als Student mit der Rechtsgeschichte nichts anzufangen wußte, ja sich über ihre Lehrer verächtlich machte. In seiner METALL(4) mitgeteilten Autobiographie berichtet KELSEN: "Der Germanist ZALLINGER war ein ungewöhnlich schlechter Redner; er sprach sichtlich nur mit großer Anstrengung." Der äußere Eindruck, die Nichtbeschäftigung mit dem Inhalt genügte dem sich zweifellos als genial fühlenden Studenten KELSEN, um den bedeutenden österreichischen Rechtshistoriker Otto von ZALLINGER, der durch seine scharfsinnigen Forschungen wesentlich zum internationalen Ansehen der österreichischen Rechtshistorikerschule beigetragen hat, abzuqualifizieren.

SCHWIND empfindet die juristische Richtung von KELSEN als destruktiv und zersetzend, die Studierenden vielfach verwirrend. Dabei bezieht er sich auf das Beispiel der österreichischen Schule der Nationalökonomie. Sicher zu Unrecht denunziert SCHWIND die Richtung von KELSEN als eine, die durch ihren Widerhall sozialpolitische, sozialdemokratische und kulturpolitische Vereinigungen fördere. Denn schon damals war erkennbar, daß KELSEN nicht für eine Änderung der gegebenen Machtstruktur sondern im Gegenteil stets für eine Konsolidierung derselben unter den von ihm hiefür als geeignet gedachten Rechtskonstruktionen eintrat.

Obschon in dem "Votum separatum" von SCHWIND senior manche in der späteren KELSEN Kritik von verschiedensten Seiten geäußerte Meinungen anklingen, soll diesem hier nicht weiter gefolgt werden. Das Dokument von SCHWIND senior soll vor allem als

Kontrastmittel angeboten werden, um den Vergleich zwischen dem allgemein bekannten wissenschaftlichen Anliegen von Hans KELSEN im rechtsphilosophischen Bereich und dem überraschend unbekannten militärrechtlichen Einsatz auf höchster Ebene auszulösen.

Diese geheim geführten Leistungen von KELSEN sollen weiter untersucht werden, ebenso die von SCHWIND senior monierte Beziehung von KELSEN zur Sozialdemokratie, die zweifelslos von konservativen Kreisen völlig überschätzt wurde. Denn die Gespräche von Hans KELSEN mit Karl RENNER bewegten sich nur auf der verfassungspolitischen Ebene und fanden in deren Hinneigung zu einem liberalen Deutschnationalismus ihren Höhepunkt. Von den Ansichten eines Otto BAUER oder gar eines Max ADLER wußte sich KELSEN stets grundsätzlich und mitunter geradezu gegnerisch abzugrenzen. In diesem pseudowissenschaftlichen Antimarxismus des Interpreten einer wertneutralen Rechtslehre wurzelt sein in der Folge in den Vordergrund tretender Antikommunismus.

Da nun die Wiener Rechtsfakultät mit der Installierung des Militärrechtes durch KELSEN einverstanden war, konnte dieser mit der Heeresverwaltung aktiv werden. Am 6. März 1918 konzipierte er für den k.u.k. Kriegsminister ein Schreiben, das am 14. März 1918 an den kk Minister für Kultus und Unterricht, an den kk Ministerpräsidenten, an den kk Minister für Landesverteidigung, an den k.u. Minister für Kultus und Unterricht, an den k.u. Ministerpräsidenten und an den k.u. Minister für Landesverteidigung expediert wurde. Es hat folgenden Wortlaut(5):

"Schon vor längerer Zeit hat die Heeresverwaltung ihr Interesse daran bekundet, daß an der Wiener Universität Vorlesungen über Heerwesen und sonstige Fragen militärischer Organisation abgehalten werden. Die Angelegenheit ist jedoch bisher zu keinem befriedigenden Resultat gelangt. Wenn ich auf sie zurückkomme und den Gedanken in einer modifizierten Form wieder aufnehme, so geschieht es gedrängt durch die Erfahrungen dieses Krieges.

Bei der außerordentlichen Bedeutung, die die Militärverwaltung während des Krieges gewonnen hat, und auch für die Zeit nach dem Kriege im allgemeinen Bewußtsein behalten wird, hat sich die Tatsache besonders fühlbar gemacht, daß die Militärjuristen - das Offizierskorps für den Justizdienst - eine vornehmlich strafrechtliche Ausbildung erhalten. Daraus mag zum Teile erklärlich sein, daß sie - die doch die einzige juristisch qualifizierte Standesgruppe darstellen - in der eigentlichen Militärverwaltung nur in beschränkter Weise Verwendung finden.

Während des Krieges hat sich auch der Umstand sehr unangenehm bemerkbar gemacht, daß das die Grundlage jeder geordneten Militärverwaltung bildende Militärverfassungs- und Verwaltungsrecht theoretisch wie praktisch so gut wie unbearbeitet ist. Während sich die Zivilverwaltung in einer reichen juridischen Literatur zu orientieren Gelegenheit hat, ist die Militärverwaltung bei den zahlreichen ihr auftauchenden Rechtsfragen ohne jede Direktive durch die Rechtswissenschaft. Zur Behebung dieses Mangels wäre es im militärischen Interesse dringend zu wünschen, daß an den juristischen Fakultäten wenigstens der beiden größten Universitäten der Monarchie - Wien und Budapest - sobald als möglich ordentliche Professuren für Militärrecht errichtet werden. Damit würde nicht nur die wissenschaftliche Bearbeitung dieses Gebietes des öffentlichen Rechts gefördert, es würde auch die notwendige Kenntnis der militärischen Verfassung und Verwaltungsorganisation in die weitesten Kreise der Ziviljuristen und damit in die Bevölkerung überhaupt getragen werden. Gerade daran ist aber die Heeresverwaltung in höchstem Maße interessiert, weil ein Großteil der antimilitärischen Schlagworte auf die Unkenntnis der Organisation des militärischen Staatszweckes zurückzuführen ist. Hätte der Mann nicht, wie das bisher der Fall ist, bei seinem Eintritt in die militärische Organisation das Gefühl, in ein ihm gänzlich unbekanntes und nach allgemeiner Meinung rechtloses Gebiet zu geraten, entfiele eine Quelle antimilitaristischer Gesinnung, mit der besonders nach dem Kriege wird gerechnet werden müssen.

Einer Lehrkanzel, der die Pflege des Militärrechtes gewidmet ist, fiele aber vor allem die für die Heeresverwaltung besonders wichtige Aufgabe einer öffentlichen rechtlichen Aus- und Fortbildung der Offiziere für den Justizdienst und sonstiger juristisch qualifizierter Militärverwaltungsorgane zu.

Es ist in der Sache von großem Werte, daß die juristische Fakultät der Wiener ebenso wie die der Budapester Universität vor kurzem aus eigener Initiative Beschlüsse wegen Errichtung von Militärrechts-Professuren gefaßt hat. Für eine Information über den Stand dieser Angelegenheit wäre ich Euer Exzellenz sehr verbunden. Bemerken möchte ich nur, daß es im Interesse der Sache zu wünschen wäre, daß der mit den Vorlesungen zu betrauende Dozent neben seiner wissenschaftlichen Qualität als Theoretiker des öffentlichen Rechtes auch über entsprechende Kenntnisse der militärischen Verwaltungspraxis verfüge.

Schließlich erlaube ich mir diensthöflichst zu ersuchen, mir Euer Exzellenz prinzipielle Stellungsnahme zu meiner Anregung, deren ehebaldigste Realisierung die Heeresverwaltung zu größtem Danke verpflichten würde, bekannt geben zu wollen" (6).

Diesem von KELSEN konzipierten Rundschreiben war sein Entwurf eines offenbar dann doch nicht gehaltenen, weil überflüssig gewordenen Vortrages des Kriegsministers STÖGER-STEINER vor dem "Allergnädigsten Herrn" vorausgegangen(7). Die darin enthaltenen und von KELSEN formulierten Vorschläge beziehen sich fachlich auf die Aufstellung einer Abteilung für die Reform des Land- und Seekriegsrechtes, auf Völkerrechtsfragen und auf die Führung der Militärverwaltung. Die Verwirklichung dieser Vorschläge sollte im Rahmen der juridischen Sektion des k.u.k. Kriegsministeriums erfolgen. KELSENs Vortragsentwurf gipfelt in der Forderung nach Schaffung je einer Universitätslehrkanzel zur Pflege des Militärrechtes in Wien und Budapest. In seinem Vortragskonzept geht KELSEN, wenn auch zurückhaltend, auf politische Zukunftsfragen der Monarchie ein.

Um KELSENs Position im März 1918 einzuschätzen, muß eine Reihung des knappen Argumentationsinhaltes seines konzipierten Majestätsvortrages versucht werden. Ging es KELSEN vorrangig um eine grundsätzliche Reformierung der Monarchie, insbesondere ihrer Armee, und war die angebotene Mitwirkung der Militärrechtswissenschaft nur als ein sekundäres Anliegen von ihm zu verstehen? Oder setzte sich KELSEN über den Kriegsminister in der Hauptsache für die Erreichung einer eigenen militärrechtswissenschaftlichen Position für sich selbst ein und betrachtete er die von ihm dargelegten politischen Gesichtspunkte als argumentatives Mittel zu dessen Verwirklichung? In beiden Fällen mußte er für die Erhaltung der Armee sein, der seine auf die Militärverwaltung eingeschränkten Reformationsvorschläge galten. Diese sind auffällig agitatorisch und erstaunlich wenig konstruktiv gehalten. Ob KELSEN, der sicher eine rasche, auch militärjuristische Orientierungsfähigkeit besaß, wohl auch ein realistischeres Konzept zumindest der Militärverwaltungsreform zu entwickeln in der Lage gewesen wäre, ist dennoch fraglich. Hier hätte er wegen seiner Schwäche gegenüber qualifizierter fachlicher Detailarbeit auf Schwierigkeiten stoßen müssen, sobald er genötigt war, abstrakte Gedanken in konkrete Strukturen umzusetzen. Freilich mußte er auch bei seinen Stellungnahmen auf die zwischen Kaiser KARL und den meisten Militärs wegen dessen Friedensversuches bestehenden Differenzen Rücksicht nehmen. Wenn KELSENs allgemeine Bemerkungen über die Armeeverwaltung einer sachlichen Bewertung unterzogen werden, so ergeben sich daraus nie Empfehlungen zur Beendigung des Krieges. Obschon KELSEN nicht als einer der engstirnigen Durchhalteoffiziere betrachtet werden kann, bleibt sein auf den unveränderten Fortbestand der k.u.k. Armee gerichtetes Ziel stets unübersehbar. Es verdrängt daher im wesentlichen auch schüchterne Ansätze zu grundsätzlichen Änderungen. Eine Reform selbst des Teilbereiches Armeeverwaltung wird von KELSEN jedenfalls nicht als eine vom Parlament zu beratende Aufgabe angeboten, sondern bestenfalls in die von Universitäten zu behandelnden Angelegenheiten wissenschaftlicher Forschung verlegt.

Damit ist auch die von KELSEN angestrebte Art von Einflußnahme innerhalb des von ihm damals zweifellos noch als maßgeblichen Teiles staatlicher Macht, nämlich der k.u.k. Armee, sichtbar geworden. Es ist einleuchtend, warum KELSEN nicht etwa die Funktion eines juristischen Leiters der Militärverwaltungsabteilung im Kriegsministerium angestrebt hat. Aus seinem Gutachten zum Pferdeeinstellungsgesetz geht bereits hervor, daß er die praktische Befassung mit Militärverwaltungsaufgaben entweder nicht schätzte oder theoretisch für unergiebig hielt oder gar nicht meistern konnte. Außerdem hielt er, wie er in dem Gutachten ausführte, die Staatstätigkeit auf dem Gebiet des Militärrechts mit der zunehmenden Komplikation der Rechtsgrundlagen für immer schwieriger werdend. Es war naheliegend, daß er sich, gestützt auf seinen Einfluß, durch ein Ordinariat für Militärrecht an der Wiener Universität eine Position zu sichern hoffte, die einen größeren wissenschaftlichen Apparat tragen konnte, der die praktisch fachliche Arbeit zu übernehmen gehabt hätte. Für die wissenschaftliche Bearbeitung dieses Gebietes des öffentlichen Rechtes einschließlich der militärischen Verfassung der Monarchie hingegen hat sich KELSEN in dem Vortragskonzept direkt angeboten. Dieses ist nicht etwa durch einen Befehl des Kriegsministers, sondern im Einvernehmen mit KELSEN selbst aufgebaut worden.

Der KELSEN - Entwurf für den Vortrag des Kriegsministers beim Kaiser enthält neben Grundlinien für eine Reform der Militärverwaltung auch solche über die Reorganisation des Offizierskorps für den Justizdienst, dem als Aufgabe den neuen Militärrechtsordinariaten der Universitäten Wien und Budapest übertragen werden sollte. Nach seinem Plan hatte KELSEN mit der Militärrechtslehrkanzel auch die Aus- und Fortbildung aller Militärjuristen und der juristisch qualifizierten Militärverwaltungsorgane zu übernehmen. Es könnten damit, so meinte KELSEN, auch die notwendigen Kenntnisse über die militärischen Verfassungs- und Verwaltungsorganisationen in die weitesten Kreise der Ziviljuristen und damit in die Bevölkerung überhaupt hineingetragen werden.

Um die Angelegenheit zu beschleunigen, sprach KELSEN in den ersten Märztagen 1918 im Unterrichtsministerium vor mit dem Ersuchen, "mit Rücksicht darauf, daß er **angeblich** einerseits als Ministerialsekretär in das Ministerium für soziale Fürsorge, andererseits auch vom Kriegsministerium in dauernde Stellung übernommen werden könnte, ihm eine **dezisive** Mitteilung zu machen, ob er im Sinne des vorliegenden Fakultätsvorschlages in allernächster Zeit zum Extraordinarius befördert zu werden Aussicht habe"(8). Der so angesprochene Konzipient fiel auf diesen Trick nicht herein und verfertigte eine Aktennotiz über seine Antwort, "daß er **nicht** in der Lage sei, ihm diesbezüglich die gewünschte definitive Auskunft zu erteilen, und daß es daher dem Ermessen KELSENs überlassen bleiben müsse, in Ansehung der Annahme der ihm angeblich von anderen Zentralstellen offerierten Anstellungen sich unabhängig von dem in Rede stehenden Fakultätsantrage zu entscheiden"(9).

KELSEN entschied sich jedenfalls das Militärrecht weiterhin zu forcieren, zumal der kk Minister für Kultus und Unterricht am 16. April 1918 dem Kriegsminister antwortete, daß er wegen der Errichtung einer ordentlichen Lehrkanzel des Militärverfassungs- und Verwaltungsrechtes an der Universität Wien ab 1. Oktober 1918 mit dem kk Finanzministerium die erforderlichen Verhandlungen eingeleitet habe. Zur Unterstützung dieser Verhandlung konzipierte KELSEN am 30. April 1918 aufs neue ein Schreiben des Kriegsministers an den Finanzminister, in dem er wieder die Notwendigkeit der Errichtung einer solchen Professur im letzten Kriegsjahr erörterte:

"Durch die beabsichtigte Maßnahme soll die Pflege des bisher gänzlich vernachlässigten Militärrechtes angebahnt und die Kenntnis der militärischen Verfassung und Verwaltung in weitere Kreise getragen werden. Vor allem aber soll durch die zu schaffende Lehrkanzel die Voraussetzung für eine erweiterte, auch das öffentliche Recht umfassende Ausbildung der Militärjuristen geschaffen werden, die bisher nur eine einseitige strafrechtliche Schulung erfahren haben, und daher von der eigentlichen Militärverwaltung beinahe ganz ausgeschlossen blieben. Bei dem Umfang und der Bedeutung, welche die Militärverwaltung erlangt hat, und in Zukunft mit Rücksicht auf die zu erwartende Reform der Wehrverfassung erlangen wird, muß sich die Tatsache fühlbar machen, daß die Militärverwaltung durchwegs von Nichtjuristen geführt wird. Eine Reorganisation des Offizierskorps für den Justizdienst ist daher nach dieser Richtung dringend notwendig"(10).

KELSEN bot sich, das steht aufgrund dieser Quellen außer Zweifel, als Theoretiker des zu schaffenden Militärstaates an.

Auch den Ungarn gegenüber, die durch Staatssekretär Janos NAGY am 9. August 1918 ihr prinzipielles Einverständnis für akademische Vorträge über Heeresorganisation und Militärverwaltungsrecht an den ungarischen Rechtsfakultäten erklärt hatten, ließ KELSEN noch am 6. September 1918 den Kriegsminister ausführen:

"Wegen der Bedeutung, die das Militär-, Staats- und Verwaltungsrecht sowie das Militärstrafrecht für die Ausbildung der Militärjuristen, speziell der Offiziere für den Justizdienst und für die systematische Durchsetzung der Militärverwaltung mit gesundem juristischen Denken und echtem Geiste der Gesetzmäßigkeit hat, würde ich großen Wert darauf legen, daß das Militärrecht von einem ordentlichen Professor vorgetragen werde"(11).

Mit Rechtswirksamkeit zum 1. Oktober 1918 wurde Hans KELSEN nach nochmaliger Befürwortung durch den Kriegsminister, der das Einvernehmen mit dem Chef der Militärkanzlei Ferdinand Freiherr von MARTERER hergestellt hatte, aufgrund kaiserlicher Entschließung aus Eckartsau vom 8. Juli 1918 zum außerordentlichen Professor an der Wiener Universität für Staats- und Verwaltungsrecht unter besonderer Berücksichtigung des Militärrechtes sowie für Rechtsphilosophie ernannt(12).

Der Vorschlag des Unterrichtsministers für die Besetzung dieser neugeschaffenen außerordentlichen Lehrkanzel an der Wiener Universität vom 20. Mai 1918 nennt nur den Namen von KELSEN, der sowohl in lehramtlicher als auch wissenschaftlicher Beziehung vorzügliche Erfolge aufzuweisen habe und "namentlich auch die entsprechende Eignung für die von der Heeresverwaltung gewünschte Behandlung des Heeresrechtes im vollen Maße" besitze(13).

Es fällt auf, daß Albin SCHAGER, der KELSEN durch seine Einladung, den Eröffnungsartikel in der von ihm eben gegründeten Zeitschrift für Militärrecht zu schreiben, die Karriere als k.u.k. Militärrechtstheoretiker wesentlich unterstützt hatte, nun von diesem ganz zur Seite gedrängt worden war. SCHAGER wurde für die Militärrechtsprofessur nicht einmal mehr genannt, obschon er sich dafür nicht nur interessiert hat, sondern auch qualifiziert war. SCHAGER hat im Kriegsministerium seinerzeit an den Arbeiten zur Schlußredaktion der neuen Militär-Strafprozeßordnungen teilgenommen und auch bei der Verfassung der Durchführungs-Verordnungen mitgewirkt. Seit Kriegsbeginn war er Justizreferent des Armeeoberkommandanten Feldzeugmeister Oskar POTIOREK, dann des Erzherzog EUGEN. Als solcher hat er sich 1917 bei Theodor RITTLER in Innsbruck für Militärstrafprozeßrecht habilitiert(14). Es lohnt sich in diesem Zusammenhang, die anekdotisch süffisante Wiedergabe der Konkurrenz von KELSEN mit SCHAGER bei METALL nachzulesen(15):

"Die Fakultät nahm den Antrag ohne weiteres an. Dennoch verzögerte sich KELSENs Ernennung. Der Antrag der Fakultät wurde an das Unterrichtsministerium und, von diesem entsprechend befürwortet, auch an das Kriegsministerium geleitet, da KELSEN ja zur Kriegsdienstleistung diesem Ministerium zugeteilt war, bevor die Ernennung durch den Kaiser erfolgen konnte. Vom Kriegsministerium wurde der Akt, ebenfalls entsprechend befürwortet, an die Militärkanzlei des Kaisers gesandt, dessen Chef, Baron MARTERER, den Majorauditor Dr. Albin SCHAGER mit der Bearbeitung betraute. Als SCHAGER, der zur Zeit, als er beim Tiroler Korpskommando Gerichtsoffizier war, Privatdozent für Militärrecht geworden war - seine einzige wissenschaftliche Leistung war die Herausgabe des Militär-Strafgesetzbuches -, erfuhr, daß an der Wiener Juristischen Fakultät eine außerordentliche Professur geschaffen werden sollte, die auch Militärrecht erfassen würde, versuchte er, selbst diese Stellung zu erhalten. KELSEN ahnte nichts von all dem, sondern erfuhr es durch einen Zufall, als er auf der Rückfahrt vom kaiserlichen

Hauptquartier in Baden nach Wien in der 'Elektrischen' den damaligen Unterrichtsminister CWICKLINSKI traf. Dieser sagte ihm, daß seine Ernennung, die er selbst befürwortet hatte, doch nicht erfolgen könne, weil sich eine sehr hohe Persönlichkeit, eben der Chef der kaiserlichen Militärkanzlei, für einen anderen Kandidaten einsetzte. Auf KELSENs Bemerkung, daß die Fakultät doch niemand anderen als ihn selbst vorgeschlagen habe, machte der Unterrichtsminister eine Andeutung, aus der KELSEN entnehmen konnte, um wen es sich handelte. Dies teilte er sofort dem ihm wohlgesinnten Kriegsminister mit, der unverzüglich die Angelegenheit mit der Militärkanzlei zu KELSENs Gunsten erledigte.

So wurde KELSEN schließlich im Juli 1918 (!) etatmäßiger außerordentlicher Professor an der Juristischen Fakultät der Universität Wien".

Wenn METALL also behauptet, daß KELSEN im Juli etatmäßiger außerordentlicher Professor für Militärrecht geworden ist, so irrt er, da die kaiserliche Entschließung vom 8. Juli 1918 die Rechtswirksamkeit dieser Ernennung ausdrücklich erst mit 1. Oktober 1918 festsetzte. Das blieb allerdings in der Folge ohne jede Bedeutung. Aber KELSENs Streit mit SCHAGER, der Kaiser KARL späterhin als Vermögensverwalter die Treue gehalten hat, veranlaßte KELSEN, seine eigene Mitwirkung am ersten Verfassungsentwurf der Republik als eine nur "gelegentliche" zu bezeichnen. Denn KELSEN wurde aus Kreisen der adeligen Offiziere vorgeworfen, am "Habsburger-Gesetz" und am Gesetz über die Aufhebung des Adels vom 3. April 1919 mitgewirkt zu haben. Damit wollte KELSEN aber nichts zu tun haben, weder durch Schaffung von Gesetzesentwürfen noch durch juristische Ratschläge(16).

Die Zuweisung der über das Militärrecht hinausgehenden Nominalfächer an KELSEN war im Sinne der Wiener Fakultät. Aber daß es sich auch vom Standpunkte der Unterrichtsverwaltung um eine neu errichtete außerordentliche Lehrkanzel des Militärverfassungs- und Verwaltungsrechtes handelte, geht aus der Mitteilung des Unterrichtsministers an den Kriegsminister noch vom 20. Mai 1918 über den Abschluß der Verhandlungen mit dem k.k. Finanzministerium wegen Einstellung des Erfordernisses für diese Lehrkanzel in den Staatsvoranschlag pro 1918/19 deutlich hervor.

Natürlich scheint die Ernennung zum bloß außerordentlichen Professor für KELSEN eine Enttäuschung gewesen zu sein. Freilich war dem nicht ganz so, denn der Kriegsminister versicherte KELSEN mit von diesem selbst konzipierten Schreiben vom 10. Juni 1918, daß auch nach erfolgter Demobilisierung seine Verwendung als juristischer Referent des Kriegsministeriums in Aussicht genommen sei. Für diese Tätigkeit sollte KELSEN als jährliche Remuneration denjenigen Betrag erhalten, der die Differenz zwischen seinem Gehalt als außerordentlicher Professor und den Bezügen eines ordentlichen Professor bildet(17).

Eilig kündigte KELSEN für das Wintersemester 1918/19 neben einer dreistündigen Vorlesung über allgemeine Staatslehre eine zweistündige militärrechtliche Vorlesung unter dem Titel "Der staatsrechtliche Ausgleich zwischen Österreich und Ungarn, mit besonderer Berücksichtigung der verfassungsrechtlichen Grundlagen der Wehrmacht" an(18).

Ob seine Antrittsvorlesung als k.u.k. Militärrechtsexperte allerdings zustande gekommen ist, ist nicht überliefert. Das von KELSEN entwickelte Vortragskonzept des Kriegsministers in Angelegenheit der Militärrechtsprofessur bedarf auch einer militärpolitischen Einschätzung, unabhängig davon, ob es aus historischer Sicht reichlich verspätete "Reformvorschläge" enthielt. Dieses Dokument zur "Reorganisation der Offizierskorps für den Justizdienst" ist wohl mit einer Reihe von grundsätzlich erscheinenden Sätzen ausgestattet, doch mußte es von leitenden Armeeoffizieren oder von Legisten als ungeeignet erkannt werden, um daraus eine Gebrauchsanleitung zum Handeln zu entwickeln. Es ist schlechthin eine militärpolitische Attrappe für KELSENs Angebot, seine Person an der Universität im Dienste der k.u.k. Armee besonders einzusetzen. Es spricht allerdings für die intellektuelle Eloquenz von KELSEN, daß er einem solchen Vorhaben eine einigermaßen glaubwürdige Argumentationssubstanz unterlegen konnte. Auf den militärischen und den politischen Gehalt seiner Vorschläge soll daher näher eingegangen werden.

Die "Erfahrungen dieses Krieges" spricht KELSEN ebenso wie in seinem militärverfassungsrechtlichen Artikel für die Zeitschrift für Militärrecht an. Dort aber geht er noch, wenn auch äußerst zurückhaltend, auf die schweren Verluste der Kader des stehenden Heeres im ersten Kriegsjahr ein. In seinem Konzept für den Vortrag vor dem Kaiser begnügt er sich mit der Feststellung, die Heeresverwaltung hätte Erfahrungen gesammelt, die nicht nur eine Reorganisation der kämpfenden Truppe verlangen, sondern auch eine Reform der Militärverwaltung. Sein Konzept enthält keine konkreten Hinweise auf den Charakter dieser "Erfahrungen" und läßt daher keine wirklich von Erfahrungen getragenen Schlußfolgerungen zu. Ohne entsprechende Beweisführung gelangt KELSEN zu der Anregung, die Militärverwaltung von den Agenden der Kommandogewalt abzutrennen. Ungeachtet, wie man zu einem solchen tiefgreifenden Bruch aus staatsrechtlichen Gründen stehen mag, bedarf er zweifellos einer ernsthaften Untersuchung, wenn man die Gesamtstruktur der Armee funktionsfähig erhalten wollte.

Die Militärverwaltung wäre nach KELSEN an den übrigen staatlichen Verwaltungsapparat so anzunähern, daß sie nicht mehr als Staat im Staate, sondern von "jedermann als Glied des Staates empfunden werden müsse". Versteht KELSEN unter "jedermann" die weitgehend rechtlosen Volksmassen, so lehnten diese nicht erst seit dem gewaltigen Jännerstreik des Jahres 1918 auch den übrigen staatlichen Verwaltungsapparat eindeutig ab. Durch die Annäherung der Militärverwaltung an eine Zivilverwaltung, die der hungernden, arbeitenden Bevölkerung keinen Schutz vor den Kriegsgewinnern am Nahrungsmittelhandel und anderen Bedarfsgütern bieten konnte, ein Durchdringen des Militärverwaltungskörpers mit dem "allgemeinen Staatsgeist" zu erreichen, konnte nur als unrealistische Phrase verstanden werden. Lediglich die vor dem herannahenden Zusammenbruch bereits herrschende Verwirrung in dem leitenden Armeeapparat und in der Militärkanzlei des Kaisers KARL boten eine Chance, derartige Phantasiegebilde vortragen zu können. Von einzelnen der sich noch einigermaßen an ein Programm orientierenden leitenden Militärs konnte das KELSEN-Konzept dennoch als eine Vorstufe zur Totalmilitarisierung der gesamten staatlichen Verwaltung unter der Herrschaft der Militärverwaltung verstanden werden. Schließlich war es habsburgische Politikauffassung, "durch Belagerungszustand, Hinrichtungen und Militärgewalt der Volksbewegungen Herr werden zu können"(19).

Wenn KELSEN jedoch die von ihm gelegentlich angeführten "Erfahrungen in diesem Kriege" herangezogen hat, so begnügte er sich offenkundig mit solchen, die ohne qualifizierte Ermittlungen gewonnen werden konnten. Sein Erfahrungsgut stammt zum Großteil aus persönlichen Gesprächen mit Offizieren mittlerer Ränge, aus Kontakten mit hauptsächlich wissenschaftlich tätigen Juristen, aus Diskussionen mit Persönlichkeiten aus liberalen, demokratischen und sozialdemokratischen Kreisen. Er fand sehr leicht Eingang in Gruppen von Intellektuellen, Unternehmern, Beamten und Militärs verschiedenster Gesinnung und vermied solche zu Personen, die der Arbeiterschaft oder bäuerlichen Kreisen angehörig waren. Der von ihm propagierte "allgemeine Staatsgeist" war ein geistiges Surrogat für ein nicht vorhandenes, aber als von ihm gewünschtes, vom Volke zu tragendes Staatsbewußtsein, das es in erheblichem Maße bei Kriegsbeginn sogar gegeben hat. Dennoch weisen die von KELSEN in sein Konzept für den Kriegsministervortrag vor dem Kaiser aus "Erfahrungen" abgeleitete Aussagen in ihrer Allgemeinheit und Unverbindlichkeit auf manche zutreffende Gesichtspunkte hin, umsomehr als die Reformbedürftigkeit nicht nur der Militärverwaltung und der Kriegsjustiz, sondern der ganzen k.u.k. Armee und des gesamten Staatsgefüges wohl kaum in Zweifel stand. Daß die aus KELSENs Erfahrungssicht abgeleiteten Reformvorschläge weder fachlich noch politisch ausreichend fundiert waren, um auf die Nachkriegsentwicklung von Armee und Doppelmonarchie einzuwirken, wäre ihm bei einiger kritischer Einschätzung seiner eigenen Beurteilung erkennbar gewesen. Das gilt auch für seinen in das Reformvorschlagskonzept eingebauten oder gar vorrangig betriebenen Plan, im Krieg und vor allem in der Nachkriegszeit an der Wiener Universität über Militärrecht großzügig arbeiten zu können. Seine kritischen Bemerkungen über die k.u.k. Armee und seine spärlichen fachlichen Empfehlungen, soweit diese über den Einbau des Militärrechtes in die Wissenschaft hinausgehen, lassen jedenfalls nicht erkennen, ob er den im März 1918 bereits morbiden Zustand der Monarchie überhaupt erkannt hatte. Andererseits kann sein massiver Drang, vom Kriegsministerium in die Universität zu übersiedeln, auch als eine gezielte Absetzbewegung von dem sinkenden Schiff gedeutet werden. Denn hätte KELSEN sich ernsthaft für eine Konsolidierung der k.u.k. Armee einsetzen wollen, so wäre im Sinne seines "allgemeinen Staatsgeistes" sein Platz im Kriegsministerium hiefür weit wertvoller gewesen. Sollte seine Forderung nach einer Reorganisierung der kombattanten Wehrmacht samt einer entsprechenden Reform der Militärverwaltung auch nur die geringste Realisierungschance haben, so hätte diese spätestens im Jahre 1917 durch einen "von oben" herbeigeführten Waffenstillstand eingeleitet werden müssen, um an einen Rest des einstigen Vertrauens unter den Soldaten und der Bevölkerung der verschiedenen nationalen Gruppen anknüpfen zu können. Die Einleitung von aus der Sicht KELSENs vielleicht revolutionär erscheinenden Maßnahmen, wie er sie im März 1918 vorträgt, ist von ihm aber nicht nur verspätet, sondern auch viel zu oberflächlich angeboten worden. Freilich ist es zu beachten, daß KELSEN wahrscheinlich erst zu diesem Zeitpunkt Gelegenheit gehabt hatte, sich konzeptionell in grundsätzlicher Hinsicht gegenüber dem Kaiser und das auch nur durch die Person des Kriegsministers der Monarchie zu äußern. Aber die von ihm angebotenen Maßnahmen auf die Bekämpfung antimilitaristischer Gesinnung auszurichten, ohne an die Friedenswünsche der Soldaten und der Nationen Österreich-Ungarns anzuknüpfen, zeigt, wie wenig von KELSEN eine über seine akademische Karriere hinausgehende gesamtösterreichische, politisch reale Gedankenleistung erwartet werden konnte.

Der Friedensgedanke, von KELSEN völlig ignoriert, hatte in der Monarchie immerhin bedeutende, vor allem juristische Wurzeln. Die Zeitschrift für Militärrecht veröffentlichte beispielsweise eine Besprechung des Buches des Wiener Rechtslehrers Heinrich LAMMASCH, das, über den Völkerrechtsbereich hinausgreifend, das auch in der Gegenwart brennheiß gebliebene "Recht der Friedenssicherung" qualifiziert behandelte. Dennoch hat KELSEN nie an das Friedensproblem - insbesondere nicht während seines juristischen Einsatzes in der k.u.k. Armee, angeknüpft. Er blieb nur besorgt darüber, wie "eine Quelle antimilitaristischer Gesinnung, mit der besonders nach dem Krieg wird gerechnet werden müssen"(20) militärverwaltungsjuristisch bewältigt werden könne. Obwohl LAMMASCH in einem an den Großunternehmer Julius MEINL schon am 9. September 1917 gerichteten Schreiben neben anderen Professoren auch den Namen von KELSEN genannt hatte(21), vermied es letzterer bis unmittelbar vor dem Zusammenbruch der Monarchie in dieser Friedensgruppe aktiv zu werden.

Deutlich geht aus der Biographie von KELSEN hervor, daß für ihn die "Armee das einzige war, was die Monarchie zusammenhält"(22). Von dieser nicht nur in der Wehrmachtsleitung, sondern bis hin zu den Führern der österreichischen Sozialdemokratie hingenommenen Meinung ließ sich KELSEN im Militärdienst stets leiten, wobei er letzten Endes seinem akademischen Ehrgeiz und kaum seinem auf militärische Gesichtspunkte ausgerichteten dienstlichen Auftrag stets den Vorrang gab. Damit soll keineswegs zwischen dem Verhalten von KELSEN und dem Zusammenbruch der Monarchie ein Schuldverhältnis konstruiert werden. Hier geht es vielmehr darum, den Widerspruch im militärpolitischen Schrifttum von KELSEN und seinem tatsächlichen, auf enge persönliche Interessen ausgerichteten Verhalten sichtbar zu machen. Von diesem Widerspruch ist auch sein höchst zweideutiges Konzept einer Militärverwaltungsreform gekennzeichnet. Zuerst geht er auf sein spezielles Aufgabengebiet einer Neugestaltung der staatsrechtlichen Basis der Wehrmacht für Österreich und für Ungarn ein. Diese konnte gemäß der Ausgleichsnormen von 1867 nicht in einem gemeinsamen Gesetzesakt erfolgen. Andererseits wollte er die Militärverwaltung durch Trennung von der Kommandoführung "aus der ungesunden Isolierung" gegenüber der Zivilverwaltung lösen. Die eigentliche, aber immer nur verbal angebotene und nie organisatorisch aufbereitete Idee von KELSEN, den militärischen Verwaltungskörper für jedermann durch Rechtskontrolle erkennbar zu machen und vom Armeeoberkommando abzuschalten, konnte aber angesichts der Erfahrungen der Klassen und Völker der Monarchie ohne Vorschläge zur Veränderung der Machtstruktur nur als Täuschungsversuch verstanden werden. Sagt doch KELSEN in einem seiner luzidesten Gedanken(23), daß Recht, auch wenn es nur um Privatrecht geht, stets eine eminent politische, eine Herrschaftsstruktur repräsentiere. "Daß der allgemeine Staatsgeist auch den militärischen Verwaltungskörper durchdringe", selbst wenn dieser in eine staatsrechtliche Nähe zu den "übrigen staatlichen Verwaltungsapparaten" gebracht werden kann, ist - selbst bei Existenz einer im bürgerlichen Sinne halbwegs funktionierenden Verwaltungsgerichtsbarkeit - keine Garantie, die Herrschaftsfunktion des monarchischen Verwaltungsapparates über die Mehrheit des Volkes aufzuheben.

Die der Kommandogewalt der Armeeführung entzogene Militärverwaltung sollte nach dem Vorschlag von KELSEN gemeinsam mit einer Reform der Militärgerichtsbarkeit, den "ernsten Erfahrungen dieses Krieges" entsprechend, neugestaltet werden. Konkrete Vorschläge überläßt KELSEN offenkundig der Universität, der die rechtlichen Probleme der Armee insgesamt zur Lösung überlassen werden sollten. Konkrete Vorschläge fehlen also im Konzept von KELSEN und wären sicher auch von der Universität nicht zu erwarten gewesen. Das nahe Kriegsende entband die Alma Mater von dieser für sie peinlichen Form des Kriegseinsatzes.

KELSEN hat in seinem Vortragsentwurf mit einem Halbsatz die schon erwähnten "ernsten Erfahrungen dieses Krieges" mit einer Forderung zur Reform der Militärgerichtsbarkeit in Verbindung gebracht. Es kann sich trotz dieser zweideutigen Formulierung nur um die nicht nur ernsten, sondern entsetzlichen Erfahrungen der Rechtsunterworfenen der Monarchie mit der österreichischen Kriegsjustiz handeln. Wenn diese Erfahrungen von KELSEN nur en passant gestreift werden, so handelt es sich um jenen Einsatz von Juristen in der k.u.k. Armee, der nahezu ausschließlich deren mörderische Tätigkeit in den Kriegs- und Feldgerichten betraf. Waren alle anderen Formen der Juristenarbeit in der k.u.k. Armee - auch im Verwaltungsdienst - von gänzlich untergeordneter Bedeutung, so erlangte die k.u.k.

Armeejustiz weltweit einen blutigen Ruhm. Ihren Geist repräsentierte der damalige Prager Strafrechtsprofessor Wenzeslaus Graf GLEISPACH, der in einem wissenschaftlichen Vortrag den "Tod des Staates Serbien" rechtlich zu begründen versucht hatte(24). KELSEN mußte von den "ernsten Erfahrungen" mit der Justiz wesentlich mehr gewußt haben als etwa Friedrich AUSTERLITZ oder Karl KRAUS, die das schauerliche Handeln der k.u.k. Kriegsjustiz schon ab 1917 aufzudecken versucht haben. Sicher hat KELSEN, wie in seiner Biographie ausgeführt wird, seine zeitweilige Tätigkeit als Militäranwalt auch dazu genützt, um für eine humane Rechtssprechung einzutreten. Niemals hat er jedoch, auch nicht nach dem Kriege, über seinen Einblick in die Schreckensjustiz der k.u.k. Armee berichtet. Dazu wäre er wohl besonders qualifiziert gewesen, hat er doch das Feldgerichtsarchiv und die statistische Gruppe der 4/G Abteilung ins Leben gerufen und deren Leitung neben seinem Referat besorgt. Für diese "hervorragende Dienstleistung während des Krieges" wurde für KELSEN am 12. Juni 1917 die Bronzene Militärverdienstmedaille am Bande des Militärverdienstkreuzes beantragt (25). Dennoch hat KELSEN im März 1918 "ein Großteil der antimilitaristischen Schlagworte auf die Unkenntnis der Organisation des militärischen Staatszweckes" der Bevölkerung zurückgeführt (26). Unterläßt KELSEN jede Erklärung der "ernsten Erfahrungen" mit der Militärgerichtsbarkeit, so hätte er ohne Schwierigkeit zumindest eine so unwissenschaftliche Erklärung der Wurzeln des Antimilitarismus im Interesse der von ihm vertretenen Lehrmeinung zu vermeiden gehabt. Dies umsomehr, als er wohl bereits im März 1918 erkannt haben mußte, was die moderne Zeitgeschichte über den Rechtszustand in der k.u.k. Armee ermittelt hat: "Die Militärjustiz im Ersten Weltkrieg hat zum Untergang der österreichisch-ungarischen Monarchie einen gewichtigen Teil beigetragen"(27).

Das für einen Majestätsvortrag des Kriegsministers von KELSEN entwickelte Konzept und sein Aufsatz in der Zeitschrift für Militärrecht lassen unmittelbare Schlußfolgerungen auf weitgehend autonom entwickelte Meinungen von KELSEN zu. Sie beziehen sich in hohem Maße auf Probleme von grundsätzlich militärpolitischer Bedeutung und sind, abgesehen von dem allgemein auch für KELSEN gegebenen Unterordnungszwang unter den Apparat des Kriegsministeriums, in erheblichem Maße weisungsfrei zustande gekommen.

Obwohl beide Texte eine in hohem Maße den individuellen Vorteilen von KELSEN entsprechende Zielsetzung verfolgen, kommt in ihnen vor allem auch seine Einschätzung des militärischen

Apparates der Armee als ein von ihm im wesentlichen zustimmend anerkanntes Element der Monarchie zum Ausdruck. Bis knapp vor dem Zusammenbruch, also mindestens bis Ende September 1918, verstand sich KELSEN absolut als weisungsgemäß, aber auch als verfassungsmäßig gebundener Offizier der k.u.k. Armee. Seine von dieser Stellung abgeleiteten Wünsche erhoffte er, samt gewissen Reformen bei Aufrechterhaltung der gegebenen Machtstruktur, realisieren zu können. Die nationalen Elemente der Monarchie als sprengenden Faktor erkannte KELSEN zunächst nur in ihrer österreichisch-ungarischen Komponente als bedeutungsvoll, hält sie aber als mit dem Mittel der Armeeorganisation für lösbar. Aus den im Kriegsarchiv aufgefundenen Dokumenten ist im Gegensatz zu seiner durch METALL vermittelten Biographie nicht erkennbar, daß KELSEN vor dem 7. Oktober 1918 mit einem Zusammenbruch der Monarchie gerechnet hat. Ob er das an METALL und auch an GULICK bekanntgegebene Datum des 30. September 1918 im Kriegsministerium verschwiegen hat oder dieses für die Biographie korrigiert hat, ist nicht erkennbar. Die Geschichte Österreichs machte aus dem letzten Berater des letzten Kriegsministers der k.u.k. Monarchie kurz darauf den Mitarbeiter von Karl RENNER und anderen Politikern bei der Schaffung der rechtstechnischen Unterlagen der Bundesverfassung. Zum eigentlichen Schöpfer dieses von Engelbert DOLLFUß 1934 beseitigten und durch den Einmarsch der Sowjetarmee im April 1945 wieder in Geltung gesetzten Gesetzeswerkes wurde KELSEN, dessen Bemühungen um die Verfassung volle Anerkennung verdienen, erst durch eine ihm gewogene juristische Publizistik ernannt. Hier kann zum Gegenstand seiner ursprünglichen Lehrkanzel vermerkt werden, daß seine im Vortragsentwurf dem Kaiser gegenüber behauptete Qualifikation nur hinsichtlich seiner wissenschaftlichen Qualität als Theoretiker des öffentlichen Rechtes unbestreitbar ist. Daß "er auch über entsprechende Kenntnisse der militärischen Verwaltungspraxis verfüge", wie er seinem Minister zur Weiterreichung an Kaiser KARL konzipiert hatte, hängt von dem ab, was gerade noch als "entsprechend" gelten kann. Die in dieser Arbeit durchgeführte Analyse des Gutachtens von KELSEN zum Pferdeeinstellungsgesetz führt eher zu dem Urteil: nicht entsprechend. Da KELSEN aber stets auf wissenschaftliche Exklusivität und eine überaus harte Beurteilung vieler seiner Lehrer, Kollegen und Kritiker Wert legte, kann die zeitgeschichtliche Einschätzung seiner Leistungen im Ersten Weltkrieg nicht nur berechtigt, sondern auch von manchem Nutzen sein.

Der Ordnung wegen soll noch vermerkt werden, daß die von KELSEN gewünschte Bestellung einer kleinen Arbeitsgruppe im

Kriegsministerium und in den beiden Landesverteidigungsministerien unterblieben ist. Der Ausbau der juridischen Sektion unter Heranziehung von Zivilkonzeptsbeamten wurde ebensowenig verwirklicht wie die Gesamtreform der Militärverwaltung und des Justizdienstes der k.u.k. Armee. Bis zu ihrem endgültigen Untergang verblieb die Militärverwaltung bei den zahlreichen ihr auftauchenden Rechtsfragen ohne Direktive durch die Rechtswissenschaft. Das nämlich hat KELSEN in seinem Konzept beklagt, ohne sich daran zu erinnern, daß er in seinem obskuren Pferdeeinstellungsgutachten die einmalige Gelegenheit versäumt hatte, eine in der Praxis verwertbare Direktive der Militärrechtswissenschaft zu erteilen. Nach Einsicht in die hier genannten Texte ist es durchaus verständlich, daß KELSEN selbst, sein Biograph METALL - GULICK muß hier entschuldigt werden, weil ihm Quellenstudien nicht zugemutet werden konnten - und die zahlreichen KELSEN - Verehrer auf die Auswertung des Schrifttums von KELSEN aus dem ersten Weltkrieg verzichteten. Nicht alles davon ist geeignet, den Heiligenschein des von MARCIC zum juristischen Weltwunder ernannten KELSEN zum erhöhten Strahlen zu bringen.

A N M E R K U N G E N

- Anmerkungen zu V -

1 Allgemeines Verwaltungsarchiv Wien, Akten des Ministeriums für Kultus und Unterricht Nr. 9583/1918. Auch die folgenden Aktenzitate erliegen unter dieser Nummer.

2 Wilhelm **Brauneder** (Herausgeber): Juristen in Österreich 1220-1980. Wien 1987, 267.

3 Forum 1965, 226-229.

4 **Métall**, Kelsen, 5. Vgl. **Oberkofler:** Über das internationale Ansehen der Innsbrucker Rechtshistorikerschule. Der Schlern 61 (1987), 506-512.

5 Kriegsarchiv Wien 1918, Präsidiale 19-12/I.

6 KELSEN ließ bei der Reinschrift seines Konzeptes drei unwesentliche Bleistiftverbesserungen aus der Sektion des Generalchefauditors FEIGL berücksichtigen.

7 Kriegsarchiv Wien Präsidalakten 1918 19-12/I. Siehe auch Beilage Nr. IV.

8 Wie A. 1

9 Wie A. 1

10 Wie A. 1

11 Wie A. 1

12 Allgemeines Verwaltungsarchiv Wien. Akten des Ministeriums für Kultus und Unterricht Nr. 27211/1918.

13 Allgemeines Verwaltungsarchiv Wien, Akten des Ministeriums für Kultus und Unterricht Nr. 18024/1918.

14 Universitätsarchiv Innsbruck.

15 **Métall**, Kelsen, 28.

16 **Métall**, Kelsen, 34.

17 Kriegsarchiv Wien, Präsidialakten 1918 19-12/4.

18 Vorlesungsverzeichnis der Universität Wien für das Wintersemester 1918/19.

19 Heinrich **Srbik**: Aus Österreichs Vergangenheit. Salzburg 1949, 230.

20 Wie A. 7

21 Heinrich **Benedikt**: Die Friedensaktion der Meinlgruppe 1917/19. Die Bemühungen um einen Verständigungsfrieden nach Dokumenten, Aktenstücken und Briefen (= Veröffentlichungen der Kommission für Neuere Geschichte Österreichs 48). Graz-Köln 1962, 163.

22 **Métall**, Kelsen, 21.

23 So Johann J. **Hagen**: "Reine Staatslehre": Staatslehre ohne Staat? In: Plädoyers für einen wissenschaftlichen Humanismus. Wien 1981, 116.

24 Eduard **Rabofsky** - Gerhard **Oberkofler**: Verborgene Wurzeln der NS-Justiz. Wien 1985.

25 Belohnungsantrag vom 12. Juni 1917. Kriegsarchiv Wien Präsidialakten 1917 5-16; **Métall**, Kelsen, 18.

26 Wie A. 7

27 Hans **Hautmann**: Kriegsgesetze und Militärjustiz in der österreichischen Reichshälfte 1914 - 1918. In: Erika **Weinzierl** und Karl R. **Stadler** (Hg.): Justiz und Zeitgeschichte, Wien 1977, 118.

VI.

EIN MILITÄRGESETZENTWURF VON HANS KELSEN GEHT MIT DEM KAISERREICH UNTER

Zum Unterschied gegenüber anderen prominenten Juristen im Dienste der k.u.k Armee wußte sich KELSEN von der unmittelbaren Mitwirkung am Militärstrafrecht zu lösen und blieb auch nur kurz im militärverwaltungsrechtlichen Aufgabenbereich. Durch seinen Artikel in der Zeitschrift für Militärrecht im Jahre 1917 hatte er sich für den bedeutendsten verfassungsrechtlichen Konfliktstoff der Monarchie zunächst als wissenschaftlich interessiert ausgewiesen. Kriegsminister STÖGER-STEINER hatte erstaunlich rasch KELSENs außergewöhnliche Qualifikation für die Befassung mit diesem jahrzehntelang als unlösbar bewiesenen Rechtsstreit zwischen den Armeen Österreichs und Ungarns erkannt. Wurde von Ludwig ADAMOVICH sen.(1) und anderen in der Vorgeschichte der Republik Österreich auf den zersetzenden Konflikt zwischen den beiden Monarchieteilen ausdrücklich hingewiesen, so fällt auf, daß der profundeste Kenner dieses "Bruderkrieges" und der juristisch geradezu letzte "Hauptbeteiligte" KELSEN auf dieses Thema auch nach 1918 nie publizistisch eingegangen ist, obwohl er ihm zwei Jahre (1917-1918) seine konzentrierte Arbeit gewidmet hat. Das wesentlichste Aufgabengebiet seines wissenschaftlichen Einsatzes in der k.u.k. Armee betreffen jene drei großen Arbeiten von ausgesprochen militärverfassungsrechtlichem Charakter. Es handelt sich zunächst um den bereits behandelten Aufsatz in der Zeitschrift für Militärrecht im Jahre 1917.

Ferner um den im Jänner 1918 fertiggestellten Entwurf für ein Militärgesetz samt einem sehr umfangreichen Kommentar dazu, sowie um seine schriftlichen Konzepte und mündlichen Ausführungen für die Konferenzen vom 5. und 7. Oktober 1918. Letztere fanden unter dem Vorsitz des Kriegsministers und mit KELSEN als Referenten und Hauptbeteiligten an der Diskussion statt. Den Konferenzen gingen zahlreiche vorbereitende Aussprachen im leitenden Armeeapparat in der Monarchie, in Österreich und in Ungarn, voraus.

Erweisen sich die juristischen Leistungen von KELSEN im Militärdienst durchaus nicht in ihrer Mehrzahl als seinem theoretischen und rechtstechnischen Standard entsprechend, insbesondere wenn es sich um militärverwaltungsrechtliche Fragen handelte, so sind der Entwurf und noch mehr die hierzu entwickelten erläuternden Bemerkungen zum Militärgesetzentwurf vom Jänner 1918 echte Glanzleistungen der von METALL zutreffend gerühmten "rechtstechnischen Ausarbeitung" von Verfassungsdokumenten durch KELSEN(2). Aus dem Studium der Akten wird deutlich, daß KELSEN schon längere Zeit hindurch mit dieser Angelegenheit, wenngleich auf verlorenem Posten, beschäftigt war.

Durch eine Vereinbarung innerhalb des Hauses HABSBURG wurde 1713 (Pragmatische Sanktion) eine vage rechtliche Grundlage für eine spätere dualistische Gestaltung der österreichisch-ungarischen Monarchie geschaffen. Die Absicht JOSEFs II., alle Länder der Monarchie einschließlich Ungarns zu einem zentralistischen Einheitsstaat zusammenzufassen, konnte nur unter permanenten Konflikten in den deutschen und böhmischen Ländern teilweise verwirklicht werden. In Ungarn gestaltete sich die Lage erheblich anders. Von Ludwig KOSSUTH wurde als Ziel der Revolution von 1848 sogar die völlige Lostrennung Ungarns von Österreich gefordert und auch fast erreicht. Die Verfassung FRANZ JOSEFs I. im Jahre 1861 versuchte neuerlich die Monarchie als einen Einheitsstaat zu gestalten, was freilich zu erbittertem Widerstand in Ungarn führen mußte. Der im Jahre 1867 vom ungarischen Landtag mit nachträglicher Zustimmung der Krone angenommene und für die Militärverfassung bedeutsame Gesetzesartikel XII kam ohne Mitwirkung des österreichischen Reichsrates zustande. Die dualistische Gestalt der Monarchie wurde durch die Grundsätze über den österreichisch-ungarischen "Ausgleich" im Gesetze vom 21. Dezember 1867 geschaffen. Die beiden Ländern gemeinsamen Angelegenheiten waren die Außenpolitik, die Wehrmacht und das Finanzwesen, soweit es die gemeinsamen Angelegenheiten betraf. Besonders die Wehrmachtsfrage bot stets Anlaß zu schweren Konflikten bei den periodisch wiederkehrenden Ausgleichsverhandlungen. Seit der Mitte der Achtzigerjahre war die Teilung der gemeinsamen Armee zu einer politischen Forderung der Ungarn geworden. Bei der Erbfolge nach FRANZ JOSEF I. mußte Kaiser KARL im Jahre 1916 den Ungarn erhebliche Zugeständnisse über das Recht, eine eigene Armee zu schaffen, machen. Daher erteilte er entgegen dem Rat seiner Generalität seinem Kriegsminister STÖGER-STEINER mit allerhöchstem Befehlschreiben vom 8. Jänner 1918 den Auftrag, rechtliche Grundlagen für die über die Reservatrechte hinausgehende Reform der inneren Organisation der Wehrmacht durch ein entsprechendes Militärgesetz vorzubereiten. Schon am 17. Jänner 1918 lagen die von KELSEN verfaßten Entwürfe vor, die nun an den k.k. Ministerpräsidenten und an den k.u.k. Ministerpräsidenten zur Stellungnahme durch Offiziere am 21. Jänner 1918 ausgesendet wurden(3). KELSEN hatte sicher schon im Jahre 1917 mit dem Kriegsminister über einen solchen Entwurf gesprochen. Der Entwurf entsprach auch, wie aus den nachfolgenden Beratungen deutlich wird, eher den Vorstellungen des Kriegsministeriums als jenen des Armeeoberkommandos. Immerhin scheint aber die Meinung des Kriegsministers bei den Generalstäblern und beim Kaiser durchgedrungen zu sein, wozu der damals sehr geachtete KELSEN mit seinem geschickten Lavieren erheblich beigetragen hat. Wäre dasselbe auch bei den Ungarn passiert, so wäre KELSEN noch in der Monarchie zu Verfassungsehren gekommen. Denn im österreichischen Parlament wären zu Anfang des Jahres 1918 die Widerstände in Militärfragen überwindbar gewesen.

Nach dem Wortlaut des ersten Teiles der Erläuterungen heißt es, daß "die faktische Durchführung der Reform selbstverständlich erst nach Abschluß des Krieges ... erfolgen" könne. Daraus geht hervor, daß dieser Komplex wohl kaum als eine sehr dringende Sache behandelt worden ist. Damit stimmt überein, daß KELSEN die ihm persönlich viel wichtigeren militärwissenschaftlichen Pläne vorrangig betrieben hat. Für den Aufbau eines von ihm geplanten militärwissenschaftlichen Apparates an der Wiener Universität forcierte er die Unterstützung durch den Kriegsminister. Aber die an der Erhaltung der Monarchie in Österreich und in Ungarn immerhin noch vorhandenen Kreise erfaßten nicht, daß eine Bewältigung des militärrechtlichen Verfassungsstreites vielleicht einen Teil des herannahenden Zusammenbruches abzuwenden geeignet gewesen wäre. Wie mehrfach zu beweisen versucht wurde, hatte selbst KELSEN keine auf den drohenden Zusammenbruch der Armee hinweisende Prognose geben können, die ihn zu einer Beschleunigung seines Auftrages veranlassen hätte können.

Dennoch war KELSEN sehr eindrucksvoll und zeitaufwendig bemüht, die Notwendigkeit einer militärrechtlichen Einigung zwischen Österreich und Ungarn unter dem gemeinsamen Herrscher zu beweisen und ihr juristisch argumentativ zu entsprechen. Er geht auf die beiden Ausgleichsgesetze des Jahres 1867 ein, die von Anfang an im erheblichen Maße zu einander im Widerspruch gestanden sind. Vom ersten Tag an nach dem Ausgleich bis mitten in den Weltkrieg hinein, so betonte KELSEN, werden die schwersten Verfassungskämpfe geführt. Diese haben "die ruhige Entwicklung des Kriegswesens und damit die militärische Kraft der Monarchie unterbunden und dadurch ihre Großmachtstellung in Frage gestellt". KELSEN klagt darüber, daß beide Seiten versucht hätten, mit juristischen Gründen und Gegengründen zu argumentieren. Mangels einer einheitlichen Voraussetzung wäre aber in diesem Falle mit juristischer Argumentation kein Resultat zu erzielen. Die Heeresverwaltung müsse sich nach dem politischen Gesichtspunkte loyaler Interessen um die Aufrechterhaltung der Verteidigungsfähigkeit bemühen. Ungeachtet dessen ist aber auch KELSEN von einer ausschließlich juristischen Konstruktion nie abgekommen. KELSEN rühmt, wie nach Kriegsausbruch in Österreich das Staatsgefühl gestärkt wurde und in Ungarn der Nationalstolz hoch aufwallen konnte. Das registrierte er vom militärischen Standpunkt aus als begrüßenswert. KELSEN hält es in seinen Erläuterungen für verständlich, daß gerade in diesem langwährenden Kriege die Verwirklichung des Artikels XII vom Jahre 1867, der ein ungarisches Kriegsheer verspricht, wieder auflebt. Er beruft sich hier auf die "wertvollen Erfahrungen dieses Krieges" und führt schlüssige Beweise für das tatsächliche Funktionieren von administrativ getrennten Armeekörpern. Die beabsichtigte Reform durch Einheitlichkeit der gesamten, in ein österreichisches und in ein ungarisches Heer gegliederten Armee wäre befriedigend zu lösen, wenn eine "der parlamentarischen Rechtskontrolle und der ministeriellen Verantwortlichkeit entrückte Allerhöchste Kommandogewalt" garantiert werde.

Als Entschädigung dafür wird eine Trennung der Militärverwaltung und der Kommandogewalt angeboten. Durch die Unterordnung fast aller wichtigen Armeeaufgaben wie die Organisation der Armee, der Offiziersernennung, der Kommando- und Dienstsprache, der gemeinsamen Generalität, der Schaffung einheitlicher Dienstbücher, der Bewaffnung, Bekleidung und Ausrüstung, der Ausbildung der Truppen und Stäbe, der Generalinspektoren, der Bestimmung der Standarten unter die Allerhöchste Kommandogewalt wurde von KELSEN allerdings eine "Einheitlichkeit" der Armee angeboten, wie sie rechtlich noch gar nicht bestand. Es war klar, daß selbst die z.T. meisterhafte Abfassung dieser Erläuterungen von KELSEN, die den eigentlichen Gesetzestext extensiv interpretierten, keine Chancen auf Erfolg bei den Ungarn haben konnte.

KELSEN führte über sein Konzept ausführliche Gespräche in Österreich und mit Ungarn. Vom ungarischen Landesverteidigungsminister wurde ein umfangreicher Gegenentwurf entwickelt, der von dem KELSEN-Entwurf so gut wie keine Kenntnis nahm, sondern ein eigenes ungarisches Militärgesetz darstellte. In diesem wurde sogar ein eigener Abschnitt für einen weiteren Krieg aufgenommen.

So kam es am 5. und 7. Oktober 1918 zu der Einberufung je einer Konferenz auf höchster Ebene, bei denen jeweils KELSEN in dem kleinsten Kreis von fünf Spitzenmilitärs Bericht über die Beratungen mit der ungarischen Seite erstattete und die Diskussion steuerte. In den Monaten vom Jänner bis Oktober 1918 betrieb KELSEN seine auf den wissenschaftlich-militärrechtlichen Einsatz bei den Universitäten Wien und Budapest zielenden Reformideen gestützt auf den k.u.k. Kriegsminister und die Militärkanzlei des Kaisers weiter. Weder in der KELSEN-Biographie noch in den Erzählungen von KELSEN (4) noch in seinem kaum von einem anderen Rechtsgelehrten überbotenen Schrifttumsumfang geht KELSEN auf das Kriegsgeschehen, soweit es die wirklichen Erfahrungen der vom Krieg am härtesten betroffenen Menschen, die Soldaten und die hungernden Arbeiterinnen und Arbeiter, anging, ein. Dabei ist zu berücksichtigen, daß eine große Anzahl von Fabriken dem k.u.k. Kriegsministerium direkt oder indirekt, also der Militärverwaltung, die KELSEN legistisch und rechtstheoretisch behandelte, untergeordnet waren. Von KELSEN ist darüber nie auch nur ein Satz geschrieben worden, obwohl er, wie METALL mitteilt, auch gerne bereit war, über verschiedene, nicht unbedingt wissenschaftliche Dinge zu erzählen. Die auffällige Schweigsamkeit von KELSEN über eine Zeit, in der Ereignisse von weitragender Bedeutung und Leiden von unermeßlichem Ausmaße vor sich gingen, zwingt dazu, sich einiger Geschehnisse beispielhaft zu erinnern. Das nicht zuletzt, um den von KELSEN an mehreren Stellen seiner militärpolitischen Texte verwendeten Ausdruck der "Erfahrungen dieses Krieges" aus seiner Abstraktheit in die Realität der von ihm zwar nicht selbst erlebten, aber in unmittelbarer Nähe erfahrenen Gegenwart zu überführen.

Die Oktoberrevolution wurde schon genannt, an den gewaltigen Jännerstreik 1918 der innerösterreichischen Arbeiterschaft wurde erinnert, der Opfer der niedergeschlagenen Meuterei der Matrosen der österreichisch-ungarischen Kriegsflotte, die auf dem Admiralsschiff die Rote Flagge hissen konnten, wurde hier gedacht. Auch eine Serie juristischer Excesse bei Standgerichtsurteilen im Mai 1918 gegenüber hungernden Soldaten in der Etappe ist hier zu erwähnen, weil behauptet wurde, der k.u.k. Kriegsminister habe diese Todesurteile gewünscht. Der unmittelbare Vorgesetzte von KELSEN soll den Militärrichtern sogar Nachsicht vorgeworfen haben, weil zu wenig Justizifizierungen stattgefunden hätten. KELSEN jedenfalls mußte über die bereits den Charakter einer nationalen und sozialen Revolutionsbewegung annehmenden weiträumigen Soldatenunruhen an verschiedenen Stellen im Inneren der Monarchie genau informiert gewesen sein. Hatten diese doch unter anderem sogar die bisher als zuverlässig geltenden Reserveeinheiten des slowenischen Infanterieregiments Nr. 17 erfaßt, dessen Soldaten vor einer spontanen Meuterei bettelnd und durch die Sympathie der Bevölkerung von Judenburg unterstützt durch die Straßen gezogen waren(5).

Die Abgeordneten Dr. KOROSEC und Genossen richteten am 22. Juli 1918 an die Regierung wegen der Hungerunruhen der Soldaten und der von den Militärgerichten begangenen Justizmorde nachstehende Anfrage(6):

Haus der Abgeordneten. - 79. Sitzung der XXII. Session
am 22. Juli 1918:
ANFRAGE

des Abgeordneten Dr. Korosec und Genossen an die Gesamtregierung wegen der Hungerunruhen bei einigen Ersatzkörpern und der dabei seitens der Militärgerichte begangenen Justizmorde.

Die Verpflegung des bei den Ersatzkörpern befindlichen Militärs war in diesem Frühjahr derart mangelhaft, daß die Soldaten konstant hungerten. Die Brotrationen wurden sukzessive herabgesetzt, Fleisch gab es fast keines. Dagegen sahen die Soldaten, daß sich die Offiziersmessen in einigen Garnisonen noch immer verhältnismäßig sehr reichlich versorgten. Dieser bittere Gegensatz bildet seit langem den Hauptgrund zersetzender Bewegungen und wird nicht aufhören, bis die Militärverwaltung sich entschließt, daß Offiziere bis zum höchsten Grad mit der Mannschaft die Verköstigung zu teilen haben. Auch schlechte Behandlung trug zur Unzufriedenheit der von den Kriegsstrapazen erschöpften Leute bei.

Am 13. Mai 1918 brachen Unruhen beim k.u.k. Infanterieregiment Kronprinz Nr. 17 aus, am 13. Mai beim Jägerbataillon Nr. 7 in Murau, am 12. Mai beim Infanterieregiment Nr. 80 in Rimaszombat, am 20. Mai in Fünfkirchen beim Infanterieregiment Nr. 6, am gleichen Tag beim Infanterieregiment Nr. 58 in Lublin, am 21. Mai in Rumburg bei den Schützen Nr. 21, am 24. Mai in Radkersburg beim Infanterieregiment Nr. 97 usw.

Zwischen den einzelnen Bewegungen gab es keinerlei Verbindung als die traurige, allgemeine Lage, der Hunger und insbesondere bei den Heimkehrenden die Verdrossenheit, daß man sie nach lächerlich kurzem Urlaub der langentbehrten Heimat wieder entzog.

Nationale Ursachen der Bewegung gab es nicht. Wohl versuchen sich militärische Stellen, welche von der Stimmung der Mannschaft keine Ahnung haben und vom Kriege nur gewinnen, um ihre Verlegenheit zu decken, auf nationale Gründe herauszureden. Statt ehrlich zu gestehen, daß sie die armen Soldaten Hunger leiden lassen, wird hinter jedem Mann eine "Ententehetze" gewittert, offenbar, um für die Deutschnationalen politische Vorteile herauszuschlagen. Insbesondere die von General Waldstätten geleitete "Heimkehrererziehung" mit den so lächerlichen Methoden der "Bolschewikenreinigung" zeigt einen furchtbaren Mißerfolg: Obwohl Waldstätten sogar jüdische Offiziere "als gefährliche Elemente" von dieser "Erziehung" ablehnte, kam dennoch gerade das Gegenteil heraus. Denn die Heimkehrer sahen sofort, daß es in Österreich noch nicht besser geworden.

Die an den Mannschaften begangenen Fehler fanden in den Unruhen einigen Ausdruck. Statt sich gegen die Fehlerquellen zu wenden, unterdrückte man wahllos, wobei sich wieder die seit 1914 und 1915 bekannten Militärgerichte auszeichnen mußten.

Die beim Infanterieregiment Nr. 17 in Judenburg nach drei brotlosen Tagen ausgebrochene Unzufriedenheit wurde mit Gewalt gebrochen, obwohl es ganz zweifellos ist, daß mit Güte und verständigem Worte der Offiziere momentan volle Ruhe erreichbar wäre. Bei diesem Regiment herrschte ein bekannt verbissenes

Nest deutschradikaler Offiziere vor, welche mit der Mannschaft kaum ein freundliches Wort in der Muttersprache reden konnten, dabei aber die Mannschaft sehr roh behandelten. Man möge nur genau untersuchen, was in der Menageverwaltung geschah, wie die Offiziersmesse auf Kosten der Mannschaften aufgebessert wurde, wie die Menageersparnisse für Luxusankäufe, insbesondere aber für die Retablierung verschuldeter "Herren" verwendet wurden, dann wird man bald ein genaues Bild dessen finden, was schließlich zu Unruhen führte. Es ist Tatsache, daß das Regiment bei der deutschen Bevölkerung der Stadt volle Sympathien genoß, was bei den bestehenden nationalen Gegensätzen wohl nur damit erklärbar ist, daß es sich tadellos benahm.

Das sofort eingesetzte Militärgericht bekam besonders strenge Instruktionen. Es verurteilte gleich am ersten Tage vier Mann, am zweiten Tage zwei Mann zum Tode, welche Urteile vollstreckt wurden. Das Standrecht wurde erst später publiziert; trotzdem fungierte das Gericht als Standgericht. Es handelte sich vorliegenden Falles höchstens um das Verbrechen der Empörung (§ 167 Militärstrafgesetz), eine Rückwirkung des Standrechtes war daher ohneweiteres unzulässig. Ohne Untersuchung des Einzelverschuldens nahm man teilweise Meuterei an, um leichter Todesurteile zu fällen.

Unter den Justifizierten waren zwei Mann, welche wegen Verbrechens der Plünderung (§ 492 Militärstrafgesetz) standrechtlich verurteilt wurden. Tatsächlich erwähnte die Standrechtskundmachung dieses Verbrechen gar nicht. Übrigens waren bei Kundmachung des Standrechtes nicht nur die Unruhen abgeschlossen, sondern die sechs Opfer auch schon tot! Eine Rückanwendung auf Vorfälle vor der Kundmachung ist selbstverständlich unsinnig.

Auf das Verbrechen der Plünderung steht im Militärstrafgesetz nicht die Todesstrafe. Wären die zwei Männer im ordentlichen Verfahren abgeurteilt worden, so hätten sie höchstens zu einer Kerkerstrafe verurteilt werden können. Die Verurteilung im Standrechtsverfahren stellt sich demnach als Mord dar, begangen von den Richtern, dem bestätigenden Kommandanten und insbesondere dem Auditor, welcher als Verhandlungsleiter fungierte (ein gewisser Scheffenecker). Die Ausrede, daß vom Kriegsministerium Todesurteile gewünscht wurden und daß der k.u.k. Kriegsminister trotz der sechs Opfer dem Judenburger Standgericht "Nachsichtigkeit" vorwarf, da am ersten Tage "nur vier", am zweiten Tage "sogar nur zwei Menschen" justifiziert wurden, kann wohl niemand mehr ernst nehmen. Das Justizverbrechen muß diesmal rücksichtslos geahndet werden!

Auch in Murau trug der Hunger die Hauptschuld an der am 14. Mai ausgebrochenen Erregung. Dem Bezirkshauptmann gelang es binnen kurzer Zeit die Soldaten zu beruhigen. Die Mannschaft begab sich zusammen mit den an der Demonstration unbeteiligten Kameraden zur Ruhe. Aller Waffen und größtenteils auch der Kleider entledigt wurden sie im Schlaf von der Assistenz ergriffen. Dieselbe - ein Bataillon des Infanterieregiments Nr. 37 aus Ungarn rückte nämlich gegen Morgen heran - entwaffnete ohne Anlaß die Stationswache, wobei der Oberleutnant v. Schmidt seiner blinden Wut damit Luft gab, daß er den Wachkommandanten mit der Peitsche über den Kopf schlug. Der Kommandant der Ungarn schoß darauf auf die schlafenden Soldaten ohne Grund, wobei er einen Mann schwer und zwei leicht verwundete. Seitens der "Meuterer" wurde keinerlei Widerstand geleistet. Trotzdem schoß der Stabsoffizier und prügelte die Soldaten wie ein Tobsüchtiger. Als Rädelsführer hob er ohne weitere Untersuchung zwei Mann, den Unterjäger Sebastian Olip und den Jäger Dernovseg heraus und ließ sie im Hof "anbinden". Daß die Magyaren dem Muster des edlen Kommandanten folgten und die Jäger prügelten und ihrer armseligen Habe vollständig beraubten, bedarf kaum noch der Erwähnung.

Vom 18. bis 20. Mai hielt man die "Rädelsführer" in Haft. Das Standrecht wurde erst am 25. Mai 1918 kundgemacht. Trotzdem funktionierte schon am 20. Mai 1918 das aus Graz gekommene Divisionsgericht als Standgericht für die angeblichen Verbrechen vom 14. und 15. Mai. Es dauerte volle fünf Tage (trotzdem § 438 Militärstrafordnung die Frist mit 48 Stunden bemißt), bis der zuständige Kommandant mit den Erhebungen so weit war, daß er sich für die Anwendung des Standrechtes entschied. Tatsächlich gab es keine Erhebungen, da dem Militärkommandanten alle Vorfälle samt Begleitumständen schon am 15. Mai wohlbekannt waren. Das Standrecht war demnach schon aus diesem formellen Grund nicht anwendbar. Übrigens handelte es sich gar nicht um Meuterei, ja nicht einmal um Empörung, da ja vor Erscheinen der Assistenz volle Ruhe eintrat. Die Anwendung des Standrechtes vor dessen Kundmachung ist also offenbar gesetzwidrig.

Übrigens ging auch das Standgericht gegen Sebastian Olip gewissenlos vor. Olip gab unter anderem an, er sei im Kriege, insbesondere in der langjährigen Gefangenschaft, nach Kopftyphus schwer nervenleidend geworden, was seine Zurechnungsfähigkeit bei einigem Alkoholgenuß ausschließe. Das Standgericht befragte darüber einen Arzt als Sachverständigen. Dieser erklärte, es sei ganz gut möglich, daß die Verantwortung stichhältig sein, allein zur vollen Klärung sei fachmännische Beobachtung und Untersuchung notwendig. Der Bezirkshauptmann sagte aus, der Hunger habe die Erregung verursacht, politische Gründe könne er ausschließen. Trotzdem ging das Standgericht mit dem Todesurteil vor, offenbar aus Furcht, wegen "Milde" gemaßregelt zu werden. Es waren ja gleich bei dessen Ankunft drei Särge fertiggestellt worden.

Laut Militärstrafprozeßordnung hat der zuständige Kommandant das Urteil zu revidieren. Mit dem 80 Seiten starken Akt fuhr der Verhandlungsleiter am Pfingstmontag nachmittags nach Judenburg, um 1/2 9 Uhr abends war er trotz der großen Entfernung und der miserablen Verbindung schon in Murau wieder angekommen. Das Urteil wurde ohne Aktenstudium bestätigt.

Es möge noch bemerkt werden, daß die deutsche Bevölkerung von Murau das Grab des unglücklichen Opfers mit Blumen schmückte, während den Kameraden jedweder Besuch des Grabes oder eine andere Beileidsäußerung verboten wurde.

Die deutschnationalen Offiziere, die fern vom Schuß bei vollgedecktem Tisch sitzen, stellen freilich auch die Hungerrevolte in Murau sofort als "Korosec-Hetze" dar!

Auch die Unruhen in Radkersburg entstanden nur wegen der daselbst schon längere Zeit herrschenden Hungersnot. Auch hier waltete die berühmte Militärjustiz blind und ungerecht, wie immer. Als erster wurde der Privatbeamte Korporal Melihen aus Srpenica und der Zugsführer Ukovic, ein Lehrer aus Istrien, standrechtlich erschossen. Sie hatten sich an den Unruhen gar nicht beteiligt, allein wie überall, suchte man auch hier unter den Hungernden nach einem nationalen Kausalnexus. Die Soldateska will ja nie zugeben, daß ihre Unfähigkeit an irgendeiner Bewegung Schuld trage, sie riecht überall nationale Revolutionen. Ein Militärpolizist sagte aus, daß Melihen am Vorabend im Gasthaus (vor 9 Uhr) in einem Kameradenkreis eine Rede gehalten habe, wobei er gesagt habe: "Ziveli Slovenci, zivela Jugoslavija." Das Urteil selbst konnte aus diesen Worten nichts Belastendes feststellen, insbesondere keine Aufforderung zur Widersetzlichkeit oder irgend eine Tätigkeit, die auf Meuterei oder Empörung schließen ließe. Insbesondere mußte zugegeben werden, daß sich weder Melihen noch Ukovic an den Unruhen beteiligten. Trotzdem kein Kausalnexus bestand und trotzdem das Politisieren in kleinstem Kreise keinem Soldaten verwehrt ist und jedenfalls höchstens disziplinär zu behandeln wäre, verurteilte man die Leute standrechtlich zum Tode. Am Rufe "hoch die Slowenen, hoch Jugoslawien" finden selbst bissige Staatsanwälte gar nichts Strafbares; zwei intelligente junge Männer mußten als Opfer der skandalösen Militärjustiz fallen. Sie starben als Helden!

Wir fragen die Regierung:

"1. Ist sie bereit anzuerkennen, daß die Unruhen bei den verschiedenen Kaders im Mai 1918 durch Hungersnot hervorgerufen wurden?

2. Ist sie bereit, alle Strafakten, insbesondere die Todesurteile vorzulegen und genaue Erhebungen zu pflegen, ob sich die Militärbehörden streng ans Gesetz hielten?

3. Ist sie bereit, die Richteroffiziere und Auditoren, die sich am Justizmord in Judenburg beteiligten, der verdienten Strafe zuzuführen?

4. Ist sie bereit, die inzwischen gemaßregelten Regimenter in ihre Heimatkaders rückzutransferieren, um deren Verpflegung zu erleichtern?"

Wien, 14. Juli 1918.

Pisek.	Dr. Korosec.
Jarc.	Roskar.
Dr. Ravnihar.	Dr. Jankovic.
Dr. Lovro Pogacnik.	Brencic.
Hladnik.	Fon.
Demsar.	Dr. Benkovic.
Dr. Verstovsek.	Dr. Sesardic.
Gostincar.	Prodan.

Mit einer Armee von halbverhungerten Soldaten, die von Kriegsgewinnern und zum Teil von korrupten Offizieren bestohlen worden waren, zog die österreichisch-ungarische Monarchie im Juni 1918 in ihre letzte Offensive an einer 157 km breiten italienischen Front. Da Erich LUDENDORFF mit seiner Großoffensive im Westen im Frühjahr 1918 nicht annähernd den unter riesigen Opfern angestrebten Erfolg erzielt hatte, trieben die deutschen Militärs die k.u.k. Armee in eine aussichtslose, noch dazu fehlgeplante Offensive von den Hochalpen bis nach Venetien. Weder der Streit der beiden Armeeführer Svetozar BOROEVIC von BOJNA und Franz CONRAD von HÖTZENDORF über den Angriffsplan konnte vom Armeeoberkommando militärisch zweckmäßig gelöst werden, noch wurde die Versorgung der Angriffsarmeen mit Verpflegung und Munition halbwegs ausreichend organisiert. Diese völlig gescheiterte Offensive hatte der Armee in Wahrheit das Rückgrat gebrochen. Die Auflösungserscheinungen wurden immer offenkundiger. Die gegen Ende der Monarchie wieder halbwegs funktionierenden Parlamente in Wien und Budapest diskutierten offen über das die Niederlage in Serbien zu Beginn des Krieges bedeutend überragende Debakel der k.u.k. Armee.

Die Fehleinschätzung dieses Angriffsplanes wurde von Generalmajor Alfred Freiherr von WALDSTÄTTEN im Badener Armeeoberkommando geboren, um die SIXTUS-Affäre des Kaiserhauses gegenüber den Deutschen vergessen zu machen. WALDSTÄTTEN war auch an dem zwischen Österreich und Ungarn schwelenden Streit wegen der Trennung der gemeinsamen Armee in zwei geteilte, allerdings von einem gemeinsamen, vom Kriegsminister und den Parlamenten unabhängigen und dem Kaiser unterstellten Armeeoberkommando geführten Armeen beteiligt. Den Untergang wollten die ehrgeizigen Generalstäbler in Österreich und Ungarn mit einer Militärdiktatur abwenden.

Mitten in diesem mörderischen Kriegsgeschehen, angesichts der durch Krieg, Hunger und Skrupellosigkeit zur Revolution getriebenen Soldaten- und Arbeitermassen, die nicht mehr durch Gewalt, sondern gerade noch durch die beruhigenden Worte der Führer der k.u.k. Sozialdemokratie zurückgehalten werden konnten, war KELSEN weiterhin emsig bemüht, seinen dienstlichen Aufträgen nachzukommen. Bei der Erfüllung dieser Aufträge sah sich KELSEN den Differenzen zwischen dem Kriegsminister und der Generalität gegenübergestellt. Dabei nahm er zwar keine neutrale, aber eine abwartende Position ein, weil er nicht sicher war, wie sich die Machtverhältnisse in der Armee gestalten würden. Formal ging es weiterhin um die neue Militärverfassung für Österreich-Ungarn und um die von KELSEN mehr als eine akademische Aufgabe betrachtete Reform der Militärverwaltung. Faktisch ging es um die Erhaltung der Reste der Macht in der Armee.

Wurden die militärischen Ziele der Monarchie oft in hektischer Pression und ohne realen Zeitplan, geschweige denn mit einer soliden Planung betrieben, so schien bei militärrechtspolitischen Fragen die Zeit keine Rolle zu spielen. Die Debatten wurden bis zum Zusammenbruch in einem grotesk zeitlosen und geistlosen Niemandsland weitergeführt. Unter der juristischen Steuerung von KELSEN stritten die Generäle, wie sich zeigt, über die Trennung der k.u.k. Armee in eine österreichische und in eine ungarische Armee noch weiter, als es de facto nicht einmal eine nur besiegte, sondern bereits eine nicht mehr existierende Armee gab.

Im Kriegsministerium wurden über den ungarischen Gegenentwurf zwei mehrstündige Beratungen einer kleinen Zahl höchstrangiger Militärs unter der persönlichen Leitung des Kriegsministers STÖGER-STEINER durchgeführt. Es ging um die militärische Neuorganisation des gemeinsamen Heeres der k.u.k. Monarchie und galt vor allem den ungarischen Einwendungen zum Entwurf von KELSEN für ein Militärgesetz der Monarchie. Sie hätten zu keinem spätern Zeitpunkt mehr stattfinden können. Aber am 5. und am 7. Oktober 1918 wurden sie in Wien noch ganz im jahrhundertealten Regierungsstil abgewickelt, obwohl nur mehr einzelne Fassadenteile der verfallenden k.u.k. Herrschaft bestanden.

Die Protokolle über die beiden Konferenzen lassen keinen Schluß zu, inwieweit die leitenden Personen des Kriegsministeriums sich über die Bedeutungslosigkeit der Ergebnisse dieser Beratungen auf höchster Ebene im klaren waren. Hier interessiert jedoch in erster Linie die Einsicht, die KELSEN vom Ablauf des Zusammenbruches haben mußte. Die Aktenlage erweckt den Eindruck, daß auch KELSEN diese Entwicklung nicht erkannt hat. So unwahrscheinlich das auch sein mag, so ist zu berücksichtigen, daß KELSEN mit seinem "staatsrechtlichen" Armeerettungskonzept dienstlich am unmittelbarsten und auch persönlich zutiefst verbunden war und an dessen Realisierbarkeit wohl mehr geglaubt haben muß, als er sich rein rechnerisch überlegend einen Erfolg versprechen konnte. Er dürfte von der Prämisse ausgegangen sein, die in der Armee verankerten, maßgeblichen Kräfte der verschiedensten, aber ausnahmslos reaktionären konservativen Richtungen müßten an der unbedingten Erhaltung der Armee auch nach einer totalen militärischen Niederlage ungeteiltes Interesse haben.

Auch die sozialdemokratische Führung hatte sich bis zum 7. Oktober 1918 in Österreich noch immer nicht gegen die kriegsführende Monarchie gewendet. Selbst am 2. November 1918 erklärte Viktor ADLER im Staatsrat zur Frage der Annahme des Waffenstillstandes: "Den Krieg habe der Kaiser begonnen, es sei Sache des Kaisers, ihn zu beenden" (7). Den im Oktober jedenfalls bereits endgültigen Entscheid nationaler Kräfte zur Lostrennung von der Monarchie dürfte KELSEN einfach nicht zur Kenntnis genommen haben. Denn aus der Sicht der Armeeführung sind die Vorgänge außerhalb derselben mit fortschreitender Kriegsdauer zunehmend in den Hintergrund gedrängt worden, weil diese sich selbst als das einzig maßgebliche Element der Monarchie zu verstehen gewöhnt hatte. Für KELSEN ergab sich am 7. Oktober 1918 sogar noch eine militärische Lösungsmöglichkeit der "südslawischen Frage", die Ungarn zur Erlangung einer großen Küste und einer Handelsflotte verhelfen sollte. Worauf solche Erwartungen gestützt wurden, ist nicht zu erkennen, doch dürften im Kriegsministerium solche illusionistischen Erwartungen sicher nicht von KELSEN allein genährt worden sein.

In der gegenwärtigen Nachrichtenvermittlung ist es unmöglich, daß entscheidende Nachrichten nicht sofort in aller Breite bekannt werden. Hier ist jedoch unbedingt zu berücksichtigen, daß 1918 auch wichtigste Ereignisse selbst leitenden Kreisen nur relativ langsam vermittelt werden konnten. So tritt zu der vorgefaßten Meinung über den Ewigkeitswert der k.u.k. Armee noch das dauernde Informationsdefizit führender Persönlichkeiten und ihrer Mitarbeiter. Jedenfalls ging es bei dem vorliegenden, von KELSEN entwickelten Konzept einer militärverfassungsrechtlichen Lösung der jahrzehntelangen schwelenden Spannungen in der k.u.k. Armee lediglich um die von ungarischer Seite an das Kriegsministerium herangetragenen Forderungen zur Schaffung einer weitgehend selbständigen Wehrmacht im Rahmen der Monarchie und nicht um die Lostrennung von dieser. Nicht nur für die historische, sondern vor allem für die politische Einordnung der von KELSEN geleisteten militärverfassungsrechtlichen Arbeiten ist der Zeitpunkt ihrer Beratung am 5. und 7. Oktober 1918 im Endpunkt des Kriegsablaufs zu beachten.

Das Kriegsjahr 1918 selbst war vor allem durch den unrealistischen Plan der deutschen Heeresleitung gekennzeichnet, den Krieg im Westen zu entscheiden, ehe amerikanische Truppen in Frankreich eingesetzt werden konnten. Die im März 1918 beginnende deutsche Offensive in Frankreich erzielte bis Juni zwar erhebliche taktische Erfolge, verfehlte aber ihr strategisches Ziel, obwohl im Juni sogar die berüchtigte Marnelinie überschritten werden konnte. Das hängt nicht zuletzt damit zusammen, daß der deutsche Imperialismus trotz des russischen Friedensangebotes für einen tiefen Vorstoß in die reichen Gebiete der Ukraine etwa fünfzig Divisionen seiner Armee verwendet hatte. Die Sowjetmacht konnte von den deutschen Generalen aber nicht vernichtet werden, vielmehr begann sich das deutsche Heer im Kampfe gegen die friedensbereiten Bolschewiki zunehmend zu zersetzen. Die Friedenssehnsucht in Deutschland und in Österreich wurde immer stärker.

In einer militärisch bereits aussichtslosen Lage versuchte die deutsche Armeeführung am 15. Juli 1918 ihre letzte Offensive, an deren Erfolg sie selbst am wenigsten glauben konnte. Schon am 18. Juli 1918 setzten die Alliierten zu einer massiven Gegenoffensive an und warfen die erschöpften deutschen Truppen weit zurück. Nun führte die Entente laufend amerikanische Truppen an die Front und eröffnete am 8. August 1918 eine weitere Offensive, die bis Ende September in verschiedenen Frontabschnitten des Westens fortgeführt wurde. Die Deutschen hatten alle ihre Kräfte erschöpft und verloren an einem Tag sechzehn Divisionen fast zur Gänze. Diese Verluste zeigen, wie sehr die Kampfkraft der deutschen Armee bereits gesunken war. LUDENDORFF sprach vom bisher "schwärzesten Tag in der Geschichte der deutschen Armee". Der östereichische Generalstabschef ARZ von STRAUSSENBURG kam zur Erkenntnis, daß der Krieg nicht mehr gewonnen werden konnte. Er stellte am 14. August 1918 im Deutschen Hauptquartier die Frage, wie lange man den Krieg noch zu führen gedenke. Mit Nachdruck bemerkte er, daß der Kampf keinesfalls bis zur vollen Erschöpfung geführt werden dürfe, "weil die Armee auch nach dem Abschlusse des Friedens zur Regelung inner- und außerpolitischer Fragen und zur Aufrechterhaltung der Ordnung nötig sein werde"(8).

Am 5. Oktober 1918 richteten Deutschland, Österreich-Ungarn und die Türkei an Woodrow WILSON die Bitte um Waffenstillstand und Friedensverhandlungen. Aber noch am 7. Oktober 1918 wird im höchsten militärischen Gremium Österreichs der umfangreiche Vortrag von KELSEN über den Inhalt des ungarischen Entwurfs für ein Militärgesetz ernsthaft angehört und diskutiert - so, als ob die Monarchie nicht bereits im völligen Verfall gewesen wäre. Paul von HINDENBURG und LUDENDORFF hatten die Katastrophe offenkundig um einige wesentliche Tage früher erkannt als der k.u.k. Kriegsminister STÖGER-STEINER und sein militär-juristischer Berater KELSEN. Diesem war offenbar fremd geblieben, daß am 5. Oktober 1918 in Agram schon "die Vereinigung aller Slowenen, Kroaten und Serben in einem nationalen, freien und unabhängigen Staat" proklamiert worden war(9). Eine Tatsache, die etwa Julius MEINL am 7. Oktober zum Anlaß nahm, eine Denkschrift über die sofortige Bildung einer österreichischen Koalitionsregierung der nationalen Parteien auszuarbeiten(10).

Die militärische Entwicklung ließ schon seit 1917 den bevorstehenden Zusammenbruch erkennen, da die Mittelmächte trotz der russischen Revolution nicht in der Lage waren, den Krieg an einer der Fronten, insbesondere nicht an der für sie ausschlaggebenden Westfront, für sich zu entscheiden. LUDENDORFF drängte das österreichische Armeeoberkommando zwar noch zu der überaus opferreichen Offensive im Juli 1918 an der Piave. Diese endete mit einer derartigen Niederlage, daß der Unwille zahlreicher Regimenter der k.u.k. Armee und die nationalen Unabhängigkeitsbestrebungen der Tschechen, Kroaten, Slowenen und Ungarn explosive Kraft erlangten(11). Die aussichtslose Offensive in Italien wurde von den deutschen Generalstäblern verlangt, um ihre am 17. Juli 1918 neuerlich an der Marne steckengebliebene Offensive zu entlasten. Wegen der von den deutschen Militaristen geträumten Wende im Kriegsgeschehen wurden daher auch einzelne, seit 1917 in Österreich laufende Bemühungen um einen Separatfrieden nur halbherzig unterstützt.

Die Nachkriegsgeschichte verlegt den militärischen Zusammenbruch der k.u.k. Armee aber nicht auf den Zeitraum des Scheiterns der mit großen Hoffnungen betriebenen Großoffensive an der französischen und italienischen Front, vielmehr mußte die gegen die Bulgaren gerichtete Balkanoffensive der Alliierten als Ursache für den Zusammenbruch herhalten. "Nach dem Durchbruch der bulgarischen Front (September 1918) war es jedermann, der die Verhältnisse in der Armee kannte, klar, daß der Krieg endgültig verloren war" - so KELSEN(12). Dieses Datum kolportierte KELSEN nicht nur durch seinen Hauptbiographen METALL, sondern auch durch GULICK(13). Dabei ist er allerdings nicht allein, denn auch ADAMOVICH(14) und andere wollen erst durch den Sonderwaffenstillstand Bulgariens am 30. September 1918 erkannt haben, daß der Krieg für die Mittelmächte "als verloren angesehen werden müsse". Das ist besonders bemerkenswert, weil sich zeigt, wie breit der Kreis von Historikern und Juristen war, die nicht bereit waren, die totale militärische Niederlage der deutschen und österreichischen Streitkräfte verbal anzuerkennen. Die nach dem ersten Weltkrieg für die deutsche Revanchepolitik wichtige These "Im Felde unbesiegt" fand also schon 1918 genügend Verständnis selbst in bürgerlich - demokratischen oder reaktionär - konservativen Kreisen und das leider auch in Österreich.

Aber zurück zu KELSENs Agenden im k.u.k. Kriegsministerium. Die Referenten der Landesverteidigungsminister und des Kriegsministers, zu denen auch KELSEN gehörte, beratschlagten noch am 12. September über den Entwurf von KELSEN vom Jänner 1918. Aber erst am 27. September richtete der Budapester Honvedminister an STÖGER-STEINER, Freiherr von STEINSTÄTTEN, Exzellenz und Geheimer Rat, Generaloberst und k.u.k. Kriegsminister sowie Ritter des Leopold Ordens I. Klasse mit der Kriegsdekoration etc.etc. ein Schreiben, dessen Inhalt fast wesentlich kürzer war als die geschwollene Anrede, weil das Gewicht in den Beilagen ruhte. Aus diesen wurden zunächst staatsrechtliche und gesetzestechnische Fragen ausgeschaltet. Auch die "kroatische Frage" wurde für eine "spätere Besprechung" aufgehoben. Es ging den Ungarn am 27. September zunächst nur um die "rein militärischen Fragen", die sie einvernehmlich gelöst wissen wollten.

Der als "Elaborat über die Wehrmachtsfragen" "diensthöflichst, streng geheim und zur eigenhändigen Eröffnung durch den Chef des Präsidial Bureaus" übermittelte Akt von 28 Seiten samt Kartenskizzen ist eindeutig ein Gegenentwurf zu dem juristisch bestens durchdachten Konzept von KELSEN. Er ist auf die militärischen Fragen zwar höchst konsequent ausgerichtet, kann aber durchaus nicht als unjuristisch bezeichnet werden. Vielmehr ist er sogar staatsrechtlich eindeutig und gesetzestechnisch verständlicher gehalten als der Jännerentwurf von KELSEN. Die Ungarn sagten sehr genau, was sie wollten, aber sie sprachen aus einem bereits rechtsleer gewordenen Raum in ebenso leere Räumlichkeiten in das Riesengebäude hinter dem Radetzkydenkmal am Ring. Der ungarische Brief wanderte nicht nur durch die sich bereits entleerenden Kanzleien des k.u.k. Kriegsministeriums, sondern fand auch noch den Weg zu KELSEN und anderen militärfachlichen Sachbearbeitern. Indessen war die deutsche Westfront zusammengebrochen, der gewaltige LUDENDORFF hatte endlich einen Nervenzusammenbruch erlitten und Kaiser WILHELM hatte WILSON um Waffenstillstand ersucht. Am 2. Oktober 1918 erklärten die Tschechen, Slowenen und Polen im Reichsrat zu der viel zu spät geäußerten Hoffnung der Sozialdemokraten, nach einer eventuellen Nationalstaatsbildung die monarchische Klammer des Großstaates zu erhalten(15):

"Wir lehnen jede teilweise oder einseitige Lösung unserer nationalen Probleme ab und verwahren uns entschieden dagegen, daß man denselben noch immer ihren internationalen Charakter abzusprechen versucht. Am Friedenskongreß, wo unsere Völker durch ihre Vertreter als über ihr Schicksal verhandelnde und entscheidende Subjekte auftreten müssen, kann die Regelung aller Fragen unserer Zukunft und des nachbarlichen Lebens aller Völker Europas erfolgen. Wer im Moder des alten Geistes diese Prinzipien der Weltdemokratie hartnäckig zu übersehen versucht, der arbeitet gegen den Frieden".

Zur gleichen Zeit wurde im Kriegsministerium das ungarische Dokument von einigen führenden Offizieren studiert. Es geriet in der Folge in das Archiv und fand bis heute keinerlei rechtliche oder gar militärische Beachtung, obwohl dessen gründliche Untersuchungen schon auf die "materielle Vorbereitung des Krieges" der Zukunft zielten. Die "während des langandauernden Krieges unter Einwirkung der vielfach durch schwere Opfer erkauften Erfahrungen" werden - so unglaublich das klingt - zur "Nutzanwendung für die Zukunft" angeboten. Obwohl diese Papiere überaus interessant und auch höchst qualifiziert ausgefertigt wurden, muß hier auf eine nähere Behandlung verzichtet werden. Lediglich die acht in der Beilage enthaltenen Daten über das Einzugsfeld der ungarischen Armee sollen hier erwähnt werden, weil sie nicht nur die militärische Potenz dieses Raumes, sondern auch des damaligen Ungarn als eines Quasi-Kolonialstaates erkennen lassen. Ähnlich war allerdings auch der österreichische Teil der Doppelmonarchie, in der weder die Österreicher noch die Ungarn eine Mehrheit darstellten.

Mag das ungarische Elaborat über die Wehrmachtsfragen auch von militärischen Fachleuten ausgearbeitet worden sein, die wie ihre österreichischen Kollegen einschließlich KELSEN nur die politisch-organisatorischen Aufgaben abseits vom Kriegsgeschehen betrachten wollten, so geht aus ihrer Arbeit doch hervor, daß der ungarische Raum für die Monarchie ein gewaltiges militärisches Kraftfeld war. Zum Zeitpunkt der Vorlage dieses "Elaborats" liegt das Schwergewicht des vorstehenden Satzes bereits auf dem Worte "war". Das für den gegenwärtigen Betrachter nahezu Unverständliche liegt darin, daß beide Seiten ernsthaft ein Streitgespräch führten, bei dem der Streitgegenstand ihnen bereits als nicht mehr existent erkennbar sein mußte.

Zum Verständnis des von KELSEN am 5. und 7. Oktober zu bewältigenden Militärverfassungsentwurf ist es notwendig, auf den ungarischen "Vorschlag zur Reform der Organisation der Wehrmacht" wenigstens kurz einzugehen. Dieser verlangt eine Teilung des gemeinsamen Heeres in eine österreichische und in eine ungarische Armee. Einheitlichkeit soll in Bezug auf innere Organisation, Führung, Leitung und Ausbildung durch Gemeinsamkeit der Generalität und der Stäbe gewährleistet werden. Ungarische Kommando- und Dienstsprache bei allen in Ungarn ergänzungszuständigen Truppen, bei den dort dislozierten Kommando-Behörden und schriftlicher Verkehr mit allen Teilen des Heeres und mit den gemeinsamen Zentralbehörden ist zu gewährleisten. Bei höheren Kommanden ist deutsch als Vermittlungssprache im Kriege und bei Übungen im Frieden zulässig. Die Offiziere der ungarischen Armee müssen allerdings die deutsche Sprache in Wort und Schrift beherrschen. Eine vollkommen selbständige Organisation des Militärgerichtswesens wäre einzuführen.

Bemerkenswert erscheint, daß der ungarische Plan die Beibehaltung des Armeeoberkommandos als allerhöchsten Oberbefehl auch im Frieden verlangt und die Militärkanzlei Seiner Majestät als einheitliche Institution anerkennt. Dies gilt auch für die Generalität und die höheren Stäbe. Das soll offenkundig kompensatorisch für den aus dem KELSEN-Entwurf zu entfernenden gemeinsamen Kriegsminister dienen.

Die beiden Konferenzen im Kriegsministerium vom 5. und 7. Oktober 1918 waren von dem damals im Präsidialbüro zugeteilten KELSEN aufwendig vorbereitet worden. Rechnete man doch, daß es zu einer persönlichen Konfrontation zwischen dem Kriegsminister und den verkappten Repräsentanten des ungarischen Entwurfs im Armeeoberkommando kommen mußte. Es wurde daher am 5. Oktober 1918 eine vorbereitende Konferenz im "Schoße des Kriegsministeriums" durchgeführt, bei der die sechs mit der Frage irgendwie befaßten Abteilungsvorstände des Kriegsministeriums den bei der Verhandlung über den Ungarn Vorschlag am 7. Oktober einzuhaltenden Standpunkt beraten sollten. Teilnehmer waren laut Protokoll als Vorsitzender Seine Exzellenz der Herr Kriegsminister GO. Rudolf Freiherr STÖGER-STEINER von STEINSTÄTTEN und als Teilnehmer Generalchefauditor Leopold FEIGL, Chef der Juridischen Sektion des Kriegsministeriums, GM Josef JOBST von RUPPRECHT, Vorstand der 2./W.Abteilung, GM Livius BOROTHA von TRSTENICA, Vorstand des Präsidialbureaus, Oberst des Generalstabskommandos Gottlieb WEJMELKA, Vorstand der 5. Abteilung, Oberst des Generalstabskommandos Eugen KLOSE, Vorstand der 10. Abteilung, Generalintendant Josef ANDERKA, Vorstand der 15./B.Abteilung des Kriegsministeriums sowie Landsturm Hauptmannauditor Professor Dr. KELSEN, eingeteilt im Präsidialbureau des Kriegsministeriums. Einleitend hielt STÖGER-STEINER ein Referat über die zukünftige Wehrmachtsorganisation. Ob dessen Text von KELSEN stammt, ist nicht feststellbar. Sicher aber hat der k.u.k. Kriegsminister mit KELSEN vorbereitend gesprochen. Bemerkenswert sind aber vor allem die Angaben im Protokoll über die Wortmeldung von Exzellenz Kriegsminister: "Ich habe Seiner Majestät ein schriftliches kurzes Referat überreicht und Seine Majestät eindringlich gebeten, in Angelegenheit der Wehrmachtsorganisation nichts gutzuheißen, zu dem das Kriegsministerium nicht Stellung genommen hat. Auch wurde die Aufmerksamkeit des Chefs der Militärkanzlei auf dieses Moment gelenkt". Andererseits wird bekanntgegeben, das Armeeoberkommando habe sich in einer Notiz auf den Standpunkt des königlich ungarischen Landesverteidigungsministeriums gestellt. Es sei zu befürchten, daß man sich beim Armeeoberkommando nicht genau Rechenschaft gegeben habe. Für die künftige Organisation der Wehrmacht sei die künftige politische Struktur der Monarchie von entscheidendstem Einfluß. Da diese aber vorläufig nicht abzusehen sei, müsse ein möglichst elastischer gesetzlicher Rahmen geschaffen werden.

Der Kriegsminister konnte in diesem Sinne auf ein gemeinsames Kriegsministerium nicht verzichten und äußerte Bedenken gegen die von Hauptmannauditor KELSEN vorgeschlagene Institution eines Staatssekretärs in einem gemeinsamen Kriegsministerium. Die Diskussion am 5. Oktober bewegte sich zwischen den Mutmaßungen über die Schaffung eines mehrgliederigen Bundesstaates und der Aufrechterhaltung der Personalunion zwischen Österreich und Ungarn einschließlich ihrer Aspekte für die Armeestruktur. KELSEN nahm mehrmals zur Sprachenfrage Stellung und schlug weiterhin vor, diese "wegen der ungeheuren Schwierigkeiten" nicht in das Gesetz aufzunehmen. KELSEN nahm das Gremium vom 5. Oktober nicht allzu ernst, denn er unterrichtete es darüber, "daß der Begriff einer 'Gemeinsamkeit der Generalität' nach staatsrechtlicher Auffassung eigentlich nicht existiert, es sei dies nur ein sprachlicher Ausdruck, hinter dem sich nichts Reales verbirgt. Die ungarische Regierung akzeptiert die Forderung nach einer 'gemeinsamen Generalität' - wohl wissend, daß dies eine Phrase sei, die gar nichts Reales enthalte. Man könne diese Redewendung beibehalten, müsse sich indessen klar darüber werden, daß damit nichts konkretes gemeint sei". Aber nicht viel konkreter wird KELSEN, als er vorschlägt, anstelle des jetzigen Apostolischen Feldvikariates einen gemeinsamen Inspektor der Militärgeistlichkeit vorzusehen. Er übersieht dabei, daß die k.u.k. Armee auch mit einer religiösen Vielfalt zu rechnen hatte, gab es doch auch den Feldpastor, den Feldiman und angeblich sogar Feldrabbiner. Aber KELSEN ist schon erkennbar auf dem Wege, zivile Termini in die Militärsprache einzuführen und besteht darauf, Armeeinspektoren nicht zu Kommandanten der Bundeskontingente zu machen. Diese Funktionäre, so meint er, seien als "Inspektoren und nicht als Kommandanten zu benennen.". Laut Protokoll verweist KELSEN "auch auf den auffälligen Umstand, daß bei der k.u. Honved das Honvedoberkommando auch während des Krieges aufgestellt ist, während das k.k. Landwehroberkommando gegenwärtig nicht besteht. Bei einer Teilung der Armee würde der Beibehalt eines solchen Oberkommandanten zur Folge haben, daß einem solchen Funktionär die Rechte eines Stellvertreters Sr. Majestät in der Führung der Kommandogewalt zugemutet wurden, was als Anfang vom Ende zu betrachten wäre". Hier votiert KELSEN vor allem für die künftige Aufrechterhaltung oder sogar Stärkung der Kommandogewalt des Armeeoberkommandos, das von der ungarischen Gruppierung, zu der sich auch hohe österreichische Generäle gereiht hatten, gegen ein Weiterbestehen des Kriegsministers als mehr denn für administrative Funktionen eingesetzt wurde.

In der nun folgenden Debatte wurde der Verhandlungsvorgang für die im Beisein des Chefs des Generalstabes am 7. Oktober stattfindende Konferenz festgelegt. Im vorliegenden Protokoll heißt es darüber(16):

"Zunächst werde Seine Exzellenz der Herr Kriegsminister die historische Entwicklung der Wehrmachtsfragen skizzieren, sodann Hauptmann Professor KELSEN seinen Vortrag über die hauptsächlichsten Unterschiede zwischen den Auffassungen des Kriegsministeriums und des königlich ungarischen Landesverteidigungsministeriums halten und schließlich der Chef des Generalstabes zur Darlegung seiner Ansicht ersucht werden.

Hauptmann Professor Kelsen

hielte es für sehr wertvoll, wenn der Chef des Generalstabes vollends für den Standpunkt des Kriegsministers hinsichtlich der Notwendigkeit einer Revision der Ausgleichsgesetze und Festlegung der Wehrmachtsorganisation mittels des Militärgesetzes gewonnen werden könnte.

Worauf

Generalmajor von Borotha

durch Verlesung der Note des Chefs des Generalstabes ... konstatiert, daß der Chef des Generalstabes im Wesen auch der Schaffung eines solchen Gesetzes zustimmt. - Der Chef des Generalstabes muß jedoch zur Überzeugung gebracht werden, welch' große Gefahr heraufbeschworen würde, wenn der im Kriegsministerium verfaßte Entwurf des Militärgesetzes **nicht** akzeptiert werden sollte.

Hauptmann Professor Kelsen

erklärt noch, daß die Vertreter des Armeeoberkommandos sich mündlich zu der Notwendigkeit der Schaffung eines Militärgesetzes bekannt haben.

Exzellenz Kriegsminister

vermeint, daß die einzige Differenz zwischen den Ansichten des Armeeoberkommandos und jenen des Kriegsministeriums in den Anschauungen über das künftige Kriegsministerium und das zu erhaltende Armeeoberkommando gelegen sein dürften. -

Hauptmann Professor Kelsen

Diesbezüglich wäre darauf zu verweisen, daß, nachdem das ungarische Elaborat einen gemeinsamen Kriegsminister vorsieht, 4 militärische Zentralstellen vorhanden wären, was ein sehr schwerfälliger Apparat sei. -

Im übrigen verweist er darauf, daß zu den Verhandlungen mit den beiden Regierungen über die Wehrmachtsfragen ausschließlich der Kriegsminister berufen sei; die Ungarische Regierung habe diesmal den Chef des Generalstabes nur mit zu den Verhandlungen herbeigezogen, weil sie bei ihm für ihre Pläne scheinbar ein geneigtes Ohr fand. Dem k.k. Ministerpräsidenten ist es gar nicht in den Sinn gekommen, die Mitwirkung des Chefs des Generalstabes zu erbitten. - Das Kriegsministerium müsse bei den Verhandlungen mit den Regierungen namens der gesamten Heeresverwaltung sprechen.

Exzellenz Kriegsminister

stellt fest, daß das bezügliche Allerhöchste Handschreiben ausdrücklich ihn als Kriegsminister zur Führung der Verhandlungen mit den Regierungen ermächtigt. -

Hauptmann Professor Kelsen

bittet noch, Seine Exzellenz der Herr Kriegsminister möge, wenn nötig, dieses Allerhöchste Handschreiben bei der Sitzung am 7. 10. der Kommission vorweisen. - "

A N M E R K U N G E N

- Anmerkungen zu VI -

1 Ludwig **Adamovich**: Grundriß des Österreichischen Verfassungsrechts, 21.

2 **Métall**, Kelsen 34..

3 Kriegsarchiv Wien, Präsidialakten 1918 49-5/2; die in diesem Kapitel folgenden Aktenzitate sind diesem Faszikel entnommen.

4 Vgl. z.B. Rudolf **Neck**: Österreich im Jahre 1918. Berichte und Dokumente. München 1968, 64-66 (Erinnerungsbericht von Hans KELSEN zum Völkermanifest von Kaiser KARL).

5 Ludwig **Jedlicka**: Ende und Anfang Österreich 1918/19. Wien und die Bundesländer. Salzburg 1969, 11.

6 **Jedlicka**, Ende und Anfang, 12-16.

7 So nach den Aufzeichnungen von Generaloberst Artur **ARZ** von **STRAUSSENBURG**: Zur Geschichte des großen Krieges 1914-1918. Wien-Leipzig-München 1924, 364.

8 Generaloberst Artur **ARZ** von **STRAUSSENBURG**: Kampf und Sturz der Kaiserreiche. Wien-Leipzig 1935, 249.

9 **Gulick**, Österreich von Habsburg zu Hitler, 73.

10 Heinrich **Benedikt**: Die Friedensaktion der Meinlgruppe 1917/18. Die Bemühungen um einen Verständigungsfrieden nach Dokumenten, Aktenstücken und Briefen (= Veröffentlichungen der Kommission für Neuere Geschichte Österreichs 48). Graz-Köln 1962, 269-273.

11 Richard Georg **Plaschka** - Horst **Haselsteiner** - Arnold **Suppan**: Innere Front. Militärassistenz, Widerstand und Umsturz in der Donaumonarchie 1918. 2 Bände. Wien 1974.

12 **Métall**, Kelsen, 21.

13 **Gulick**, Österreich von Habsburg zu Hitler, 74.

14 **Adamovich**, Grundriß, 21.

15 **Jedlicka**, Ende und Anfang, 39.

16 Wie A. 3.

VII.

DAS MILITÄRISCHE ENDE

Die mühselige und durch verworrene Konzepte von KELSEN gefütterte Konferenz der k.u.k. Militärspitze am 7. Oktober 1918 versammelte noch einmal die höchste militärische Prominenz der Monarchie am Grünen Tisch des Kriegsministeriums. Diese Konferenz war nach der Machtposition ihrer Teilnehmer weit berufener über die Zukunft der k.u.k. Armee zu sprechen als jene vom 5. Oktober, bei der die militärischen Ratgeber des k.u.k. Kriegsministers über die Hauptrichtlinien plauderten. Aber in den zwei Tagen vom 5. Oktober auf den 7. Oktober war die einstige Macht des Generalstabschefs schon nahe dem Nullpunkt angelangt und lag jedenfalls noch tiefer als jene, wie sie die Vorstände der Abteilungen des Kriegsministeriums noch am 5. Oktober besessen hatten. Sechs Personen versammelten sich am 7. Oktober, um neuerdings über die Angelegenheit der künftigen Organisation der Wehrmacht zu beraten. Als Vorsitzender fungierte Kriegsminister Generaloberst Rudolf Freiherr STÖGER-STEINER von STEINSTÄTTEN, Teilnehmer waren der Chef des Generalstabes Generaloberst Artur Freiherr von WALDSTÄTTEN (Stellvertreter des k.u.k. Chefs des Generalstabes), Generalchefauditor Leopold FEIGL (Chef der juridischen Sektion des Kriegsministeriums), Generalmajor Livius BOROTHA von TRSTENICA (Vorstand des Präsidialbüros im Kriegsministerium) und Hauptmannauditor Professor Dr. Hans KELSEN (eingeteilt im Präsidialbüro des Kriegsministeriums)(1).

Seine Exzellenz der Herr Kriegsminister eröffnete die Verhandlung und führte auf der Grundlage eines von KELSEN ausgearbeiteten und von ihm selbst nur geringfügig adaptierten Exposees aus:

"Als ich - kurz nach Übernahme meines Amtes - von Seiner Majestät beauftragt wurde, die Frage der möglichsten Erweiterung der **ungarischen Kommandosprache** im gemeinsamen Heere einem Studium zu unterziehen, und als ich dann unter dem stetig zunehmenden Drucke der Regierungen des Grafen TISZA, des Grafen ESZTERHAZY und des Dr. EKERLE vor die Frage einer **Trennung der gemeinsamen Armee** gestellt wurde, da war meine erste, instinktmäßige Reaktion gegen diese Zumutung: das Gefühl der **Ablehnung.** Nicht nur weil ich in den Traditionen jener aufgewachsen war, für welche die Vorstellung unserer altehrwürdigen Monarchie untrennbar verknüpft ist mit der Idee einer einheitlichen und gemeinsamen Wehrmacht, sondern auch deshalb, weil ich die Empfindung hatte, mit diesem Schritt einer unbekannten Zukunft entgegenzugehen, noch dazu während des Krieges.

So wie mir mag es allen älteren Offizieren ergangen sein, die von den auf die Trennung der Armee gerichteten Bestrebungen Kunde erhielten, das zeigte sich deutlich beim Marschallsrat im Frühjahr 1. J. in Baden. Nicht alle aber haben, wie ich diese Frage so reiflich erwogen und nach allen Richtungen hin auf das Gründlichste geprüft. Mit einem Stabe von auserwählten Mitarbeitern habe ich den ganzen Komplex des hochwichtigen Problemes nicht nur vom **militärischen**, sondern auch vom **politisch-staatsrechtlichen** Standpunkte aus nach gründlicher Einzelvorbereitung aller Spezialfragen in einer langen Reihe von Beratungen durchgearbeitet. Dabei ist, was wir alle schon längst **empfunden** haben, mir auf das Klarste zum Bewußtsein gekommen, daß die bisherige Organisation der österreichisch-ungarischen Wehrmacht wegen der unerträglichen Unsicherheit ihrer verfassungsrechtlichen Grundlagen unhaltbar ist, und daß diese Unsicherheit eben darauf zurückgeführt werden muß, daß die staatsrechtliche Form unserer Wehrmachtsorganisation längst nicht mehr dem politischen Kräfteverhältnis, das im Dualismus Ausdruck findet, entspricht. Gemeinsam mit meinen Mitarbeitern bin ich aber auch zu der Überzeugung gekommen, daß die von ungarischer Seite als eine Lebensnotwendigkeit für den ungarischen Staat geforderte Aufstellung eines ungarischen Heeres und die sich daraus ergebenden Konsequenzen für den österreichischen Teil der Wehrmacht nicht nur ohne Verschlechterung, sondern sogar mit einer **wesentlichen Verbesserung** des jetzigen Zustandes realisiert werden kann. Unter einer Voraussetzung allerdings: **Daß die administrative Zweiteilung der österreichisch-ungarischen Wehrmacht nicht ohne radikale und prinzipielle Garantien für die untrennbare Einheit der Seiner Majestät als Reservatrecht zu bewahrenden Kommandogewalt und für die weitestgehende Einheitlichkeit der neu zu schaffenden Militärverwaltungen durchgeführt werde.** Darauf war bei Ausarbeitung des Reformplanes mein Hauptaugenmerk gerichtet. Das Ergebnis der von diesem Gedanken geleiteten Arbeiten ist der Entwurf eines **Militärgesetzes,** das gleichlautend in beiden Staaten der Monarchie zu erlassen wäre, sind ferner eine Reihe organisatorischer Bestimmungen, durch welche der staatsrechtlich-politische Rahmen des Militärgesetzes seinen militärischen Inhalt erhält (Wehrgesetz etc.). Jeder Paragraph, jedes Wort dieses Militärgesetzes steuert auf das eine Ziel: Unantastbarkeit der Kommandogewalt für alle Zukunft, dadurch **Garantie für die Einheitlichkeit der gesamten Wehrmacht.**

Nach Abschluß der bezüglichen Arbeiten durfte ich mir sagen, daß ich die mir von Seiner Majestät gestellte Aufgabe nach bestem Wissen und Gewissen gelöst habe und daß ich für das vollendete Werk die **volle moralische und rechtliche Verantwortung nicht nur vor Dynastie und Staat, sondern auch vor der Geschichte übernehmen kann.** Einig mit mir ist aber auch mein ganzer Stab von Mitarbeitern, die ursprünglich einen ebenso ablehnenden Standpunkt eingenommen haben, bei den fortgesetzten und auf das Intensivste geführten Verhandlungen jedoch sich gleich mir zur angeführten Erkenntnis durchgerungen haben.

In dieser Überzeugung, die volle moralische und rechtliche Verantwortung zu übernehmen, wurde ich noch bestärkt, als mir das auf die Trennung der Armee abzielende Projekt des königlich ungarischen Landesverteidigungsministers zur Kenntnis kam. Denn wenn ich hinsichtlich des **äußeren Aufbaues** der militärischen Organisation zu diesem Projekte in keiner wesentlichen Differenz stehe, so muß ich es scharf betonen, daß des Wesens Inhalt in vielem was es sagt oder nicht sagt oder mit mehr oder weniger Geschick über die wichtigsten Fragen mit einer kurzen Redewendung oder plausiblen Bemerkung hinweggeht, in mir die schwersten Bedenken hervorgerufen hat. Ich muß es als eine schwere Gefahr für die Zukunft der Monarchie ansehen, weil **es von allen jenen Garantien für das einheitliche und hemmungslose Zusammenwirken beider Teile der Wehrmacht, auf deren Eruierung und gesetzliche Normierung ich das Hauptgewicht legte, so gut wie nichts enthält.** Was der ungarische Entwurf völlig übersah und vielleicht auch übersehen wollte, das ist die Tatsache, daß es vom Standpunkte der Monarchie nicht bloß darauf ankommt, die bisher gemeinsame Armee zu **trennen**, sondern auch die beiden getrennten Teile in einer neuen Form zu **verbinden.**

Darum erachte ich es als meine Pflicht, Seiner Majestät, der in Kenntnis des ungarischen Entwurfes war, unter meiner Verantwortung zu raten, **den vom gemeinsamen Kriegsministerium ausgearbeiteten Plan als Grundlage der weiteren Verhandlungen zu bestimmen.** Und darauf hin hat Seine Majestät **mich** mit Allerhöchstem Befehlschreiben vom 8. Jänner 1918 beauftragt, auf Grund der **von mir** erstatteten und von **Seiner Majestät prinzipiell gutgeheißenen Vorschläge** mit den beiden Ministerpräsidenten in Verhandlung zu treten. **Dieser Allerhöchste Befehl bildet für mich**, dem in dieser Frage allein verantwortlichen Minister, **die unverrückbare Leitlinie.** Nicht nur, weil ich als General Seiner Majestät zu gehorchen habe, sondern weil ich als Minister **nur für die von mir ausgearbeiteten Pläne** die Verantwortung zu übernehmen in der Lage bin.

Im Sinne des Allerhöchsten Befehlschreibens habe ich auch den beiden Regierungen die Grundzüge **meines** Reformprojekts übermittelt und sie zu mündlichen Verhandlungen eingeladen. Ich habe mich dabei keineswegs der Hoffnung hingegeben, daß meine Vorschläge sofort und ohne Widerspruch angenommen werden. Ich habe auf Opposition gerechnet und mich darauf gefaßt gemacht, in dem einen oder anderen Punkte nachzugeben, ohne jedoch dabei von den Prinzipien etwas fallen zu lassen. **Aber ich war und bin fest überzeugt, daß sich diese Prinzipien beiden Regierungen gegenüber durchsetzen müssen, wenn die Heeresverwaltung,** gestützt auf den festen **Willen der Krone, einheitlich den beiden Zivilregierungen gegenüber auftritt.** In dieser Überzeugung kann mich auch die Tatsache nicht wankend machen, daß die königlich ungarische Regierung bei der ersten mündlichen Referentenbesprechung versuchte, den Entwurf des königlich ungarischen Landesverteidigungsministers, **den ich für höchst gefährlich halte,** in den Vordergrund zu schieben und zur Basis weiterer Verhandlungen zu machen.

In diesem durch den ungeheueren Ernst der politischen Situation gesteigert kritischen Augenblicke appelliere ich an Seine Exzellenz, den Herrn Chef des Generalstabes, mich in der für die Zukunft der Monarchie entscheidenden Armeefrage **mit der ganzen Autorität seiner Stellung zu unterstützen** und nur Schulter an Schulter mit mir, zum Schutze der Krone, um deren künftige Stellung es geht, gegenüber den beiden Regierungen der Monarchie aufzutreten. Ich bitte Seine Exzellenz es möglich zu machen, daß in den weiteren Verhandlungen des Gegenstandes nur die **einheitliche** Heeresverwaltung den mannigfachen Widersprüchen der zivilen Ministerien die Stirne bieten kann. Ich erhebe diesen Appell nicht nur deshalb, weil ein anderes Verhältnis verfassungsrechtlich kaum zu rechtfertigen wäre, sondern weil es dem militärischen Prestige gerade bei diesem Anlasse höchst abträglich wäre, ja der Sache geradezu gefährlich sein müßte; und ich glaube diesen Appell umso eher erheben zu dürfen, weil ich mich schon jetzt mit Seiner Exzellenz im **Wesen** eins weiß: **Der unvermeidlichen Trennung der Armee** durch Schaffung aller nur irdendwie möglicher Garantien für die Einheitlichkeit der gesamten Wehrmacht **auf dem Gebiete der Kom-**

mandogewalt wie der Militärverwaltung ein entsprechendes Gegengewicht zu bieten.

Dieser Gesichtspunkt wird umso wichtiger, je näher die Wahrscheinlichkeit rückt, daß durch eine Föderalisierung Österreichs, ja vielleicht der ganzen Monarchie, daß durch deren Auflösung in eine Reihe von Gliedstaaten nicht mehr mit zwei, sondern mit einer größeren Anzahl von nationalen Armeen gerechnet werden muß; zumal wenn man sich der Erkenntnis nicht verschließt, daß das einzig reale Band, das ein solches Staatenbündel zu einem festen Ganzen und damit zu einer sicheren Grundlage für die Dynastie macht, einzig und allein die militärische Organisation bilden kann, durch die eine einheitliche Kommandogewalt über die einzelnen nationalen Heereskörper in hemmungslosem gegenseitigen Zusammenarbeiten verfügt.

Ich bitte nun Euere Exzellenz, zu gestatten, daß Professor KELSEN den ungarischen Entwurf der Armeeorganisation vom staatsrechtlichen und politischen Standpunkte beleuchtet.

Wenn es zum tieferen Eindringen in die Sache erforderlich sein sollte, würde ich sodann das von mir vorgeschlagene Militärgesetz einer näheren Begründung vom allgemein juridischen und politischen, dann vom staatsrechtlichen Standpunkte unterziehen."

Der Chef des Generalstabes und damit des Armeeoberkommandos, der aus einer siebenbürgischen Pfarrersfamilie stammende ungarische Baron ARZ von STRAUSSENBURG - er hatte am 2. März 1917 Feldmarschall CONRAD von HÖTZENDORF abgelöst - ließ sich von diesem flammenden Appell des Kriegsministers nicht überfahren und ergriff ohne viel Federlesen das Wort:

"Die Heeresverwaltung ist durch die Umstände gezwungen, ohne Zweifel in die Zwangslage gekommen, in die Trennung der Armee einzuwilligen. Die Hauptursache der Forderung der ungarischen Regierung nach der Armeetrennung liege in der Absicht dieser Regierung, die Wahlreform durchzubringen. Vom Standpunkte des Armeeoberkommandos kann der Zeitpunkt des Anschneidens dieser Frage keinesfalls als angemessen erachtet werden, weil zunächst völlige Unklarheit über das staatliche Gefüge der Monarchie herrscht, dann auch, weil die Kunde über die stattfindenden Verhandlungen auch in die Front eingedrungen ist. Das Armeeoberkommando ist demnach einerseits zur Überzeugung gelangt, daß die Reform nicht zu verhindern sei, andererseits aber auch zu der Erkenntnis, daß während des Krieges am Bestehenden nicht zu rütteln sei. Insbesondere fehle für die Reorganisation insolange eine verläßliche Basis, bis sich das staatsrechtliche Verhältnis von Kroatien-Slavonien, Polen und Böhmen nicht völlig geklärt hat. Immerhin muß man sich aber mit der Frage beschäftigen, da es die ungarische Regierung dringend fordert. Die Armee ist die einzige verläßliche Stütze der Dynastie; es ist klar, daß wenn man dieses Instrument teilt, man es auch gleichzeitig schwächt. Es wäre denkbar, daß bei den heutigen Zeitläufen auch die Dynastie ins Wanken gerät, dann stünde aber bei vollzogener Trennung die Armee nicht zur Gänze zur Verfügung. Trotzdem wurde aber von Seiner Majestät die Allerhöchste Genehmigung zur Einleitung von Verhandlungen über diesen Gegenstand erteilt und der königlich ungarische Landesverteidigungsminister hat auch seinen Vorschlag unterbreitet, der in seiner Alternative 3 bis auf die aufrechtzuerhaltende Gemeinsamkeit in der 'Führung, Leitung und Organisation' auf eine vollständige Teilung der Armee in zwei Hälften hinausläuft". Der Kriegsminister ließ sich unverzüglich auf eine Entgegnung ein und erwähnte, "daß er bei Beginn der Verhandlungen den Ausspruch getan (habe): Es sage mir jemand die Konstruktion des zukünftigen Staates und ich werde die Organisation der Wehrmacht angeben. Da aber bezüglich der künftigen Staatsform vorläufig Unklarheit herrscht, muß eine Form der Wehrmachtsorganisation entworfen werden, die womöglich für alle Verhältnisse paßt. Dieser Forderung trägt das im Kriegsministerium entworfene 'Militärgesetz' Rechnung, in das, als einem ausgesprochenen Rahmengesetz, gegebenenfalls alles Notwendige eingefügt werden kann".

Nach einem nun folgenden kurzen Geplänkel zwischen dem Chef des Generalstabes und dem Kriegsminister über die Kompetenz für die Herstellung eines Entwurfes für ein Militärgesetz - der Chef des Generalstabes vermeinte, eigentlich seien ja die beiden Regierungen dazu berufen, einen solchen Gesetzesentwurf fertigzustellen, worauf der Kriegsminister seine Zuständigkeit reklamierte - wurde endlich dem Chefberater des Kriegsministers das Wort zur Verlesung seines vorbereiteten Textes gegeben. KELSEN führte darin aus:

"Der Entwurf der k.u. Regierung behandelt fast ausschließlich die Frage der **militärischen** Neuorganisation. Die **staatsrechtlich-politische** Frage wird nur gestreift und die bezüglichen, die über wichtige Fragen gar keine Auskunft geben, enthalten überdies nicht unerhebliche Widersprüche. So insbesondere, wenn der Entwurf prinzipiell den Grundsatz aufstellt, die Reform ohne jede Gesetzesänderung durchzuführen, anläßlich der Frage der Neuregelung der Kostendeckung jedoch die Notwendigkeit eines Gesetzes zugegeben werden muß. Überdies hat der Vertreter des k.u. Ministerpräsidenten in seiner mündlichen Erklärung vom 12. September die Erforderlichkeit eines "kleinen Gesetzes" ausdrücklich anerkannt.

Daß die von ungarischer Seite gewünschten Änderungen der Wehrmachtsorganisation nicht ohne eine Änderung sowohl der beiden Ausgleichsgesetze als auch der beiden Wehrgesetze möglich ist, steht außer Zweifel. Die Haltung der ungarischen Regierung darf uns in diesem Punkte nicht täuschen. Auch die ungarische Regierung weiß ganz genau, daß sie die Reform ohne ein Gesetz nicht durchführen kann. Sie will aber bezüglich dieses Gesetzes völlig freie Hand behalten und insbesondere vermeiden, daß die Reform unter dem Gesichtspunkte einer Revision des Ausgleiches behandelt werde, da dies die Möglichkeit von Gegenforderungen seitens der österreichischen Regierung eröffnet.

Der **äußere Aufbau** der militärischen Organisation, so wie sie im Entwurf der k.u. Regierung gedacht ist, unterscheidet sich nicht wesentlich von den bezüglichen Plänen des Kriegsministeriums. Begreiflicherweise! Denn über den **militärischen Inhalt** der Reform kann ja kaum ein Zweifel bestehen. Die Aufstellung einer ungarischen Armee und alle Konsequenzen, die aus dieser Maßregel bei prinzipieller Aufrechthaltung der Gemeinsamkeit der Dynastie, das heißt aber des gemeinsamen Kriegsherrn und somit des Oberkommandos sich ergeben: Zwei Heere, administrativ getrennt, unter zwei selbständigen Kriegsministern; ein gemeinsames Kriegsministerium bezw. Marine- und Kriegsministerium zur Verwaltung der gemeinsam verbleibenden Teile und zur Tragung der Verantwortung für die Tätigkeit der Allerhöchsten Kommandogewalt; für diese aber ein selbständiges Organ, das auch im Frieden fungierende Armeeoberkommando. Die Aufstellung dieser Behörde ist die einzige wesentlichere Differenz zwischen dem Entwurf der k.u. Regierung und dem des Kriegsministeriums hinsichtlich der äußeren Organisation.

In verhandlungstechnischer Hinsicht scheint es nicht notwendig, gerade in diesem Punkte eine besondere Opposition zu entfalten. Die Erfahrung zeigt, daß nach jedem Kriege Bestrebungen auftreten, das im Kriege zur Geltung gekommene Armeeoberkommando auch im Frieden aufrecht zu erhalten. Diese Bestrebungen sind jedoch nicht lange wirksam, da sie mit den nach Abschluß des Krieges wieder erstarkenden konstitutionellen Prinzipien unvereinbar werden. (Ich verweise auf die Beispiele des Jahres 1850 und 1866). Besonders nach diesem Kriege werden aber die politischen Chancen für die Beibehaltung eines Armeeoberkommandos als einer gänzlich unverantwortlichen Behörde, die - nach ihrer Absicht - den entscheidenden Einfluß auf die militärischen Angelegenheiten beider neu aufzustellenden Heere behauptet, äußerst gering sein. Wir können vom Standpunkte des Kriegsministeriums aus die Opposition gegen eine solche, gewiß nur vorübergehende Institution beruhigt anderen staatlichen Kräften überlassen, die sich in der allerkürzesten Zeit dagegen geltend machen werden. Ich zweifle nicht daran, daß die k.u. Regierung in diesem Punkte keine andere Ansicht hat und daß sie umsomehr für die Errichtung eines Armeeoberkommandos sich einsetzt, als sie irgend eine sachliche Ingerenz desselben auf das von ihr selbstverständlich als höchste Behörde gedachte ungarische Kriegsministerium nicht zu befürchten hat; wobei ihr natürlich die kräftige Unterstützung **ihres** Projektes seitens jener Stellen nur gelegen kommt, die aus anderen Gründen für die Errichtung eines Armeeoberkommandos sind. Umso kritischer sind natürlich alle jene Kompetenzen zu beurteilen, die nach dem Entwurf der k.u. Regierung gerade dem Armeeoberkommando zugedacht sind. Dies ist vor allem die Wahrung der Einheitlichkeit der gesamten bewaffneten Macht. Wie es um diese Einheitlichkeit bei der Errichtung eines solchen Armeeoberkommandos bestellt sein würde, kann meiner Ansicht nach nicht zweifelhaft sein.

Die entscheidende Differenz zwischen dem Entwurf der k.u. Regierung und dem Projekt des Kriegsministeriums besteht nicht hinsichtlich der äußeren Umrisse der militärischen Organisation, sondern hinsichtlich der staatsrechtlichen Konstruktion und des inneren Zusammenhanges der beiden neu zu schaffenden Teile der Wehrmacht. In diesem Punkte ist das energische Festhalten an dem Plane des Kriegsministeriums eine Existenzfrage der Monarchie.

1) In dem ungarischen Projekte fehlt jede gesetzliche Anerkennung der Tatsache, daß das ungarische Heer ein Bestandteil der gesamten Wehrmacht der Monarchie bildet und unter dem gleichen einheitlichen Zwecke, wie alle übrigen Teile steht (§ 1 des Militärgesetzes).

2) In dem ungarischen Entwurf findet sich keine Betonung des rein administrativen Charakters der beabsichtigten Trennung. Es sind keinerlei Garantien dafür geschaffen, daß diese Tren-

nung nicht über die reine Militärverwaltung hinaus in das Gebiet der Kommandogewalt fortgesetzt werde.

3) Die bisherige Unklarheit über die Natur der militärischen Reservatrechte, das heißt der Allerhöchsten Kommandogewalt, bleibt aufrecht bestehen. Der ungarischerseits immer wieder behauptete auf den zweideutigen Wortlaut des § 11, G.A.XII gestützte ministerielle Verantwortlichkeit für die Akte der Allerhöchsten Kommandogewalt soll nicht durch eine klare Gesetzesbestimmung aus der Welt geschafft und es soll ein Zustand verhindert werden, in welchem die Kommandogewalt hinsichtlich der ungarischen Armee die gleiche Stellung hat wie - auf Grund des § 5 des österreichischen Delegationsgesetzes - hinsichtlich der österreichischen Armee. Indem die ungarische Regierung den unveränderten Wortlaut des § 11 des G.A.XII aufrechterhalten will, wünscht sie Vorteile, die die Zweideutigkeiten und Unklarheiten dieses Gesetzes bieten, mit dem großen Gewinn der beabsichtigten Reform zu verbinden. Bei Aufrechterhaltung des ungeänderten Wortlautes des G.A.XII kann die ungarische Regierung die von ihr geplante Reform getrost nur als einen Schritt auf einem Wege betrachten, der schließlich auch zur völligen Trennung der Kommandogewalt, zur Aufstellung eines selbständigen Armeeoberkommandanten über das ungarische Heer als notwendigen Stellvertreter des Monarchen etc. führt.

4) Diese Gefahr besteht besonders dann, wenn der Umfang der Kommandogewalt nicht - wie in dem vom Kriegsministerium entworfenen Militärgesetz - fest umschrieben und in seiner Einheitlichkeit und Gemeinsamkeit gegen jede Trennung gesetzlich gesichert wird, sondern, wenn es - der Absicht der ungarischen Regierung entsprechend - bei der nichtssagenden Formel der beiden Ausgleichsgesetze bleiben soll: Leitung, Führung und innere Organisation. Diese Formel ist zweckentsprechend, so lange die Armee gemeinsam bleibt und unter Verwaltung eines gemeinsamen Kriegsministers steht, der zugleich verantwortlicher Minister, d.h. Chef der eigentlichen Militärverwaltung und oberstes Hilfsorgan der unverantwortlichen Kommandogewalt ist, solange die rechtliche und politische Verantwortung lediglich gegenüber den politisch ohnmächtigen Delegationen zur Geltung kommt. Diese Situation ändert sich sofort, wenn zwei voneinander unabhängige und dem Plenum der Parlamente verantwortliche Kriegsminister aus dem mit Leitung, Führung und innere Organisation umschriebenen Umfang der Kommandogewalt möglichst viel Agenden in ihre Kompetenz zu ziehen bestrebt sind. Und dies ist umso bedenklicher, als gerade nach dem Wortlaute des ungarischen G.A.XII unter der fraglichen Formel nicht nur

die Kommandogewalt, sondern auch die Militärverwaltung zu verstehen ist und eine Grenze zwischen beiden schlechterdings nicht gezogen werden kann.

Von den folgenden Punkten ist es mehr als fraglich, ob sie nach dem ungarischen Entwurf Angelegenheiten der unverantwortlichen Kommandogewalt sind oder in die Kompetenz des verantwortlichen ungarischen Kriegsministers fallen:

a) Ernennung und Einteilung von Offizieren. Nur hinsichtlich der Generale und Generalstabsoffiziere, sowie der unmittelbar unter dem Allerhöchsten Oberbefehl stehenden ungarischen Offiziere sieht der Entwurf ein "Einvernehmen" des ungarischen Kriegsministers mit dem Chef des Generalstabes vor. Es ist daran zu erinnern, daß die Ernennung von Offizieren nach der Auffassung des ungarischen Staatsrechtes - die nach der Reform ungehemmt zur Geltung käme - der Kontrasignatur des ungarischen Kriegsministers bedarf. Welche Schwächung der einheitlichen Kommandogewalt es bedeutet, wenn Ernennung und Einteilung von Offizieren unter die parlamentarische Kontrolle gestellt werden, bedarf keiner Begründung.

b) Der ungarische Entwurf sieht eine Reihe von gemeinsamen Institutionen vor (Beilage 1/d), die Frage bleibt jedoch völlig offen, in wessen Kompetenz die Bestimmung der zur Handhabung der Kommandogewalt notwendigen gemeinsamen Organe fällt und es fehlt jede Garantie dafür, daß die im Entwurf genannten gemeinsamen Institutionen nicht jederzeit über ungarischen Wunsch reduziert werden. Wie ja überhaupt gegen ein weiteres Abbröckeln der Gemeinsamkeit nach dem ungarischen Entwurf kein Damm geschaffen ist.

c) Welches ist die Stellung des ungarischen Kriegsministers in Bezug auf die Erlassung von Reglements und Dienstbüchern?

d) Wie soll sich der Einfluß der einheitlichen Kommandogewalt auf die Festsetzung der Bekleidung, Bewaffnung und Ausrüstung geltend machen?

e) Das Recht der Inspektion, die eines der wichtigsten materiellen Befugnisse der Kommandogewalt ist, soll nach dem ungarischen Entwurf in die ausschließliche Kompetenz des verantwortlichen ungarischen Kriegsministers fallen, dem alle Inspektoren unterstellt sind. **Gemeinsame** Inspektoren, als Ausfluß der **gemeinsamen** Kommandogewalt soll es überhaupt nicht geben.

f) Der ungarische Entwurf hebt das für die Einheit der Kommandogewalt unumgänglich notwendige **unumschränkte** Dislokationsrecht der Krone auf. Der sich aus Ungarn ergänzende Teil der Wehrmacht soll nach dem Entwurfe ausschließlich in Ungarn, eventuell noch in Bosnien und der Hercegovina, nicht aber in Österreich disloziert werden. Es ist zweifellos, daß der Entwurf das ungarische Heer hinsichtlich der Dislozierung ebenso behandeln will, wie dies gegenwärtig bei der Honved der Fall ist. Dies ist mit Rücksicht auf die Eigenart der Monarchie gänzlich inakzeptabel!

g) Welches ist die Stellung des ungarischen Kriegsministers in Bezug auf Mobilisierung und Befestigungswesen?

5) Was die Stellung des mit der Ausübung der Kommandogewalt betrauten Armeeoberkommandos betrifft, so ist gegenüber dem ungarischen Entwurfe das Folgende zu bemerken:

a) Vollkommene Unklarheit besteht in Bezug auf das Verhältnis des Armeeoberkommandos zu dem weiter verbleibenden gemeinsamen Kriegs-, bezw. Marine- und Kriegsministerium. Letzteres soll nach den Intentionen des ungarischen Projekts die politische Verantwortung für die Tätigkeit des Armeeoberkommandos übernehmen, ohne dabei die geringste Ingerenz auf diese Tätigkeit zu haben. Ein verfassungsrechtlich ganz unmöglicher Zustand. Bei der Scheinstellung, die dem gemeinsamen Kriegsministerium von dem ungarischen Entwurfe eingeräumt wird, kann es gar keinem Zweifel unterliegen, daß diese Verantwortung tatsächlich von den beiden nationalen Kriegsministern zu tragen sein wird. Welche Konsequenzen dies für die Einheit der Kommandogewalt haben muß, wird später beleuchtet werden. Wenn überhaupt eine politische oder rechtliche Verantwortung für die Akte der Allerhöchsten Kommandogewalt zu tragen ist, dann müssen - vom verfassungsrechtlichen Standpunkt - die Kommandoangelegenheiten unter der obersten Leitung derjenigen Person bearbeitet werden, welche diese Verantwortung trägt. Das kann - wenn die Kommandogewalt eine einheitliche und gemeinsame bleiben soll,- nur der gemeinsame Kriegsminister sein. Der Chef des Generalstabes oder ein um seine Person gebildetes Armeeoberkommando kann verfassungsrechtlich korrekt nur als Hilfsorgan des gemeinsamen Kriegsministers fungieren, wenn ihm dabei auch Immediatvorträge bei Seiner Majestät eingeräumt wird. Die Sonderstellung des Chefs des Generalstabes kann materiell - pro foro interno - sehr weit gehen, aber nach **außen** muß er Hilfsorgan des verantwortlichen gemeinsamen Kriegsministers bleiben. Selbst wenn es gelingt, die rechtliche Verantworwortung für die Akte der Kommandogewalt als Reservatrecht des Monarchen gesetzlich auszuschließen, so ist doch nicht zu verhindern, daß neben der budgetären Verantwortung für die finanzielle Gebahrung der Kommandogewalt auch eine gewisse politische Verantwortung geltend gemacht wird. Diese kann nur einem gemeinsamen Kriegsminister übertragen werden.

b) Nach dem ungarischen Entwurf ist in zahlreichen Punkten ein Einvernehmen des ungarischen bezw. des österreichischen Kriegsministers mit dem Armeeoberkommando, das heißt dem Chef des Generalstabes, notwendig. Soweit die reine Kommandogewalt in Betracht kommt, genügt es nicht ein "Einvernehmen" zu fordern. Sondern es muß klar und deutlich und zwar gesetzlich ausgesprochen werden, daß der Kriegsminister auf diesem Gebiete nicht als verantwortlicher Minister, sondern als Hilfsorgan der Kommandogewalt in Betracht kommt, das heißt, die ihm von der Höchsten Stelle erteilten Weisungen auszuführen verpflichtet ist, ohne daß dafür eine parlamentarische Verantwortung geltend gemacht werden könnte. Nur so ist wirkliche Einheitlichkeit in dieser Richtung zu erzielen.

Was aber das Gebiet der Militärverwaltung betrifft, ist das notwendige "Einvernehmen" des ungarischen, bezw. des österreichischen Kriegsministers gesetzlich nur mit einer Stelle herstellbar, die selbst als verantwortlicher Minister fungiert. Ein "Einvernehmen" des verantwortlichen Kriegsministers mit dem Armeeoberkommando, das heißt mit Seiner Majestät als Oberkommandanten, ist verfassungsrechtlich ein Unsinn und kann gesetzlich überhaupt nicht ausgesprochen werden. Die **gesetzliche** Statuierung eines Einvernehmens des ungarischen, bezw. des österreichischen Kriegsministers mit einer gemeinsamen Stelle auf dem Gebiete der Militärverwaltung ist aber unbedingt erforderlich.

c) Angesichts der Tendenzen des ungarischen Entwurfs und der Haltung des Armeeoberkommandos diesem gegenüber muß mit der Eventualität der gänzlichen Auflassung des gemeinsamen Kriegsministeriums gerechnet werden.

Im Falle der Aufstellung des Armeeoberkommandos käme es mit dem gemeinsamen Kriegsministerium zu vier militärischen Zentralstellen. Eine ungeheure Schwerfälligkeit des militärischen Apparates. Auch muß man sich darüber klar sein, daß von den im Kriegsministerialentwurf dem gemeinsamen Kriegsministerium zugedachten Kompetenzen ein Teil nur provisorischen Charakter hat. Nämlich die Verwaltung der Kriegsmarine und der b(osnisch) h(erzogovinischen) Truppen. Mit der Lösung der südslavischen Frage könnte Ungarn eine so große Küste und Handelsflotte erlangen, daß auch die administrative Trennung der Marine unvermeidlich wird, ebenso werden die b(osnisch) h(erzogovinischen) Truppen aufhören einen gemeinsamen Charakter zu haben. Die dauernden Kompetenzen des gemeinsamen Kriegsministeriums sind lediglich:

1) Die Einheitlichkeit der Militärverwaltung zu wahren,

2) Im Falle kein selbständiges Armeeoberkommando aufgestellt wird, die Einheitlichkeit der Kommandogewalt zu wahren,

3) Das Wichtigste: Die politische Verantwortung für den Allerhöchsten Oberbefehl in einer Hand zu vereinigen und zu verhindern, daß sich in die politische Verantwortung für den Allerhöchsten Oberbefehl zwei voneinander unabhängige Kriegsminister teilen und so die Einheit des Oberbefehls zerreißen!!!

Wenn die provisorischen Kompetenzen des Kriegsministeriums wegfallen, dann entsteht ernstlich die Frage, ob für die drei letztgenannten eine selbständige Behörde berechtigt sei. Infolgedessen wäre es durchaus diskutabel, das gemeinsame Kriegsministerium, so wie es unser Entwurf vorsieht, nur als eine Übergangsformation vorzuschlagen. Nach Lösung der südslavischen Frage und bei erfolgter administrativer Trennung der Marine auf ein selbständiges Kriegsministerium zu verzichten, jedoch nur unter folgender Voraussetzung:

Wenn durch die Lösung der südslavischen Frage Bosnien und die Hercegovina aus der gemeinsamen Verwaltung ausscheidet, verliert auch das gemeinsame Finanzministerium jede Existenzberechtigung. Zumal bei Trennung der Armee auch die gemeinsamen Aufgaben auf ein Minimum reduziert sind. Es liegt daher nahe, die gemeinsame Regierung nicht mehr aus drei Ministerien zusammenzusetzen, sondern nur einen einzigen gemeinsamen Minister aufzustellen, der etwa den Titel eines Bundeskanzlers zu führen hätte, und in dessen Ministerium neben den auswärtigen Angelegenheiten je eine Finanz- und eine Militärsektion einzurichten wäre. An der Spitze der Militärsektion hätte ein General als militärischer Staatssekretär zu stehen und diese Militärsektion hätte jene Angelegenheiten zu bearbeiten, welche die definitive Kompetenz der gemeinsamen Militärverwaltung bildet. Die politische Verantwortung für die Allerhöchste Kommandogewalt hätte dieser Staatssekretär, bezw. der Bundeskanzler selbst zu übernehmen. Damit wäre die Einheit gewahrt. Daneben wäre die Aufstellung eines Armeeoberkommandos bis auf weiteres zuzulassen.

6) Der ungarische Entwurf enthält keinerlei Garantien für die Einheitlichkeit der Militärverwaltung in den beiden Staaten. Dem gegenüber muß an den Bestimmungen festgehalten werden, die im § 5 des Militärgesetzentwurfes getroffen sind und welche ein Einverständnis beider Kriegsminister mit einer gemeinsamen Stelle in Bezug auf die Erlassung von Gesetzen und Verordnungen, sowie prinzipielle Entscheidungen und Verfügungen sicherstellen.

7) In der Kostenfrage unterscheidet sich der ungarische Entwurf von den unserigen wesentlich in Bezug auf die Regelung die die Frage der Kriegskosten und die Frage der Kosten des Befestigungswesens im Interesse der Einheitlichkeit der Verteidigung erfahren muß. Auch in dieser Hinsicht wäre an unserem Entwurf festzuhalten.

8) Über alle materiellen Differenzen hinweg bleibt als wichtigstes Moment die Tatsache stehen, daß die Heeresverwaltung im höchsten Maße daran interessiert ist, daß der durch die Reform geschaffene Zustand, welchen Inhalt er immer haben mag, durch je ein gleichlautendes österreichisches und ungarisches Gesetz klar und unzweideutig fixiert werde. Es muß eine feste und sichere Grundlage für die Wehrmachtsorganisation geschaffen werden und dies ist nicht möglich, wenn nicht der Grundsatz verwirklicht wird, der im Schlußparagraph des Militärgesetzes zum Ausdruck kommt: ... daß keines der beiden Gesetze, auf denen die Wehrmachtsorganisation in Österreich und Ungarn beruht, einseitig abgeändert werden darf. Gerade dieser Bestimmung aber dürfte man sich ungarischerseits zu entziehen trachten. Und gerade der Diskussion dieser Frage will man dadurch aus dem Wege gehen, daß man die Reform im Rahmen der bestehenden Gesetze durchführen zu können vorgibt.

Der Entwurf des Kriegsministeriums bildet ein Rahmengesetz, das für alle Verhältnisse paßt. Ob in Zukunft der Dualismus aufrechterhalten wird oder ob zu einem Trialismus, eventuell zu einem mehrgliederigen Bundesstaate übergegangen würde, der Entwurf des Militärgesetzes paßt auf alle Fälle. Nur in dem einen Falle, wenn die jetzige dualistische Staatsform zur **reinen Personalunion** oder zu einem **Staatenbunde** hinübergeleitet würde, stehen wir vor einer neuen Grundlage. In diesen Fällen würde es allerdings genügen, wenn dem gemeinsamen Bundesfeldherrn eine **Militärkanzlei** oder ein **Militärkabinett** - die Bezeichnung spielt keine Rolle - als ausführendes Organ unterstellt wäre. Mit dieser Eventualität brauchen wir - wie ich hoffen will - dermalen nicht zu rechnen.

An der künftigen Wehrmachtsorganisation wird auch an anderer Stelle als im Kriegsministerium gearbeitet. Ich verweise darauf, weil darin eine gewisse Gefahr liegt, wenn sich verfassungsrechtlich nicht verantwortliche Stellen mit dieser Frage beschäftigen. Die Gefahr besteht nämlich in diesem Falle in einer möglicherweise eintretenden **überstürzten Lösung**!"

KELSEN als Hauptakteur dieses absurden Rekonstruktionsversuches der Habsburgermonarchie ging es nicht darum, die Völker dieses Raumes aus Krieg und Kriegsgefahr herauszuführen. Es ging ihm darum, die sich befreienden Völker in einem imperialistischen Machtblock neu zu integrieren. Daß dabei nicht nur die Politik und das Militär, sondern auch die bürgerliche Rechtsphilosophie reale Aufgaben übernehmen konnte, war den Beteiligten, insbesondere dem Kriegsminister, einsichtig. Auch der Chef des Generalstabes war sich durchaus über den erheblichen Nutzen der von KELSEN angebotenen staats- und rechtstheoretischen Anleitung für militaristisches Handeln im klaren. In juristischer Rabulistik allerdings weniger geübt, vermeint ARZ von STRAUSSENBURG, es sei lediglich eine "Wortklauberei, ob man die dem Allerhöchsten Oberbefehl unmittelbar unterstellte Stelle Kriegsministerium oder Armeeoberkommando benennt. Da aber der Endzweck einer Armee der Krieg sei, so wäre es naheliegend, diese executive Stelle des Allerhöchsten Oberbefehls Armeeoberkommando (Chef des Generalstabes) zu benennen, welche Stelle in erster Linie berufen sei, alle Kriegsvorbereitungen und dergleichen zu bearbeiten". Seiner Meinung nach handle es sich um die Ausschaltung des Chefs des Generalstabes. Hatte der Chef des Generalstabes in der Sache auch durchaus recht, so mußte ihn der erste und letzte Professor für Militärrecht an der Wiener Universität belehren, daß es im "Zeitalter der Demokratisierung und Parlamentarisierung möglich sei, einen Chef des Generalstabes ohne parlamentarische Verantwortung als oberstes Vollzugsorgan des Allerhöchsten Oberbefehls ins Leben zu rufen. In allerlei Verfügungen des Chefs des Generalstabes müßte das Einvernehmen mit den beiden (nationalen) Kriegsministern gepflogen werden. Interpellationen würden von diesen letzteren zu beantworten sein. Es sei fraglich, ob es von Vorteil sei, diese Verantwortlichkeit auf diese Kriegsminister aufzuteilen; zweckmäßiger schiene es jedenfalls, sie wäre in der Person eines gemeinsamen Kriegsministers vereinigt. Dieser

Kriegsminister wäre eigentlich nur der verfassungsmäßige Mantel für den Chef des Generalstabes und es erschiene klüger auf das Gebäude dieser gemeinsamen Zentralstelle die Aufschrift zu setzen: 'Gemeinsames Kriegsministerium'. - So liege das Problem!".

In dem nun folgenden Streitgespräch mit dem Chef des Generalstabes und seinem Stellvertreter wurde KELSEN durch gelegentliche Wortmeldungen von Seiten des Kriegsministers und des Chefs der juridischen Sektion des Kriegsministeriums unterstützt. Letzterer, Generalchefauditor FEIGL, hatte noch im Juni 1917 zu den ihm vorgelegten Belohnungsantrag für KELSEN über diesen angemerkt: "Mir nicht bekannt". Nun war der Generalchefauditor gelehriger Schüler des Hauptmannauditors und bestätigte, "daß nur wenn der Militärgesetzentwurf des Kriegsministeriums zur Verhandlungsbasis gemacht werde, sich noch eine Gemeinsamkeit aufrechthalten lasse".

Der Vorstand des Präsidialbüros im Kriegsministerium Generalmajor BOROTHA nahm dagegen eine eher abwartende Position ein. KELSEN gelang es aufgrund seiner blendenden Konferenzrhetorik, die Kluft zwischen den beiden Fraktionen des k.u.k. Militärapparates zu überbrücken. In seinem Schlußwort vermeinte er, daß die Frage der Vereinigung des Kriegsministers und des Chefs des Generalstabes eine "Angelegenheit organisatorischer Natur sei, die im Rahmen der Kommandogewalt zu lösen sei. Viel wichtiger als diese Angelegenheit seien die Fragen, welche die Garantien seien, die für die Aufrechterhaltung der Gemeinsamkeit im weiteren Sinne der Wehrmacht geboten werden und welche Personen seien zur Tragung der Verantwortlichkeit berufen. Im Kardinalpunkte ist keine Verschiedenheit der Auffassung vorhanden: Der Entwurf des Militärgesetzes kann die Basis der weiteren Verhandlungen bilden. Es komme nur darauf an, daß sich das Armeeoberkommando für diesen Entwurf ausspreche, damit geklärt werden könne, die Heeresverwaltung gehe auf die ungarischen Propositionen nicht ein, er komme nicht weiter in Verhandlung, die Grundlage der weiteren Erörterungen bilde der Entwurf des Militärgesetzes, denn das Elaborat des königlich ungarischen Landesverteidigungsministeriums bedeute den Konkurs des gemeinsamen Oberbefehls".

Der Chef des Generalstabes beendete schließlich das Streitgespräch mit KELSEN, indem er nochmals betonte, "daß eine Trennung der Armee viele große Vorteile bieten könnte - er erinnere, daß vor dem Kriege manche organisatorische Ausgestaltung aus Furcht vor der Trennung unterblieben sei -, daß es aber gewiß auch zu erwägen wäre, von der bisherigen Gemeinsamkeit noch zu retten, was zu retten möglich sei". Die hier aufgezeigten Differenzen dürfen in ihrer Bedeutung nicht überschätzt werden, es sind eigentlich nur unbedeutende Differenzen, lediglich quantitativer Natur. Denn das Ziel war allen Teilnehmern gemeinsam: Retten, was zu retten ist. Hinter dem Rücken der Völker der Monarchie konspirierte eine traute Gesellschaft von ehrenwerten Generälen in grotesker Würde, inspiriert vom Rechtsprofessor und militärischen Parvenü KELSEN, der ihr die Halluzination einer für alle Verhältnisse passenden Wehrmachtskonstruktion vorgaukelte. Zu einer Zeit, in der die kriegsmüden Soldaten und die Bauernschaft sich von der habsburgischen Militärherrschaft loszulösen begannen und sich mit der revolutionären Arbeiterklasse zusammenschlossen, um die Beendigung des Krieges herbeizuführen und einen gerechten Frieden zu sichern, da setzte der von den bürgerlichen Juristen als Gott angebetete Kelsen seinen Intellekt für jene ein, denen es nur um die Rettung der alten Herrschaftsmaschinerie ging.

A N M E R K U N G

- Anmerkung zu VII -

1 Das Folgende nach den Akten (Protokollen) des Kriegsarchivs Wien.

DOKUMENTENANHANG

I. 1917. März/April. Oberleutnant-Auditor Professor Dr. Hans KELSEN erstellt ein Gutachten zur Frage der materiellen und formellen Rechtskraft von Militärverwaltungsakten.

II. 1917 August. Landsturm-Oberleutnantauditor Professor Dr. Hans KELSEN legt seine Abhandlung "Zur Reform der verfassungsrechtlichen Grundlagen der Wehrmacht Österreich-Ungarns" im Druck (Zeitschrift für Militärrecht. Wien und Leipzig) vor.

III. 1918 01 17. Hauptmann-Auditor Professor Dr. Hans KELSEN konzipiert ein an den k.k. Ministerpräsidenten und an den k.u. Ministerpräsidenten gerichtetes Schreiben des k.u.k. Kriegsministers wegen der Reform der Organisation der Wehrmacht.

IV. 1918 03 04. Hauptmann-Auditor Professor Dr. Hans KELSEN konzipiert einen Alleruntertänigsten Vortrag über die Reform der Militärverwaltung.

V. 1918 03 06. Hauptmann-Auditor Professor Dr. Hans KELSEN konzipiert einen Antrag auf Einrichtung einer ordentlichen Professur für Militärrecht an den Universitäten Wien und Budapest.

VI. 1918 03 11. Separatvotum des Ernst Freiherr von SCHWIND aus Anlaß des Antrages auf Ernennung von Hauptmann-Auditor Professor Dr. Hans KELSEN zum wirklichen Professor des Staatsrechtes.

DOKUMENT I

1917. März/April. Wien. Oberleutnant-Auditor Professor Dr. Hans KELSEN erstellt als Referent bei der 4/II. Abteilung des k.u.k. Kriegsministeriums ein Gutachten zur Frage der materiellen und formellen Rechtskraft von Militärverwaltungsakten.

Abschrift. Maschineschrift. Kriegsarchiv Wien. Akten des k.u.k. Kriegsministeriums Abteilung 11, Nummer 5416 V - 1917.

Die 11. Abt. hat die Frage aufgeworfen, ob die "einer Anfechtung nicht unterliegenden Entscheidungen im militärischen Administrativverfahren wenn sie sach- und rechtwidrig sind, der Heeresverwaltung oder der Partei gegenüber bindenden Charakter haben". Es handelt sich bei dieser - wie die 11. Abt. mit Recht hervorhebt, für das ganze Gebiet der Heeresverwaltung hochbedeutsamen Frage um das in der Literatur sogenannte Problem der materiellen Rechtskraft von Verwaltungsakten. Unter diesem Schlagwort wird erörtert, ob und inwieweit die Behörde an die von ihr ergangene Entscheidung oder Verfügung selbst gebunden ist, bzw. ob und inwieweit ein Staatsakt seitens der Behörde aufgehoben oder abgeändert werden darf. Die mit diesem Problem nicht zusammenfallende Frage der sogenannten "formellen Rechtskraft" steht außer jeder Diskussion und ist auch derzeit für die MilVerwaltung nicht aktuell. Formell rechtskräftig ist eine Entscheidung oder Verfügung sobald **die Partei** keinen Anspruch hat, eine Aufhebung oder Abänderung des Verwaltungaktes zu verlangen. Insoferne bedarf daher die Problemstellung der 11. Abt. nach h(ier) st(ehender) Ansicht eine gewisse Korrektur. Denn wenn ein Verwaltungsakt einer Anfechtung nicht mehr unterliegt, muß er - das ist nur eine rechtslogische Konsequenz - der Partei gegenüber bindenden Charakter haben, da eben der bindende Charakter eines Verwaltungsaktes der Partei gegenüber in dem Ausschluß jeder Anfechtungsmöglichkeit besteht. Die Fälle absoluter Nichtigkeit eines Verwaltungsaktes bilden nur scheinbar eine Ausnahme. Hier liegt zwar keine Verbindlichkeit vor, obgleich auch keine Anfechtungsmöglichkeit im technischen Sinne des Wortes besteht; allein es liegt dafür nur ein nichtiger, d.h. überhaupt kein Verwaltungsakt (im rechtlichen Sinne) vor. Demgemäß hätte auch die I. These, die das Gutachten der 11. Abt. aufstellt, nach h(ier) st(ehender) Ansicht zu entfallen, da sie theoretisch nur eine Tautologie enthält. Daß eine Entscheidung "über Antrag der Partei nicht abgeändert werden" könne, ist gleichbedeutend mit dem Satze, daß "die Entscheidung der Verwaltungsbehörde einer Anfechtung nicht unterliegt" oder "daß über sie im Instanzenzuge rechtskräftig entschieden wurde". Wenn das Prinzip der formellen Rechtskraft überhaupt zum Gegenstand einer instruktiven Erklärung für die MilVerwaltungsbehörden gemacht werden soll, dann könnte es etwa nur in der Form geschehen - und diese Formulierung wäre dann eventuell der I. These zu geben:

"Entscheidungen oder Verfügungen einer MilVerwaltungsbehörde können **über Antrag einer Partei** nur dann abgeändert bzw. aufgehoben werden, wenn und insoweit der Partei durch die geltenden Vorschriften **ausdrücklich** ein Rechtsmittel (Beschwerde - Anfechtungs - Recht) gegen die Entscheidung oder Verfügung eingeräumt ist".

Zur Erläuterung dieses Grundsatzes wäre zu bemerken, daß in allen Fällen, in denen der Partei gegen einen sie interessierenden Verwaltungsakt der MilBehörde kein Rechtsmittel **ausdrücklich** gegeben ist, sie **kein** Recht hat, die Aufhebung oder Abänderung des bezüglichen Verwaltungsaktes von der Behörde zu verlangen, so daß jedes derartige Verlangen als eine die Behörde nicht verbindende Anregung a limine abgewiesen werden kann. Damit ist jedoch in keiner Weise die Frage präjudiziert, ob die Behörde in diesem Falle nicht etwa **von amtswegen** eine Abänderung oder Aufhebung des Verwaltungsaktes vornehmen kann. Nur dann ist gesagt, daß die Partei kein **Recht** hat, solches zu verlangen, bzw. die Behörde nicht gebunden ist, das Verlangen der Partei zu berücksichtigen, indem sie die Abänderungs- oder Aufhebungsbedürftigkeit des Verwaltungsaktes prüft. Mit anderen Worten: Die Frage der Abänderung oder Aufhebung eines Verwaltungsaktes ist, sobald der Partei kein Rechtsmittel zusteht, **ausschließlich** vom Standpunkt des **öffentlichen** Interesses und ohne Berücksichtigung des einseitigen Parteiinteresses zu prüfen, das in der Gewährung eines Rechtsmittels erkannt wird.

Was nun die Frage der **materiellen Rechtskraft** von MilVerwaltungsakten betrifft, so ist der von der 11. Abt. vertretenen Auffassung durchaus beizupflichten, daß dieses Rechtsinstitut im Bereiche der MilVerwaltung keine Geltung habe. Ohne dieses überaus komplizierte Problem der Verwaltungsrechtstheorie in seiner Gänze aufrollen zu wollen, beschränken wir uns auf die folgenden prinzipiellen Bemerkungen:

Vor allem empfiehlt sich an Stelle des unpräzisen, weil das Problem nicht ganz deckenden und daher leicht irreführenden, wie für theoretisch nicht geschulte Verwaltungsbeamte unverständlichen Ausdruckes der "materiellen Rechtskraft" die Bezeichnung "Aufhebung oder Abänderung von MilVerwaltungsakten" zu wählen. Denn es handelt sich tatsächlich nur um die Frage: Ob und inwieweit MilVerwaltungsakte aufgehoben oder abgeändert werden dürfen bzw. ob und inwieweit die MilBehörde an ihre eigenen Akte gebunden ist.

Die beiden prinzipiell entgegenwirkenden Voraussetzungen, von denen man zu zwei verschiedenen Lösungen der aufgeworfenen Fragen kommen könnte, sind die: Entweder man geht von der Grundauffassung aus, daß ein MilVerwaltungsakt nur dann und nur insoweit aufgehoben und abgeändert werden darf, wenn dies durch die geltenden Vorschriften (Gesetz, Verordnung) ausdrücklich zugelassen wird; oder man ist umgekehrt der Meinung, daß ein einmal gesetzter Verwaltungsakt beliebig aufgehoben oder abgeändert werden könne, außer, wenn oder insoweit der Behörde in dieser Richtung durch die geltenden Vorschriften eine Schranke gesetzt ist. Die letztere Auffassung ist nicht nur theoretisch gerechtfertigt, sondern auch den praktischen Bedürfnissen einzig und allein entsprechend. Daraus folgt **als Regel** die Freiheit der Behörde, einen von ihr gesetzten Verwaltungsakt wegen nachträglich erkannter Normwidrigkeit aufzuheben bzw. abzuändern. Dabei ist es strenggenommen überflüssig, zwischen Rechts- und Sachwidrigkeit eines Verwaltungsaktes zu unterscheiden, da die Sachwidrigkeit - sofern Sachgemäßheit rechtlich erforderlich ist - gleichfalls nur eine Rechtswidrigkeit darstellt.

Des weiteren wäre zu bemerken, daß die Aufhebung oder Abänderung eines einmal gesetzten Verwaltungsaktes ausdrücklich, d.h. durch einen neuen Verwaltungsakt zu erfolgen hat, aus welchem die Aufhebung oder Abänderung des alten Aktes deutlich ersichtlich ist und aus welchem insbesondere hervorgeht, inwieweit die von dem aufgehobenen oder abgeänderten Verwaltungsakt geschaffenen Rechtswirkungen nunmehr vernichtet sind. Denn der alte fehlerhafte Verwaltungsakt erscheint dem neuen aufhebenden oder abändernden gegenüber nicht als **absolut nichtig**, sondern nur als **vernichtbar.** Damit ist auch gesagt, daß absolut nichtigen Akten gegenüber von einer materiellen Rechtskraft oder deren Mangel bzw. von einer Aufhebung oder Abänderung keine Rede sein kann, da in diesem Falle im rechtlichen Sinne kein aufzuhebender oder abzuändernder Staatsakt, sondern ein rechtliches Nichts vorliegt. Eine auf den sogenannten nichtigen Staatsakt bezügliche Erklärung der Behörde hat nur **deklarative** Bedeutung.

Um daher die Befugnis der Behörde zur Aufhebung oder Abänderung von Verwaltungsakten präzise zu formulieren, müßte strenggenommen vorher die Frage beantwortet sein, wann ein MilVerwaltungsakt für absolut nichtig zu gelten habe, bzw. wann ein Akt, der mit dem Anspruch auftritt, ein MilVerwaltungsakt zu sein, bis auf Weiteres, d.h. bis zu seiner Aufhebung oder Abänderung durch einen anderen MilVerwaltungsakt als solcher zu gelten habe. Da die Fälle absoluter Nichtigkeit von MilVerwaltungsakten nicht ausgeschlossen werden können (man denke etwa an Fälle in der Art des Hptm. v. Köpenick), andererseits aber in den geltenden Vorschriften keinerlei Bestimmungen darüber enthalten sind, welches das Minimum von Erfordernissen sei, das an die - wenn auch nur provisorische - Gültigkeit eines Verwaltungsaktes gestellt ist, kann die Frage, wann absolute Nichtigkeit vorliege, nur in das freie Ermessen der MilBehörde selbst gestellt sein. Das bedeutet soviel, daß in Fällen, in denen die absolute Nichtigkeit eines MilVerwaltungsaktes zweifelhaft oder strittig ist, nur die kompetente MilVerwaltungsbehörde selbst befugt ist, diese Nichtigkeit deklarativ auszusprechen. Unter diesen Voraussetzungen muß somit ein MilVerwaltungsakt, soferne er nicht absolut nichtig ist, insolange als gültig angesehen werden, als er nicht durch einen anderen MilVerwaltungsakt aufgehoben oder abgeändert wird. Ein Beispiel möge dies beleuchten: Ein Soldat wird im Wege einer Superarbitrierung als "invalid, gänzlich waffenunfähig, auch bürgerlich erwerbsunfähig" aus dem Heeresverbande entlassen. Nachträglich entsteht der gegründete Verdacht, daß der Superarbitrierungsbefund auf unredliche Weise erzielt wurde. Hier geht es nicht an, den Mann - wie es in einem konkreten Falle seitens der MilBehörde praktiziert wurde, - ohne Weiteres kurzer Hand zu seinem früheren Truppenkörper einzuberufen und einer neuerlichen Untersuchung zu unterziehen. Vielmehr muß vorher die Aufhebung (Annullierung) der Entlassung aus dem Heeresverbande, bzw. des Superarbitrierungserkenntnisses erfolgen.

Die Freiheit der MilVerwaltungsbehörde, einen von ihr oder einer ihr unterstellten Behörde gesetzten Staatsakt jederzeit wegen Normwidrigkeit aufzuheben oder abzuändern, stellt jedoch nur eine **Regel** dar, von der eine wichtige Ausnahme gilt, nämlich: Wenn ein MilVerwaltungsakt in den geltenden Vorschriften ausdrücklich als unaufhebbar oder unabänderlich der Behörde gegenüber bezeichnet ist, wenn aus den bezüglichen Vorschriften unzweideutig hervorgeht, daß die Behörde an den betreffenden Akt als einen endgültig dauernd gebunden ist;

oder wenn die Aufhebung oder Abänderung eines speziellen MilVerwaltungsaktes durch die geltenden Vorschriften an ganz bestimmte Bedingungen geknüpft ist.

In welchen Fällen die MilBehörde de lege lata hinsichtlich der Aufhebbarkeit oder Abänderbarkeit von MilVerwaltungsakten ausnahmsweise gebunden ist, wäre festzustellen. De lege ferenda wäre zu bemerken, daß eine prinzipielle Änderung des gegenwärtigen Rechtszustandes in der Frage der sogenannten materiellen Rechtskraft von MilVerwaltungsakten nach h(ier) st(ehender) Ansicht nicht wünschenswert ist. Wenn auch ohne Weiteres zugegeben werden mag, daß dem Interesse der MilVerwaltung an einer möglichst weitgehenden Freiheit in Bezug auf Aufhebung und Abänderung von MilVerwaltungsakten ein gleichfalls öffentliches Interesse an der Sicherheit und Stetigkeit der durch einen MilVerwaltungsakt geschaffenen Rechtslage gegenüber steht, wenn auch die Schutzwürdigkeit der einer MilBehörde gegenüberstehenden Partei anerkannt werden muß, die sich im Vertrauen auf den äußeren Tatbestand eines MilVerwaltungsaktes befindet, so muß es doch zweifelhaft sein, ob es überhaupt möglich ist, jene Fälle, in denen das öffentliche Interesse an der Rechtssicherheit das ihm entgegenstehende öffentliche Interesse an einer eventuellen Aufhebung oder Abänderung eines normwidrigen Verwaltungsaktes überwiegt, von Vorneherein zu übersehen und einwandfrei in genereller Weise zu formulieren. Mit Rücksicht auf die gesetztechnische Schwierigkeit, ja Unlösbarkeit dieses Problems erscheint es nach h(ier) st(ehender) Ansicht zweckmäßiger, die Entscheidung zwischen diesen beiden Interessen im einzelnen Falle der kompetenten MilVerwaltungsbehörde zu überlassen. Doch soll ihr in jedem Falle der Aufhebung oder Abänderung eines MilVerwaltungsaktes die Wichtigkeit des entgegenstehenden öffentlichen Interesses an der Stetigkeit des durch die Verwaltung geschaffenen Rechtszustandes bewußt sein und die Entscheidung erst nach reiflicher Prüfung fallen.

Im Sinne der vorstehenden Ausführungen wäre die II. These des Gutachtens der 11. Abt. in folgender Weise zu formulieren:

"Entscheidungen oder Verfügungen einer Militärverwaltungsbehörde können wegen Normwidrigkeit von amtswegen jederzeit abgeändert oder aufgehoben werden, wenn sie nicht nach den geltenden Vorschriften ausdrücklich auch der Behörde gegenüber als endgültig bezeichnet sind".

DOKUMENT II

1917 August. Landsturm-Oberleutnantauditor Professor Dr. Hans KELSEN legt seine Abhandlung "Zur Reform der verfassungsrechtlichen Grundlagen der Wehrmacht Österreich-Ungarns" im Druck (Zeitschrift für Militärrecht. Wien und Leipzig 1917) vor.

Zur Reform der verfassungsrechtlichen Grundlagen der Wehrmacht Österreich-Ungarns.*

Vom k.k. Landsturm-Oberleutnantauditor Universitätsprofessor Dr. Hans Kelsen.

I.

Die wichtigste Erfahrung, die dieser Weltkrieg gebracht hat, betrifft die Notwendigkeit einer wirklichen Durchführung der **allgemeinen Wehrpflicht.** Von einer solchen konnte speziell in Österreich-Ungarn bis vor Kriegsausbruch nicht eigentlich die Rede sein, solange etwa nur 40 % der Wehrpflichtigen in die Armee eingereiht wurden. Die Folge davon war das arge Mißverhältnis, das zwischen der Zahl der gedienten und der nicht gedienten Wehrpflichtigen bestand, und das erst während des Krieges allmählich ausgeglichen wurde. Es ist selbstverständlich, daß künftig der Prozentsatz der tatsächlich assentierten Wehrpflichtigen schon von vornherein derjenige sein muß, den die Erfahrungen dieses Krieges als notwendig, aber auch als möglich - nämlich in Bezug auf die durchschnittliche physische Qualität der Wehrpflichtigen - erwiesen haben. Alle wirklichen Tauglichen sind schon im Frieden tatsächlich militärisch auszubilden.

Wenn dies bei uns bisher - im Gegensatz zu Frankreich und im gewissen Maße auch zu Deutschland - noch nicht der Fall war, so lag es an dem System des vom Parlament alljährlich zu bewilligenden und wehrgesetzlich **begrenzten Rekrutenkontingentes,** das es mit sich brachte, daß bei einem großen Teil wehrpflich-

----

* Der Aufsatz wird veröffentlicht, obwohl der Herausgeber gegen einzelne Ausführungen grundsätzliche Bedenken hat. Er behält sich vor, zu diesen Ausführungen Stellung zu nehmen.

tiger und wehrfähiger Individuen von ihrer Wehrpflicht kein Gebrauch gemacht wurde. Es lag aber auch daran, daß mit Rücksicht auf die zwei- oder gar dreijährige Präsenzdienstpflicht schon aus staatsfinanziellen und volkswirtschaftlichen Gründen eine Beschränkung der einzuziehenden Mannschaften geboten war.

Wenn nun auch der Krieg gelehrt hat, daß die Ausbildung der Mannschaft für den Felddienst in verhältnismäßig kurzer Zeit erfolgen kann, so hat es sich auch gezeigt - und dazu bedurfte es keiner besonderen Erfahrung - daß diese kurze Ausbildung eines großen Teils der Armee nicht während des Krieges unter dem Drucke unmittelbarer Erforderlichkeit zu geschehen habe. Wenn aber schon im Frieden alle Wehrfähigen militärisch ausgebildet werden sollen, wenn man nicht auf den Ernstfall warten will, um dann erst mit der Ausbildung auch älterer Jahrgänge zu beginnen - was notwendigerweise mit gewissen Schwierigkeiten verbunden - dann ist es erforderlich, **die Zahl der periodisch zu assentierenden Rekruten nicht von vornherein zu limitieren, die Präsenzdienstzeit aber, mit Rücksicht auf die voraussichtliche Verdoppelung der so zu erzielenden Rekrutenzahl gegenüber den bisherigen Verhältnissen, entsprechend herabzusetzen.**

Die gegenwärtig auf zwei bis drei Jahre vorgeschriebene Dauer der Präsenzdienstpflicht bildet einen charakteristischen Bestandteil unseres Wehrsystems, das - wie dasjenige der meisten europäischen Großmächte - ein sogenanntes **System des "stehenden Heeres"** auf Basis der allgemeinen Wehrpflicht ist. Als solches wird es einerseits zu dem **System des Söldnerheeres,** andererseits zu dem sogenannten **Milizsystem** in Gegensatz gebracht.

Das **System des Söldnerheeres** entspricht dem politischen Prinzip des extremen Liberalismus: Niemand kann zum Heeresdienste gezwungen werden, dieser beruht auf dem freiwilligen Eintritt desjenigen, der das Waffenhandwerk zu seinem Berufe macht und dieser Eintritt wird rechtlich durch einen Privatvertrag vollzogen. Dem gegenüber steht das dem politischen Geiste des Kollektivismus (oder auch in einem gewissen Sinne des Sozialismus) entstammende **System der allgemeinen Wehrpflicht:** Die Last der militärischen Funktion des Staates ist als Rechtspflicht jedermanns gleichmäßig auf die Schultern aller verteilt, die diese Last zu tragen imstande sind.

Die **Idee des stehenden Heeres** ist dort am meisten verwirklicht, wo sich die Armee ausschließlich aus Berufssoldaten zusammensetzt; sie kann daher nur in **Verbindung mit dem System des Söldnerheeres** voll zur Geltung kommen. Wo **allgemeine Wehr-**

pflicht besteht, kann nur ein sehr kleiner Teil des Heeres einen dauernden Bestandteil bilden: die Berufsoffiziere und die Berufsunteroffiziere. Da das Hauptkontingent des Heeres in diesem Falle identisch ist mit der wehrfähigen Bevölkerung überhaupt, daher nicht aus Berufssoldaten bestehen kann, ist hier nur eine **Annäherung** an das System eines wirklich stehenden Heeres möglich. Dies geschieht durch die Festsetzung einer **tunlichst langdauernden Präsenzdienstzeit.** Doch muß betont werden, daß das Prinzip der Allgemeinheit der Wehrpflicht zu jenem des stehenden Heeres so sehr im Gegensatz steht, daß je allgemeiner die Wehrpflicht tatsächlich realisiert wird, desto größer die Entfernung vom Ideal des stehenden Heeres werden muß, das eben nur durch eine **Armee von Berufssoldaten** verwirklicht wird. Auch die vorgeschriebene Präsenzdienstzeit, deren möglichste Ausdehnung nur ein **Surrogat** für den Berufsmilitarismus bietet, muß umso kürzer bemessen werden, je mehr die Wehrkraft des Volkes tatsächlich in Anspruch genommen wird, je stärker das jährliche Rekrutenkontingent ist. Denn je größer die Zahl der Männer ist, die der Volkswirtschaft aus dem Titel der Wehrpflicht entzogen werden, auf eine um so kürzere Zeit muß sich diese Entziehung beschränken, wenn die Basis der Wehrkraft: die Nährkraft des Volkes, nicht allzu sehr geschwächt werden soll; ganz abgesehen von den ins Ungemessene steigenden Kosten, die der Heeresverwaltung bei verlängerter Präsenzdienstzeit und gleichzeitiger Vergrößerung des Rekrutenkontingentes erwachsen.

Daher ist ja auch bei allgemeiner Wehrpflicht das Kadersystem unvermeidlich. Die Kaders, diese festen Rahmen, getragen von den Berufsoffizieren und Berufsunteroffizieren, sind der einzige stehende Bestandteil der modernen, auf Basis der **allgemeinen Wehrpflicht** beruhenden Heere. Und darum ist auch der Gegensatz, in dem man das auf der allgemeinen Wehrpflicht beruhende System des sogenannten "**stehenden Heeres**" der europäischen Großmächte zu dem sogenannten "**Milizsystem**" zu stellen pflegt, **keineswegs** - wie das gewöhnlich angenommen wird - **ein prinzipieller**, sondern **nur** ein **gradueller**. Auch hier, z.B. in der Schweiz, bestehen Kaders von Berufssoldaten, die von den ihre allgemeine Wehrpflicht leistenden Bürgern ausgefüllt werden. Der Unterschied liegt hauptsächlich in der **Dauer** der Präsenzdienstpflicht. Ein **prinzipieller Gegensatz** besteht **nur** zwischen dem System des ausschließlich aus Berufssoldaten bestehenden **Söldnerheeres** und dem System der **allgemeinen Wehrpflicht.** Mit der Überwindung des englischen Manchester-Liberalismus verschwindet aber auch das diesem Geiste verwandte System des Söldnerheeres. **Auf der anderen Seite aber sind das Milizsystem und das System der auf allgemeiner Wehrpflicht aufgebauten stehenden Heere stetig in gegenseitiger Annäherung begriffen.**

Man ist gewohnt als Vorzug **des stehenden Heeres** oder - was im Falle der allgemeinen Wehrpflicht dasselbe ist - **einer mehrjährigen Präsenzdienstzeit** die Tatsache einer gründlicheren Ausbildung der Truppen, eine größere Bereitschaft und Bereitwilligkeit der Armee gelten zu lassen. Allein eine der wichtigsten Lehren dieses Krieges bietet die Erkenntnis, daß eine wesentlich kürzere Präsenzdienstzeit - als man bisher geglaubt hat - genügt, jenen Grad von Schulung zu erreichen, der im Feldkrieg erforderlich ist. Dies gilt ganz besonders bei der Hauptwaffengattung, der Infanterie, im hohen Maße aber auch bei den berittenen und technischen Truppen. Denn es ist kein Zweifel daran möglich, daß in diesem Kriege schon nach wenigen Monaten gerade diejenigen Bestandteile der kämpfenden Armee, welche das sogenannte stehende Heer bilden, die präsent dienenden Jahrgänge, die subalternen Berufsoffiziere und Berufsunteroffiziere zum großen Teile infolge Tod oder Verwundung ausgeschieden sind, so daß dieser Krieg hauptsächlich mit Truppen geführt wurde, die im Grunde genommen nach dem Milizsystem organisiert wurden. Zumal wenn man die große Zahl der Ungedienten berücksichtigt, die erst während des Krieges einer kurzen Ausbildung unterzogen wurden.

Die größere Bereitschaft der stehenden Heere, die dadurch erzielt wird, daß stets ein großes Kontingent geschulter Truppen unter den Waffen steht, was wegfällt, wenn der Soldat, sobald er die nötige Ausbildung erfahren hat, nach Hause geschickt wird, kann bei kurzer, nur der Ausbildung dienenden Präsenzdienstzeit dadurch gewonnen werden, **daß Zahl und Dauer der Waffenübungen wesentlich erhöht werden.** Dann ergibt sich, daß jederzeit eine relativ große Menge bereits ausgebildeter Leute sich bei den Fahnen befindet. Was aber die größere Bereitwilligkeit eines stehenden Heeres betrifft, seine Disziplin und sein unbedingter Gehorsam, so kann nicht nachdrücklich genug auf die auch durch die Erfahrungen dieses Krieges bekräftigte Tatsache hingewiesen werden, daß der jeden kriegerischen Erfolg verbürgende Geist bedingungsloser Bereitwilligkeit nicht so sehr aus dem Drill eines langjährigen Kaserndienstes, als vielmehr - ja vielleicht sogar allein - **aus einem gefestigten Staatsgefühl,** aus dem lebendigen Empfinden der Zugehörigkeit zur staatlichen Gemeinschaft, des Verbundenseins mit dem Ganzen wächst. **Nicht die Erzeugung,** sondern nur die **Verwertung und Stärkung dieses Staatsgefühls,** seine Inanspruchnahme für ihre besonderen Zwecke **ist Aufgabe der Heeresverwaltung. Hier hat sie vornehmlich nur zu ernten, wo eine zielbewußte Zivilverwaltung zu säen hätte.**

So zeigt sich, daß eine bedeutende **Verkürzung der Präsenzdienstzeit** nicht nur zur wirklichen Durchführung der allgemeinen Wehrpflicht **notwendig**, sondern daß eine solche Reform ohne jede Beeinträchtigung der Schlagkraft unserer Wehrmacht **möglich** ist.

Mit der Herabsetzung der Präsenzdienstzeit wäre eine **wesentliche Vermehrung der Waffenübungen** zu verbinden. Außerdem wäre in den Schulunterricht obligatorisch eine Art **militärische Propädeutik** einzuführen. Indem schon in der Schule die Elemente der militärischen Disziplin, die Grundbegriffe der militärischen Theorie beigebracht werden, erfährt die spezifisch militärische Fachausbildung eine wesentliche Entlastung **und kann auch aus diesem Grunde leichter in ihrer Dauer eingeschränkt werden.** Dies wäre der Hauptzweck der militärischen Propädeutik. Schon hier ist der Punkt, wo der **systematische Ausbau des allgemeinen Wehrpflichtprinzipes** zu beginnen hätte.

II.

Wenn mit dem **System der allgemeinen Wehrpflicht** Ernst gemacht werden soll, dann muß nicht nur die gesetzliche Kontingentierung des Rekrutenstandes sondern auch das jährliche Rekrutenbewilligungsrecht des Parlamentes fallen. Dieser Überrest aus der Zeit der ständischen Monarchie stellt ohnehin längst keinen realen politischen Besitzstand der Volksvertretung dar. Mit Rücksicht darauf, daß ja gerade im Ernstfalle von einer Beschränkung der Zahl der heranzuziehenden Wehrpflichtigen keine Rede ist, hat es sich - soweit die jährliche Bewilligung in Frage steht - immer nur um ein **Scheinrecht** gehandelt. Gerade dieser Krieg aber hat gezeigt, daß es schlechterdings sinnlos ist, die Zahl der zur Präsenzdienstleistung heranzuziehenden Personen irgendwie zu begrenzen, wenn im Ernstfalle gerade die außerhalb des der parlamentarischen Bewilligung unterworfenen Kontingentes Stehenden, nicht zur Präsenzdienstpflicht Herangezogenen: der nicht gediente Landsturm, in so bedeutendem Ausmaße in die Reihe der Kämpfenden eingestellt werden müssen. Wie ja überhaupt der ganze Unterschied von Präsenzstand und Reserve auf der einen Seite und Landsturm auf der anderen Seite, der ja auch für die parlamentarische Kontrolle von Bedeutung ist, sofern sich diese vornehmlich nur auf die erstere erstreckt - in diesem Kriege gänzlich obsolet wurde.

Durch die **gesetzliche** Festlegung des Rekrutenstandes hat die alljährliche Bewilligung des Rekrutenkontingentes ohnedies schon einen guten Teil ihres eigentlichen Sinnes eingebüßt. Sieht man aber in dem Recht der jährlichen Rekrutenbewilligung ein wichtiges Mittel politischen Einflusses des Parlamentes auf die Regierung, so sei bemerkt, daß für dieses durchaus berechtigte Bedürfnis in der jährlichen Budgetbewilligung hinreichend vorgesorgt ist.

Die möglichste Einschränkung der parlamentarischen Kompetenz auf dem Gebiete des Heereswesens ist nicht nur aus Gründen wünschenswert, die sich aus der zu ordnenden Materie selbst ergeben, sondern auch unter dem Gesichtspunkt verfassungsrechtlicher Erwägungen dringend geboten. Im Verhältnis Österreichs zu Ungarn bedeutet die parlamentarische Kompetenz in Heeresangelegenheiten eine schwierige Komplikation. Schon der gegenwärtige Zustand, so wie er durch den Ausgleich des Jahres 1867 geschaffen wurde, ist höchst bedenklich.

Nach den Ausgleichsgesetzen beider Staaten gehören die **Militärangelegenheiten** zu den sogenannten **pragmatischen,** aber nur insoferne, als eine **gemeinsame** Armee und Flotte und eine **gemeinsame** Führung, Leitung und innere Organisation der Wehrmacht in Betracht kommen. Die **Wehrgesetzgebung** ist jedoch eine sogenannte **dualistische** Angelegenheit, d.h. die Gemeinsamkeit des Wehrsystems ist **keine dauernde, sondern nur eine von Zeit zu Zeit für eine gewisse Dauer zu vereinbarende.** Käme eine solche Vereinbarung nicht zustande, dann könnte durch nichts verhindert werden, daß die Wehrverfassung Ungarns eine andere wird, als die Österreichs; ganz abgesehen davon, daß die **pragmatische Verwaltungsgemeinschaft,** die in der Gemeinsamkeit der **Heeresorgane** besteht (gemeinsame Armee und Flotte, Kriegsministerium), nach ungarischer, dem Wortlaute der Ausgleichsgesetze entsprechender, immer wieder betonter Auffassung durch **einseitige** Gesetzesänderung Ungarns oder Österreichs **aufgehoben** werden kann. Und gerade in diesem Punkte bedeutet die Tatsache, daß die Person des österreichischen Kaisers und des die ungarischen Gesetze sanktionierenden Königs dieselbe ist, keine allzu große Garantie. Denn welche kritische Situation wäre gegeben, wenn selbst bei formaler Aufrechterhaltung der Gemeinsamkeit des Heeres eine übereinstimmende Wehrgesetzgebung in beiden Staaten der Monarchie nicht zustande kommen sollte.

Im Hinblick auf diese Momente wären vom Standpunkte militärischer Interessen die folgenden Modifikationen anzustreben:

Der Gesetzgebung sind lediglich die Grundzüge der Wehrverfassung zu überlassen. Dazu gehört die **prinzipielle Statuierung der allgemeinen Wehrpflicht** und ihrer Voraussetzungen; ferner die Bestimmung **der Gesamtdauer der Präsenzdienstpflicht.** Diese Ziffer wäre jedoch nur als die Fixierung einer **obersten** Grenze anzusehen und hätte auch die **Dauer aller Waffenübungen** einzubegreifen.

Diese Normen gehören ihrer Natur nach in die Verfassung beider Staaten, deren Änderung wenigstens in Österreich an gewisse Garantien gebunden ist. **Eine Abänderung der die allgemeine Wehrpflicht betreffenden Verfassungsbestimmungen wäre jedoch in den Gesetzen jedes der beiden Staaten an die Bedingung einer analogen Verfassungsänderung im anderen Staate zu knüpfen.** Auf diese Weise wäre bei Respektierung der Souveränität beider Staaten und Aufrechterhaltung der vollen Parität jener Zustand rechtlich realisiert, den man wohl im Jahre 1867 im Auge hatte, aber **gesetzestechnisch** mit unzulänglichen Mitteln herbeizuführen suchte.

Die Durchführung der allgemeinen Wehrpflicht im Rahmen der Verfassung wäre in beiden Staaten verfassungsgemäß der unter ministerieller Verantwortung zu übenden Verordnungsgewalt des Monarchen als des obersten Kriegsherrn zu überlassen. Diejenigen Materien, die heute durch das Wehrgesetz geregelt werden, eignen sich mit Ausnahme der Bestimmung über die allgemeine Wehrpflicht und die Präsenzdienstzeit ihrer sachlichen Bedeutung nach durchwegs eher für eine **verordnungsmäßige** als für eine **legislative** Behandlung.

Damit wären für die Einheit der Heeresorganisation die erforderlichen Garantien geschaffen und ein Reibungselement zwischen Österreich und Ungarn eliminiert.

III.

So unzweckmäßig eine ausgedehnte **legislative** Kompetenz auf dem Gebiete des Heereswesens ist, so gerechtfertigt und ebenso sehr im Interesse der Armee wie der Bevölkerung gelegen ist eine **Rechtskontrolle über die Militärverwaltung.** Daß die Gesetze und Verordnungen von den militärischen Administrativorganen tatsächlich angewendet werden, daß von niemandem mehr gefordert werde, als die Gesetze und die **gesetzmäßigen** Verordnungen vorschreiben, ist ein allgemeines öffentliches Interesse, nicht etwa bloß der Parteien, sondern auch der **entscheidenden Militär-Verwaltungsbehörde** selbst, die, wie die Praxis zeigt, das lebhafte Bedürfnis nach der einheitlichen Orientierung durch die **Autorität eines Verwaltungsgerichts** empfindet. Und es ist nur zu wundern, daß bisher in dieser Richtung noch keine energischen Postulate von demokratischen Parteien erhoben wurden. Gegenüber der vorgeschlagenen Einbuße auf **legislativem** wäre es ein überragender Gewinn auf **administrativem** Gebiete, wenn in Hinkunft gegen Akte der militärischen Verwaltung ein Beschwerderecht bei den obersten Gerichtshöfen des öffentlichen Rechts gegeben würde. Einsichtige haben längst schon erkannt, daß der Schwerpunkt der Demokratie nicht ausschließlich auf dem Gebiete der Gesetzgebung, sondern **insbesondere auf dem Gebiete der Verwaltung** zu suchen ist. Und darum muß die hier vorgeschlagene Änderung unter dem Gesichtspunkte jenes **demokratischen Fortschrittes** vertreten werden, **mit dem in der Zeit nach dem Kriege unbedingt zu rechnen ist.** Die natürliche Ergänzung der **Rechtskontrolle** über die Militärverwaltung ist deren **Einbeziehung in den Bereich der ministeriellen Verantwortlichkeit.** Wenn auch gerade darin praktisch keine sonderlich einschneidende Änderung gelegen ist, so wäre sie doch als eine wirksame Ideologie durchaus geeignet, als ein **Ausgleich für die Beschränkung der legislativen Kompetenz in Militärangelegenheiten zu gelten.**

Die Unterstellung der Militärverwaltung unter eine Rechtskontrolle, d.h. die Möglichkeit gegen Entscheidungen oder Verfügungen von Militär-Verwaltungsbehörden bei einem **Verwaltungsgerichtshofe** Beschwerde zu führen, setzt jedoch, da das gegenwärtige Verhältnis zwischen Österreich und Ungarn einen **gemeinsamen** Verwaltungsgerichtshof **nicht** kennt, eine Modifikation in der Organisation der Militärverwaltung voraus, die, richtig durchgeführt, zu einer wichtigen **Verbesserung und Vereinheitlichung der Armeeverfassung** beitragen kann.

Unsere heutige Heeresverfassung leidet nämlich an dem Mangel einer **Scheidung zwischen Militärverwaltung- und Armee-Kommando-Angelegenheiten.** Obgleich der prinzipielle Unterschied dieser beiden Kategorien nicht zu verkennen ist, stellt dennoch unsere oberste Militärbehörde, das Kriegsministerium, in ihrer Kompetenz eine unklare und unzweckmäßige Vermengung beider Arten von Agenden dar.

Diese Vermengung ist vor allem **verfassungsrechtlich** unhaltbar. Denn die Angelegenheiten des **Oberkommandos** über die Streitkräfte der Monarchie, alles, was zur Leitung, Führung und inneren Organisation der Armee und Flotte gehört, ist nach allgemeinem konstitutionellem Prinzipe der **ministeriellen** Verantwortlichkeit entzogen und **der ausschließlichen, unverantwortlichen Gewalt des Monarchen unterstellt.** Das ist insbesondere in der österr. Verfassung klar und deutlich im § 5 des Deleg.-Ges. v. 1867 ausgesprochen. Das bestimmt aber auch der analoge Pkt. des ung. Gesetzart. XII v. 1867, der ja als mit dem österr. Deleg.-Ges. in Übereinstimmung stehend gedacht war. Der in diesem Punkte zu Tage tretende Unterschied im Wortlaute beider Gesetze ist tatsächlich zu Unrecht in dem Sinne interpretiert worden, daß die Kommandogewalt des Herrschers nach

ungarischer Verfassung unter **ministerieller Verantwortung** ausgeübt werden müsse. Denn unter den "verfassungsmäßigen Herrscherrechten", von denen der Art. XII spricht, kann nichts anderes verstanden werden, als daß die Übertragung der Kommandogewalt auf den Herrscher (in Ungarn wie in Österreich) durch die **Verfassung** erfolgt. "Verfassungsmäßig" ist doch nicht gleichbedeutend mit "unter ministerieller Verantwortung stehend"; verfassungsmäßig heißt: der Verfassung entsprechend; die "verfassungsmäßig" den Bürgern zustehenden Rechte z.B. haben mit der ministeriellen Verantwortung nicht das geringste zu tun. **Verfassungsmäßig** übt der konstitutionelle Monarch **ohne** Einschränkung durch ministerielle Mitwirkung **die Kommandogewalt unverantwortlich aus,** weil und insoferne eben die Verfassung ihm dieses Recht überträgt. Und eine solche Stellung des Chefs der **militärischen** Exekutive entspricht allein dem innersten Wesen dieser Staatsfunktion. Solange es überhaupt eine solche gibt, wird sie unter dem ausschließlichen Gesichtspunkt der Zweckmäßigkeit **autokratisch** organisiert sein. Und diese Tendenz muß mehr oder weniger auch im Heerwesen der extremsten Demokratie zur Geltung kommen. Darin darf man sich auch vom Standpunkt einer demokratischen Anschauung zu ihr bekennen, zumal die Organisation des **Kommandos** mit der Frage der **Kriegserklärung** und des **Friedensschlusses** nichts zu tun hat, deren verfassungsrechtliche Regelung nach anderen Gesichtspunkten erfolgen kann.

Hat sich bei uns schon vor diesem Kriege gezeigt, daß die Praxis über das auch theoretisch nicht haltbare staatsrechtliche Prinzip einer durch die Kontrasignatur des Ministers **gehemmten** Kommandogewalt des Monarchen hinwegschreitet, so werden die Erfahrungen dieses Krieges jedermann zwingen, einen Zustand nicht für wünschenswert zu halten, der eine **Lahmlegung der Kommandogewalt** bedeuten muß. Im übrigen wird auch in dieser Richtung die Erkenntnis des Unterschiedes der Militär-**Verwaltung** von dem **Kommando** klärend wirken. Denn was von ungarischer Seite gefordert werden kann und darf und nach österreichischer Verfassung außer Zweifel steht, ist vernünftigerweise nur dies: **die Militär-Verwaltung in das System ministerieller Verantwortung einzubeziehen.** Und dies ist in demselben Maße gerechtfertigt als die Unterstellung der Kommandoangelegenheiten unter die **ausschließliche** Kompetenz des Monarchen außer jeder Diskussion bleiben muß. In diesem Sinne wäre der § 5 des Delegationsgesetzes - eventuell auch restriktiv - zu interpretieren.

Aber nicht nur aus **verfassungsrechtlichen**, auch aus **sachlichen** Gründen ist eine unterschiedslose Verbindung von Militär-**Verwaltungs-** und **Kommando**angelegenheiten in **einer** Zentralstelle unzweckmäßig. Was haben die Generalstabsabteilungen, die Abteilung für Personalangelegenheiten der Offiziere, die reine **Kommando**-Agenden führen, etwa mit der Justizabteilung oder den Rechnungs- und Intendanzabteilungen des Kriegsministeriums zu tun, die wiederum vornehmlich **Administrativ**stellen sind? Gerade in seinen wichtigsten Agenden, nämlich in denjenigen, die einen Ausfluß der **Allerhöchsten Kommandogewalt** darstellen, ist das Kriegsministerium gar kein "Ministerium" im **verfassungsrechtlichen** Sinne. Hier fungiert der Kriegsminister - soferne überhaupt er und nicht etwa ein anderes Organ, z.B. der Chef des Generalstabs für den Immediatvortrag bei Seiner Majestät in Betracht kommt - gar nicht als "**Minister**", sondern als **exekutives Organ des Monarchen** als Inhabers der unverantwortlichen **Kommando**gewalt. Die unklare Zwitterstellung des Kriegsministeriums zeigt sich aber gerade im gegenwärtigen Zeitpunkt, da die **Kommando**gewalt des Monarchen, die im Frieden organisationsgemäß beim Kriegsministerium steht, im Kriege zum größten Teile, wenn auch nicht ganz, in einem besonderen Organe, dem Armeeoberkommando, zum Ausdruck kommt. Und gerade im Kriege, dessen Führung eine **ausschließliche** Funktion der Kommandogewalt des Monarchen ist, tritt klar zu Tage, daß das Kriegsministerium, soweit es ein "Ministerium" ist, d.h. soferne es Militär-**Verwaltungs**agenden führt, kein Ministerium des **Krieges** ist und auch nicht sein kann.

Weil die Einheit der Armee, dieses wichtigste Gut, das mehr als manches andere gerade von der Verfassung geschützt und sichergestellt werden muß, in allererster Linie in der ungebrochenen **Einheit des Kommandos** ruht, muß dieses - und nur dieses - unter allen Umständen von der Gefahr fern gehalten werden, die ihm durch die Doppelgesetzgebung unseres dualistischen Systems droht. Und in demselben Maße, als die **Kommandoangelegenheiten** dem konstitutionellen Prinzipe der ministeriellen Verantwortlichkeit fremd und ihrem innersten Wesen nach ablehnend gegenüberstehen müssen, kann und soll sich ihm die Militär**verwaltung** ohne Gefahr für die Einheit der Armee anpassen.

Dieses ist der Leitgedanke, von dem aus die **verfassungsrechtlichen** Grundlagen unserer Wehrmacht zu reformieren sind.

IV.

In Preußen und im Deutschen Reiche hat die längst als richtig und wesentlich erkannte Scheidung von Militär-**Verwaltung** und **Kommando** zu einem selbständigen und hoch bedeutsamen Organ geführt, das neben dem preußischen Kriegsministerium, von diesem gänzlich unabhängig, unmittelbar dem Kaiser und König unterstellt, eine Exekutive von dessen unverantwortlicher Kommandogewalt darstellt: **das Militär-Kabinet.** Dieses Militär-Kabinet, das die "höheren Kommandoangelegenheiten" und alle Personalien der Offiziere bearbeitet, ist jedoch noch keineswegs eine vollständige Durchführung dieses Gedankens einer Scheidung von Militär-**Verwaltung** und **Kommando.** Die Erfahrungen des großen Krieges drängen energisch zu einer noch viel weitergehenden Entwicklung. Diese Entwicklung kann in Österreich-Ungarn nicht an jenes Organ anknüpfen, das hier dem preuß. Militär-Kabinet entspricht: der Militär-Kanzlei Sr. Majestät des Kaisers und Königs. Eben weil diese Analogie nur eine äußere ist. Diejenige Stelle, die noch in viel intensiverer Weise Agenden der Kommandogewalt des Monarchen in sich vereinigt, freilich noch nicht alle diese Agenden und zunächst nur für die Dauer des Krieges, ist das **Armeeoberkommando,** das unter Beibehaltung seiner Bezeichnung, die treffender ist als die eines Militär-Kabinets oder einer Militär-Kanzlei, berufen ist, als ständige Institution auch im Frieden zum ausschließlichen Organ der Kommandogewalt des Monarchen in ihrem ganzen Umfang zu werden.

Das Armeeoberkommando müßte auch im Frieden als ein "**Kommando**" die natürliche Spitze jener Pyramide von stufenweise niederen Kommanden sein, als welche sich die strategisch-taktische Gliederung der Wehrmacht darstellt. Jedenfalls eine natürlichere Spitze als ein "Ministerium", das nur ganz unorganisch den Regiments-, Brigade-, Divisions- und Korps-**Kommandos** übergeordnet erscheint. Und vielleicht ist es nicht überflüssig, gerade in diesem Zusammenhange daran zu erinnern, daß unser heutiges Kriegsministerium aus einem Armee-Oberkommando hervorgegangen ist. Ob zwischen den Korps-Kommandos und dem Armeeoberkommando als eine mittlere Einheit auch im Frieden **Armee-Kommandos** einzuschieben wären, könnte in Diskussion gezogen werden. Selbstverständlich wäre das Armeeoberkommando auch im Frieden - so wie jetzt im Kriege - **unmittelbar dem Monarchen** unterstellt und **außerhalb des Bereiches jeder ministeriellen Verantwortlichkeit.**

Zu diesem Zwecke müßten alle Agenden, die nicht als Militär-**Verwaltung** anzusprechen sind, aus der Kompetenz des Kriegsministeriums gezogen und dem Armeeoberkommando übertragen werden. Das Armeeoberkommando hätte dann im Frieden **neben** dem Kriegsministerium und **unabhängig von diesem** zu fungieren. Angesichts der Schmälerung, den der Wirkungskreis des Kriegsministeriums dadurch erfahren würde, muß allerdings die Frage aufgeworfen werden, ob dessen Bestand noch neben dem der beiden natürlich auch nur auf die Militär-**Verwaltung** beschränkten Landesverteidigungsministerien wünschenswert und unbedingt notwendig sei. Ist ja jetzt schon durch die Existenz dreier mit **derselben** Militär-**Verwaltung** an oberster Stelle befaßter Ministerien das Funktionieren des militärischen Friedensapparates genügend kompliziert. Und tritt gar mit dem ständigen Armeeoberkommando noch eine **vierte** Zentralstelle hinzu, läuft der Apparat Gefahr, lahmgelegt zu werden.

Diese Bedenken treffen sich aber mit den Wünschen und Bedürfnissen die von einer anderen Seite auf dasselbe Ziel lossteuern. Wenn es gelingen könnte, die gesamte Militär-**Verwaltung** auf die beiden Landesverteidigungs-Ministerien Österreichs und Ungarns zu verteilen, dann wäre die nicht hoch genug einzuschätzende Möglichkeit gegeben, ohne die - von vornherein unmögliche - Schaffung eines **gemeinsamen** Verwaltungsgerichtshofes die Akte der Militär-**Verwaltung** unter die Rechtskontrolle der Verwaltungsgerichtshöfe beider Staaten der Monarchie zu stellen.

Damit wäre nicht nur ein Gegengewicht für eine den Bedürfnissen entsprechende Ausdehnung der **Kommando**angelegenheiten und deren Ausschaltung aus dem Bereiche parlamentarischer Kontrolle und ministerieller Verantwortlichkeit gewonnen, sondern vor allem auch eine Form gefunden, die mit einer **Verstärkung des Armee-Einheitsprinzipes** gerade auf dem soviel umstrittenen und heiß umworbenen Gebiete des Militärwesens eine sichtliche Anerkennung der Souveränität des ungarischen wie des österreichischen Staates verbände.

Eine entsprechende Ausgestaltung der einheitlichen und unteilbaren **Kommandogewalt** paralysiert die vorgeschlagene Teilung der Militär-**Verwaltung** in eine österreichische und in eine ungarische. Ja ein solcher Zustand bedeutete vom organisatorischen Standpunkte sogar einen starken Fortschritt im Sinn der Vereinheitlichung und Vereinfachung. Auch die gewiß einheitliche Armee des Deutschen Reiches hat keinen Reichskriegsminister, sondern nur einen Oberkommandanten. Die Militär-**Verwaltung** ist auf mehrere Kriegsministerien verteilt. Daß neben Preußen auch Bayern einen Kriegsminister hat, kann der Einheit der deutschen Armee keinen Abbruch tun, weil die Vielheit der Kriegsminister sich vornehmlich auf das Gebiet der Militär-**Verwaltung** beschränkt, die einheitliche **Kommando**gewalt jedoch jeder Einzwängung in das Gefüge eines "Ministeriums" sich entzieht. In demselben Maße freilich, indem die Einheit der Armee in Österreich-Ungarn infolge der Verschiedenheit der Nationalitäten gefährdeter ist als im Deutschen Reich, muß natürlich der Kreis der der ministeriellen Militär-**Verwaltung** entzogenen **Kommandoangelegenheiten** entsprechend abgesteckt und damit

die dauernde Institution eines Armeeoberkommandos systematischer ausgebaut werden als in Deutschland.

V.

Die Ausgestaltung der beiden Landesverteidigungsministerien zu je einem **österr.** und einem **ungar.** Kriegsministerium wäre auf Grund des Territorialitätsprinzips durchzuführen: so zwar, daß die Militär-**Verwaltung** der in **Österreich** liegenden Truppen zum **österreichischen,** die Militär-**Verwaltung** der in **Ungarn** liegenden Truppen zum **ungarischen** Kriegsministerium ressortierte. In Verbindung damit müßten natürlich gewisse Konzessionen betreffend die Dislozierung der aus österr. oder ung. Ergänzungsbezirken rekrutierten Mannschaften gemacht werden, in der Weise, daß diese prinzipiell in österr. bezw. ung. Regimenter einzuteilen wären. Diese Regimenter hätten grundsätzlich im Gefüge der **österr.** und **ungar. Korps** zu verbleiben, denen die spezifisch österr. und ungar. Abzeichen (Fahnen, Embleme etc.) einzuräumen wären und deren Zahl und Truppenstärke in einem bestimmten Verhältnis zueinander zu fixieren wäre. Dabei darf die Einteilung von ungar. Staatsbürgern in ungarische und von österr. Staatsbürgern in österreichische Korps nicht etwa als **ausnahmslose** Regel gelten. Von vornherein muß ein bestimmtes Austauschverhältnis festgesetzt werden, so daß es sich, was die tatsächliche Zusammensetzung anlangt, - lediglich um einen vornehmlich ungarischen Charakter der ungarischen und einen bloß vornehmlich österreichischen Grundstock bei den österreichischen Korps handelt. Insbesondere müßten die Offiziere prinzipiell **frei disponierbar** sein. Es ergäbe sich somit gegenüber dem schon heute bestehenden Zustand in dieser Richtung keine wesentliche Änderung, nur daß eine äußere Form geschaffen würde, die im hohen Maße dem durch die Leistungen in diesem Kriege noch gesteigerten und berechtigten Selbstgefühle Österreichs wie Ungarns Rechnung tragen würde.

Diese äußere Form eines ungarischen neben einem österreichischen Heere - die noch viel weniger **sachliche** Unterschiede aufweist, als etwa zwischen der preußischen und der bayerischen Armee bestehen - hätte auch den außerordentlichen Vorteil, daß daneben eine selbständige österr. und ungar. Landwehr **überflüssig** wären und ohne jeden Widerstand aufgelöst werden könnten, ja weil mit der vorgeschlagenen Organisation, die ja in einem gewissen Sinne als eine außerordentliche Erweiterung der beiden nationalen Heeresbestandteile angesehen werden kann, im Widerspruche stehend, in ihrer heutigen Form aufgelöst werden **müßten.** Welch großen Vorteil dies in **administrativer** Hinsicht bedeutete, braucht nicht besonders hervorgehoben zu werden. Die einzige ernstliche Schwierigkeit, die dem vorgeschlagenen Projekte entgegenzustehen scheint, ist die **Sprachenfrage.** Allein auch in dieser Richtung erweist sich die Scheidung von Militär-**Verwaltung** und **Kommando** als fruchtbares Prinzip.

Vor allem muß festgestellt werden, daß das gesprochene, reglementmäßige Kommando, so wie es vornehmlich im Verbande der Unterabteilung in Betracht kommt, gerade mit Rücksicht auf die modernen Formen der Kriegführung eine viel geringere Rolle spielt, als man ursprünglich geglaubt hat. Dann aber ist die Entscheidung über die **Kommandosprache** eine **Kommando**angelegenheit und wird daher **nach dem Ermessen des obersten Kriegsherrn** bestimmt. Ob sich Se. Majestät veranlaßt sehen sollte, bei allen oder gewissen Truppenkörpern von einer bestimmten Kommandostelle nach abwärts, etwa innerhalb des Unterabteilungsverbandes, die Kommandogebung derjenigen Sprache anpassen zu lassen, die von der überwiegenden Mehrheit gesprochen wird, kann nur vom Standpunkte fachlich-**militärischer** Interessen erörtert werden. Lediglich auf dem Gebiete der Militär-**Verwaltung** können andere Gesichtspunkte maßgebend sein. Und da ist es allerdings nicht zu vermeiden, daß ein ungarisches Kriegsministerium, als ein Organ der **ungarischen** Staatsverwaltung, sich des Ungarischen als der Dienstsprache bedient und in dieser Sprache mit allen unterstellten Militär-**Verwaltungs**behörden verkehrt. Soweit **Truppenkörper** als solche mit dem österreichischen oder dem ungarischen Kriegsministerium in **unmittelbaren** Verkehr treten - und es steht nichts im Wege, diesen unmittelbaren Verkehr einzuschränken -, werden sich allerdings diese Stellen in Österreich wie in Ungarn der dort herrschenden Staats- oder Vermittlungssprache, als ihrer Verwaltungs- (nicht Kommando-)Sprache zu bedienen haben; es wird sich empfehlen, jedem Truppenkörper einen entsprechenden sprachkundigen "Verwaltungsoffizier" beizugeben, eine Einrichtung, die schon aus anderen Gründen, vor allem deshalb wünschenswert wäre, um den Truppenkommandanten, vom Regimentskommando aufwärts, von der Last rein **administrativer** Agenden zu befreien und ausschließlich den eigentlichen **Kommando**angelegenheiten zuzuführen. Aus dem Status der - womöglich juristisch gebildeten - Verwaltungsoffiziere wären auch die Konzeptskräfte der Zentralstellen zu besetzen: solche Verwaltungsoffiziere wären aber vor allem bei den Ergänzungs- und Evidenzbehörden einzuteilen.

Schließlich wäre noch eine Konsequenz zu bedenken, die sich aus dem Wegfalle eines **gemeinsamen** Kriegsministeriums ergäbe. Zu den sogenannten **pragmatischen** Angelegenheiten gehörten neben den gemeinsamen Ministerien (dem des Äußern und der

Finanzen) das gemeinsame Armee-Oberkommando, das jedoch - weil die Kommandogewalt des Monarchen unverantwortlich geübt wird - nicht vor den Delegationen zu erscheinen hätte. Diese Konsequenz, die ja gerade in Ungarn auf keinen Widerstand stieße, entspräche jedoch durchaus schon unserer **gegenwärtigen** Verfassung. Denn es ist mit der Stellung eines "Kriegs-Ministers" unvereinbar, daß er vor einer parlamentarischen Körperschaft Angelegenheiten vertritt, für die er nicht **verfassungsgemäß** verantwortlich ist. Und das ist eben bei allen jenen Agenden der Fall, die zur **Kommandogewalt** gehören. Tatsächlich kam es in den Delegationen nur anläßlich der Beratung über das gemeinsame Budget und speziell über den Heeresvoranschlag zur Diskussion **militärischer** Fragen. Dabei konnte sich die ganze Diskussion in jedem der beiden Parlamente wiederholen, da ja diesen die endgültige Bewilligung der beiden auf Österreich und Ungarn entfallenden Teilsummen zukommt. Hier sind es die beiden **Landesverteidigungs-Minister**, die für die Heeres-Verwaltung und somit auch zum großen Teile für Dinge die Verantwortung übernehmen, die gar nicht in ihrer Kompetenz, sondern in derjenigen des **Kriegsministeriums** erledigt wurden. Diesem unklaren und widerspruchsvollen Zustand gegenüber bedeutete es einen entschiedenen Vorteil, wenn zwar die Gesamtsumme **des gemeinsamen Heeresaufwandes** so wie bisher vom **gemeinsamen Finanzminister** in den Delegationen angefordert und von diesen bewilligt, die **parlamentarische** Diskussion jedoch auf diejenigen Angelegenheiten beschränkt würde, die, zu der Militär-**Verwaltung** gehörig, unter **ministerieller Verantwortung** gestellt, nur in jener parlamentarischen Körperschaft abgeführt würde, der einzig und allein ein für die Militär-**Verwaltung** verantwortlicher Minister gegenübersteht.

DOKUMENT III

1918 01 17. Wien. Hauptmann-Auditor Professor Dr. Hans KELSEN konzipiert für k.u.k. Kriegsminister Rudolf Freiherr STÖGER-STEINER von STEINSTÄTTEN ein an den k.k. Ministerpräsidenten und an den k.u. Ministerpräsidenten gerichtetes Schreiben wegen der Reform der Organisation der Wehrmacht.

Original. Maschineschrift. Kriegsarchiv Wien. Präsidialakten 1918 49 - 5/2.

k.k. Ministerpräsident ... 1
k.u. Ministerpräsident ... 2
Vertraulich !!! Person !!! eigenhändig
1 durch Offizier
2 durch Offizier als Kurier

EUER EXZELLENZ

beehre ich mich im Folgenden die Grundzüge einer geplanten Reform der Wehrmachtsorganisation bekanntzugeben, auf Grund welcher ich im Sinne des Allerhöchsten Befehlschreibens vom 8. dieses Monats mit den Ministerpräsidenten beider Staaten der Monarchie in Verhandlungen zu treten habe. Denn die geplante Reform geht über den Bereich des SEINER MAJESTÄT nach den Verfassungen beider Staaten der Monarchie gewährleisteten Reservatrechtes der inneren Organisation der Wehrmacht hinaus; sie berührt die gesetzlichen Grundlagen der Wehrmacht, kann daher nur im vollen Einvernehmen mit den Regierungen beider Staaten in Angriff genommen und nur unter der Mitwirkung der Legislativen beider Staaten durchgeführt werden.

I.

Es ist eine bekannte Tatsache, daß die beiden Ausgleichsgesetze vom Jahre 1867, auf denen die Wehrmachtsorganisation staatsrechtlich beruht, und die dem Sinne des Ausgleichswerkes nach, der Ausdruck zweier im Wesen übereinstimmender Staatswillen über ihr gegenseitiges Verhältnis sein sollten, in nicht unerheblichem Maße mit einander im Widerspruche stehen und daß gerade in der Regelung des Kriegswesens hinsichtlich Art und Umfang der Gemeinsamkeit Differenzen bestehen.

Angesichts dieses Zustandes der verfassungsrechtlichen Grundlagen der Wehrmacht ist es nicht zu verwundern, daß um die prinzipiellsten Voraussetzungen ihres Bestandes als gemeinsamer Institution vom ersten Tage nach Perfektuierung des Ausgleiches bis mitten in den Weltkrieg hinein die schwersten Verfassungskämpfe geführt wurden. In welchem Maße diese die Grundfesten der Monarchie erschütternden Kämpfe das Verhältnis zwischen beiden Staaten getrübt, die ruhige Entwicklung des Kriegswesens und damit die militärische Kraft der Monarchie unterbunden und dadurch ihre Großmachtstellung in Frage gestellt haben, weiß jeder, dem die Leidensgeschichte unserer Wehrmacht, zugleich das Hauptkapitel in der inneren Verfassungsgeschichte Österreich-Ungarns, bekannt ist.

In diesem von beiden Seiten vornehmlich mit juristischen Gründen und Gegengründen geführten Kämpfen kann sich die Heeresverwaltung weder die nur auf das österreichische, noch die nur auf das ungarische Ausgleichsgesetz gestützten Argumentationen zu eigen machen. Da mangels einer einheitlichen Voraussetzung mit **juristischen** Argumentationen überhaupt kein fruchtbares Resultat zu erzielen ist, muß sich die Heeresverwaltung notgedrungen auf den **politischen** Gesichtspunkt loyaler, die Interessen beider Staaten und das Gesamtinteresse der Monarchie gleichmäßig berücksichtigender Parität beschränken, zumal nur dadurch das militärische Interesse, nämlich die Aufrechterhaltung und Stärkung der Verteidigungsfähigkeit der Monarchie gewahrt bleibt.

Die Unsicherheit der Rechtsgrundlagen, die für die Gemeinsamkeit des Kriegswesens gelegt wurden, hat auch zur Folge, daß unter dem Drucke politischer Verhältnisse diese Gemeinsamkeit schon vom ersten Tage ihres faktischen Bestandes an stückweise abzubröckeln begann. Kaum ein Jahr nach der Vollendung des Ausgleichswerkes wurden die beiden Landwehren geschaffen. Ursprünglich als eine Art Reserve oder zweite Linie gedacht, haben sie sich nunmehr zu vollwertigen stehenden Heeren entwickelt, so daß die Monarchie an Stelle einer Armee nunmehr deren drei besitzt, eine Entwicklung, die nebst anderem eine ganz außerordentliche Komplikation der auf drei große Zentralstellen verteilten Militärverwaltung mit sich brachte.

Der den Gedanken der Gemeinsamkeit stetig aushöhlende Prozeß ergriff aber auch den noch gemeinsam verbliebenen Teil des Kriegswesens. In diesem Zusammenhange seien nur die zum größten Teil erfüllten Forderungen des sogenannten ungarischen Neuner-Programmes vom Jahre 1903 erwähnt und die Tatsache festgestellt, daß mit der Kommandierung von Offizieren ungarischer Staatsbürgerschaft zu den ungarischen Truppen des gemeinsamen Heeres innerhalb dieses Körpers schon jetzt die Schaffung eines spezifisch ungarischen und dementsprechend auch eines spezifisch österreichischen Bestandteiles angebahnt ist.

Wer seine Augen vor Tatsachen nicht verschließt, muß erkennen, daß der Abbau der Gemeinsamkeit auf dem Gebiete der Militärverwaltung einen Punkt erreicht hat, von dem aus es kein Zurück mehr gibt, auf dem zu beharren aber mangels jeder gesetzlichen Stütze kaum möglich und wegen der Halbheit und Zweckwidrigkeit des Zustandes auch nicht wünschenswert ist. Schon seit Jahren und längst vor diesem Kriege war jedem, dem die Wahrung militärischer Interessen oblag, die dringende Notwendigkeit einer Reform der verfassungsrechtlichen Grundlagen der Wehrmacht offenkundig.
Da brach der Krieg aus.
So wie er in Österreich das Staatsgefühl gestärkt und der staatlichen Organisation, dadurch daß sie sich gegen eine Welt von Feinden militärisch zu behaupten vermochte, das Selbstbewußtsein gehoben hat, so hat er in Ungarn den Nationalstolz hoch aufwallen lassen. Es ist nur natürlich und vom Standpunkte militärischer Interessen zu begrüßen, daß im Kriege das gesteigerte Staatsgefühl vor allem in der Armee seinen Ausdruck sucht. Die Armee, die im Kriege wie in einem Brennpunkte alle Kräfte des Volkes vereinigt, ist für seine unmittelbare Anschauung die sinnfällige Verkörperung seines Willens zu ehrenvoller Selbstbehauptung. Man kann diese geistige Bewegung, die das Schwergewicht des Staatsbewußtseins in die Armee verlegt, bei allen kriegführenden Staaten, ja auch bei solchen beobachten, die früher der militärischen Organisation nur eine geringe Bedeutung im öffentlichen Leben eingeräumt hatten, wie England und Amerika. Es ist daher durchaus verständlich, daß in Ungarn der alte Wunsch nach einer nationalen Form des Heeres, nach Verwirklichung des im Gesetzartikel XII vom Jahre 1867 genannten "ungarischen Kriegsheeres" gerade in diesem langwährenden Kriege wieder auflebt.

Vom Standpunkte militärischer Interessen, insbesondere vom Standpunkte der gemeinsamen Kriegsverwaltung, ist es im höchsten Grade wünschenswert, daß die gewaltigen Kräfte, die das gehobene Staats- und Nationalgefühl entfesselt, für die Zwecke der militärischen Verteidigung der Monarchie dienstbar gemacht werden. Dies ist aber nur möglich, wenn die Organisation der Wehrmacht sich in Grundformen bewegt, die ebenso den Bedürfnissen der Monarchie nach Einheit und hemmungslosem Zusammenwirken aller militärischen Elemente, wie insbesondere auch den berechtigten, durch ihr notwendiges gegenseitiges Verhältnis abgestimmten Sonderinteressen beider Staaten entsprechen.

Eine die staatlichen und nationalen Interessen befriedigende Form der Wehrmachtsorganisation wird die Volkskräfte ungehemmt in die Bahnen militärischer Verteidigung strömen lassen, zumal durch sie der peinliche Gegensatz im Verhältnisse beider Staaten beseitigt und dadurch die Kraft der Monarchie gestärkt wird. Dies alles unter der Voraussetzung, daß es gelingt, bei gleichzeitiger Befriedigung der staatlichen und nationalen Aspirationen die Organisation der Wehrmacht auf eine gesunde, feste Rechtsbasis zu stellen **und noch bessere Garantien für die Einheitlichkeit und volle Schlagkraft der Wehrmacht zu schaffen** als bisher bestanden haben.

Für die Lösung dieses Problems, vor das die Heeresverwaltung **zu ihrem Bedauern mitten im Kriege gestellt wurde,** hat gerade dieser Krieg wertvolle Erfahrungen beigebracht. Er hat gezeigt, daß administrativ getrennte Armeekörper, die nach ihrer Staatsangehörigkeit und Sprache gänzlich verschieden waren, dennoch unter einheitlichem Kommando durchaus befriedigend zu einheitlichen strategisch oder taktischen Zielen zusammenwirken können. Es sind insbesondere die Erfahrungen, die das k.u.k. Armeeoberkommando mit den beiden Landwehren und speziell mit den in ungarischer Sprache kommandierten und administrierten Honvéds hinsichtlich ihrer klaglosen Einfügung in das Ganze der österreich-ungarischen Wehrmacht gemacht hat, die denkbar besten.

Unter dem für die Heeresverwaltung vor allem maßgebenden, immer wieder zu betonenden Gesichtspunkt: **daß durch die beabsichtigte Reform die Einheitlichkeit der gesamten Wehrmacht noch besser gewährleistet wird** als dies infolge der unsicheren Rechtslage bisher möglich war, läßt sich die für die Lösung des Problemes entscheidende Form finden; die gestellte Aufgabe ist befriedigend zu lösen, wenn die nach den Verfassungen beider Staaten ausschließlich SEINER MAJESTÄT zustehende, der ministeriellen Verantwortlichkeit und parlamentarischen Rechtskontrolle entrückte Allerhöchste **Kommandogewalt** über die gesamte Wehrmacht, deren Einheit vor allem durch die Einheit der Kommandogewalt garantiert wird, klar und deutlich von der ministeriellen Verantwortung und damit der Rechtskontrolle zweier Parlamente unterworfenen **Militärverwaltung** geschieden wird; dann bleibt eine Trennung der Armee in je ein die Landwehr in sich aufnehmendes **österreichisches und ungarisches Heer auf das Gebiet der Militärverwaltung eingeschränkt die gesetzlich abzugrenzende und entsprechend auszubauende Allerhöchste Kommandogewalt verbleibt aber in der alleinigen Hand SEINER MAJESTÄT** als des gemeinsamen Kriegsherrn und verbindet die beiden administrativ getrennten, zu zwei selbständigen **Verwaltungs**körpern - nicht aber **Kommando**einheiten - ausgebauten

Heere zu der in operativer Hinsicht allein maßgebenden strategischen und taktischen Einheit, wobei erhöhte Garantien für das einheitliche Zusammenwirken der beiden Heere auch auf administrativem Gebiete zu schaffen sind.

Eine auf diesem Prinzipe aufgebaute Reform kann unter grundsätzlicher Aufrechterhaltung des bestehenden staatsrechtlichen Verhältnisses zwischen beiden Staaten der Monarchie, das seit einem halben Jahrhundert bewährten Dualismus und unter möglichster Schonung der geltenden Gesetze **insbesondere der beiden Ausgleichsgesetze** durchgeführt werden. Lediglich ihre das gemeinsame Kriegswesen betreffenden Bestimmungen müßten entsprechende Modifikationen erfahren.

Was die legislative Behandlung der geplanten Reform betrifft, so wäre das hier entwickelte Grundprinzip in zwei textlich genauestens übereinstimmenden Gesetzen, in einem österreichischen und einem ungarischen **Militärgesetz** durchzuführen, für das ein Entwurf als Basis weiterer Verhandlungen angeschlossen wird. Dieses Gesetz stellt sich als eine authentische Interpretation und Fortbildung des staatsrechtlichen Ausgleiches vom Jahre 1867 auf dem Gebiete des Kriegswesens dar. Es hätte, um bezügliche Verfassungsstreitigkeiten hinsichtlich seiner Abänderungsmöglichkeit von vorneherein auszuschließen, eine ausdrückliche Bestimmung zu enthalten, die jede **einseitige** Abänderung dieses Gesetzes durch die Legislative eines der beiden Staaten **ausschließt.** Dabei muß seitens der gemeinsamen Kriegsverwaltung unter allen Umständen daran festgehalten werden, daß die faktische Durchführung der Reform selbstverständlich **erst nach Abschluß des Krieges** und daß die SEINER MAJESTÄT **reservierte organisatorische Aufstellung der beiden Heere nur zugleich mit der Sanktion derjenigen Gesetze erfolgen kann, die die Voraussetzung der Reform bilden und alle militärischerseits zu fordernden Garantien enthalten.**

II.

Zur Erläuterung des angeschlossenen Militärgesetz-Entwurfes beehrte ich mich das Folgende auszuführen:

Der Gedanke, die Kommandogewalt von der Militärverwaltung zu sondern, tritt gleichzeitig mit der Verwirklichung des Konstitutionalismus auf und entspringt dem Bedürfnis, die Führung der Kommandoangelegenheiten, ihrer absolute Einheit und rasche Entscheidung erfordernden Natur entsprechend, aus dem schwerfälligen System des Konstitutionalismus auszuscheiden, das seinem Wesen nach auf den Ausgleich einander widerstrebenden Interessen und Willensrichtungen abgestellt ist. Besonders in Bundesverhältnissen pflegt man das Kommando von der Verwaltung zu scheiden. Auch in der Geschichte unserer Wehrmacht sind wiederholt Ansätze zu einer solchen Entwicklung zu konstatieren. Zweifellos wirkte dieser Gedanke auch in den beiden Ausgleichsgesetzen, sowie er ja auch in unseren beiden Landwehrgesetzen zum Ausdruck kommt. Allein zu einer klaren, konsequenten Durchführung des Prinzipes ist es bei der Organisation der Wehrmacht nicht gekommen. Die ungenügende Scheidung von Militärverwaltung und Kommandogewalt macht sich vor allem in der Organisation der militärischen Zentralstellen insbesondere in der des gemeinsamen Kriegsministeriums geltend. Dem gemeinsamen Kriegsminister obliegt die Militärverwaltung hinsichtlich der gemeinsamen Teile der Wehrmacht. In dieser Richtung steht er unter der in den beiden Ausgleichsgesetzen prinzipiell statuierten, mangels eines entsprechenden Durchführungsgesetzes allerdings nicht praktikablen Ministerverantwortung. Allein tatsächlich fungiert der Kriegsminister auch als Hilfsorgan des Monarchen in allen Angelegenheiten, die sich als "Leitung, Führung und innere Organisation" der gemeinsamen Wehrmacht, das heißt als Kommandogewalt, darstellen und verfassungsgemäß jeder ministeriellen Verantwortung entzogen sind. Mangels einer auch nur annähernd deutlichen gesetzlichen Grenze zwischen Militärverwaltung und Kommandogewalt, angesichts der außerordentlich vagen Bestimmung der Kommandogewalt durch die Formel "Leitung, Führung und innere Organisation" ist die Frage, wo eigentlich die Verantwortung des Ministers beginnt, und seine, von der eines verantwortlichen Ministers gänzlich verschiedenen Stellung eines, zu unbedingtem Gehorsam verpflichteten Hilfsorganes der Allerhöchsten Kommandogewalt aufhört, gänzlich im Ungewissen. Eine gesetzliche Abgrenzung der inhaltlich zu umschreibenden Kommandogewalt ist daher unbedingt erforderlich, und dies umso mehr, wenn die Militärverwaltung aus der Kompetenz eines gemeinsamen Organes ausgeschieden und auf die beiden Staaten aufgeteilt werden soll.

Zugleich mit dieser gesetzlichen Scheidung von Militärverwaltung und Kommandogewalt muß die letztere klar und deutlich der **ausschließlichen** Verfügung SEINER MAJESTÄT übertragen und so unzweideutig der ministeriellen Verantwortung und daher den, nach verschiedenen Richtungen orientierten Einflüssen zweier Parlamente entrückt werden. Die in diesem Punkte bestehenden durch die verschiedene Textierung der beiden Ausgleichsgesetze hervorgerufenen Zweifel müssen behoben werden. (§ 3 des Militärgesetzentwurfes).

Die Einheit der gesamten Wehrmacht soll aber auch dadurch sichergestellt werden, daß in den **Umfang der Kommandogewalt** alle diese Einheit verbürgenden Wirkungsmöglichkeiten aufgenommen werden. (§ 4 des Militärgesetzentwurfes).

So vor allem die Organisation der Wehrmacht einschließlich der Ernennung und Einteilung der Offiziere, insbesondere auch die Regelung der Dienst- und Kommandosprache. (§ 4, Punkt 1 des Militärgesetzentwurfes). Die Einteilung und Ernennung der Offiziere ist schon darum als Reservatrecht anzusprechen, weil das Offizierskorps, dieses Rückgrat der Armee, in allen wesentlichen Belangen ohne jede fremde Ingerenz dem Allerhöchsten Oberbefehl zur Verfügung bleiben muß. Daß die Regelung der Dienst- und Kommandosprache nur durch einen aus der Allerhöchsten Kommandogewalt fließenden Willensakt erfolgen kann, muß aus dem Gesetze unzweideutig hervorgehen.

Weil es für die Einheit der Wehrmacht unbedingt erforderlich ist, daß für alle Teile der Landarmee, insbesondere für die beiden Heere Österreichs und Ungarns, eine **gemeinsame Generalität,** ein gemeinsamer Generalstab, gemeinsame Spezialstäbe (Artillerie- und Geniestab), und gewisse gemeinsame Anstalten für die Ausbildung und für besondere Dienstzweige bestehen, muß der Kommandogewalt die Bestimmung der zu ihrer Handhabung notwendigen und sohin gemeinsamen Organe vorbehalten bleiben. (§ 4, Punkt 1 des Militärgesetzentwurfes).

Zur Organisation der Wehrmacht gehört aber auch die Erlassung genereller Normen für den Dienstbetrieb aller Teile der Wehrmacht, somit aller Reglements und Dienstbücher. Da die interne Militärverwaltung - soferne nicht Pflichten und Rechte außenstehender, nicht oder noch nicht zum militärischen Organismus gehöriger Personen in Betracht kommen - nach wie vor auf solchen Allerhöchst sanktionierten Reglements und Dienstbüchern beruhen muß, wird dieser Teil der Militärverwaltung kraft der einheitlichen Quelle der maßgebenden generellen Normen auch nach administrativer Trennung für das österreichische wie für das ungarische Heer jeden wünschenswerten Grad von Einheitlichkeit behalten. (§ 4, Punkt 1 des Militärgesetzentwurfes). Was dagegen die auf Grund von Gesetzen und gesetzlich delegierten Verordnungen durchzuführende Verwaltung betrifft - und diese kommt insoweit in Betracht als es sich um die Militärjustizpflege und um für die Militärverwaltung erforderliche Pflichten und Rechte von nicht zum Militär gehörigen Personen handelt - so wird auf die in einem späteren Zusammenhange zu erörternden Bestimmungen des § 5, Absatz 3 des Militärgesetzentwurfes verwiesen.

Wie alle generellen Normierungen so muß zur Allerhöchsten Kommandogewalt auch die generelle Festsetzung der Bewaffnung, Bekleidung und Ausrüstung, gehören, während die administrative Beschaffung und Verwaltung des Materials der Militärverwaltung beider Staaten überlassen bleiben kann (§ 4, Punkt 1 des Militärgesetzentwurfes).

Zur Kommandogewalt muß ferner gehören die Ausbildung der Truppen und Stäbe, die Vorbereitung und Durchführung von Truppenübungen aller Art, insbesondere auch von gemeinsamen Truppenübungen und die Inspizierung aller Teile der Wehrmacht durch Generalinspektoren, die als gemeinsame Organe der Allerhöchsten Kommandogewalt beziehungsweise deren unmittelbarem Hilfsorgan, dem gemeinsamen Kriegsminister, unterstellt sind. (§ 4, Punkt 2 und § 7, Absatz 5 des Militärgesetzentwurfes).

Als zur Kommandogewalt gehörig muß ferner anerkannt werden: die Verwendung aller Teile der Wehrmacht und deren Dislokation, worunter die Bestimmung der Standorte zu verstehen ist (§ 4, Punkt 3 des Militärgesetzentwurfes). Der Träger der Allerhöchsten Kommandogewalt muß das Recht haben, alle Teile der Wehrmacht im Frieden wie im Kriege überall zu dislozieren und zu verwenden, wo es das Interesse der Monarchie nach seinem Ermessen erfordert. Die Verwendung jedes Teiles der Wehrmacht innerhalb der Gesamtmonarchie ebenso wie außerhalb ihrer oder der Grenzen eines der beiden Staaten, beziehungsweise Bosniens und der Hercegovina durch SEINE MAJESTÄT ergibt sich aus der ihm hinsichtlich der gesamten Wehrmacht übertragenen, für die beiden Heere gemeinsam auszuübenden Kommandogewalt. Diesem Gedanken entspricht auch die Formulierung des die Bestimmung der Wehrmacht normierenden § 1 des Militärgesetzentwurfes. Allfällige Einschränkungen des Dislokations- und Verwendungsrechtes in territorialer Hinsicht, wie sie derzeit für die ungarische Landwehr bestehen, kommen für keines der beiden neu zu schaffenden Heere in Betracht, da diese als Rechtsnachfolger des bisher gemeinsamen Heeres anzusehen sind, für das keine derartige Beschränkung bestanden hat und im Interesse der Monarchie auch nicht geschaffen werden darf.

Als in die Kompetenz des Allerhöchsten Oberbefehles fallend sind schließlich alle die Wehrmacht betreffenden operativen Angelegenheiten anzuerkennen, insbesondere alle Verfügungen über die Wehrmacht während des Krieges, die Anordnung einer teilweisen oder vollen Ergänzung auf den Kriegsstand, die Entlassung zur Wiederannahme des Friedensstandes, die Mobilisierung und Demobilisierung und das Befestigungswesen. Letzteres jedoch nur in operativer Hinsicht: die bauliche Durchführung der Befestigungsarbeiten hätte als eine Verwaltungsagende zu gelten. (§ 4, Punkt 4 des Militärgesetzentwurfes).

Was die **Organisation der Kommandogewalt** betrifft, so läge es nahe, zu ihrer Ausübung als Hilfsorgan des Allerhöchsten Armeeoberkommandanten auch in Friedenszeiten ein Armeeoberkommando aufzustellen, das neben dem verantwortlichen gemeinsamen Kriegsminister zu fungieren hätte. Auf ein gemeinsames Kriegsministerium könnte nämlich nicht verzichtet werden, auch wenn die Aufteilung des gemeinsamen Heeres auf zwei Heere Österreichs und Ungarns und somit der hierfür in Betracht kommenden Militärverwaltung auf zwei Kriegsministerien erfolgt. Denn die Verwaltung der **Kriegsmarine** widerstrebt der für das Heer durchführbaren administrativen Trennung, schon wegen des Außendienstes der k.u.k. Flotte, von der jedes einzelne Kriegsschiff die Gesamtmonarchie repräsentieren muß, so daß eine Spaltung dieser gemeinsamen Flotte auch mit Rücksicht auf ihren tatsächlichen Umfang undurchführbar ist. Es muß daher die Marineverwaltung auch in Hinkunft bei einem gemeinsamen verantwortlichen Ministerium verbleiben, als welches, da es sich nicht empfiehlt, auch in diesem Punkte schon jetzt eine Änderung des Ausgleichs eintreten zu lassen, und ein gemeinsames Marineministerium zu errichten, - nur das gemeinsame Kriegsministerium in Betracht kommt. (§ 7, Absatz 3 des Militärgesetzentwurfes).

Ein gemeinsamer Kriegsminister ist aber auch deshalb notwendig, weil die Verantwortung für die Verwendung der zur Handhabung der Allerhöchsten Kommandogewalt durch gemeinsame Organe parlamentarisch bewilligten Gelder von einem Minister und Mitglied der gemeinsamen Regierung getragen werden und eine parlamentarische Kontrolle insbesondere nach der Richtung sichergestellt werden muß, daß die bewilligten Gelder tatsächlich nur den vorgeschriebenen Zwecken zugeführt werden. Diese Verantwortung kann aber verfassungsgemäß nur ein Minister, nicht aber der Chef des Generalstabes oder ein von SEINER MAJESTÄT ernannter Armeeoberkommandant übernehmen. (§ 7, Absatz 1 des Militärgesetzentwurfes).

Ein gemeinsamer Kriegsminister ist aber schließlich auch deshalb unentbehrlich, weil eine gemeinsame Verwaltungsstelle bestehen muß, unter deren verfassungsmäßigen Mitwirkung die möglichste Einheitlichkeit der beiden Militärverwaltungen garantiert wird. Zur Herstellung der für das harmonische Zusammenwirken beider Heere notwendigen gegenseitigen Anpassung der beiden Militärverwaltungen ist - eben weil es sich hier um ein Gebiet verantwortlicher Militärverwaltung handelt - als gemeinsames Organ nur ein gemeinsamer Kriegsminister, nicht etwa ein Organ der Kommandogewalt geeignet. (§ 7, Absatz 2 des Militärgesetzentwurfes).

Endlich muß - da das bosnisch-hercegovinische Heereskontingent bis zu einer Neuregelung der staatsrechtlichen Stellung Bosniens und der Hercegovina als ein gemeinsamer Bestandteil der Wehrmacht bestehen bleiben muß, - die Militärverwaltung hinsichtlich dieser Truppen einer gemeinsamen Behörde übertragen werden, als welche gleichfalls zweckmäßigerweise nur das gemeinsame Kriegsministerium in Betracht kommt. (§ 7, Absatz 4 des Militärgesetzentwurfes).

Ist aber der gemeinsame Kriegsminister unvermeidlich, dann würde die Errichtung eines organisatorisch selbständigen Armeeoberkommandos als besonderer Behörde neben dem gemeinsamen Kriegsminister eine außerordentliche Komplikation der Organisation des Kriegswesens bedeuten. Nicht weniger als vier Zentralstellen hätten sich in der obersten Leitung zu teilen: das Armeeoberkommando, der gemeinsame, der österreichische und der ungarische Kriegsminister.

Auch ist bisher noch immer das unter dem unmittelbaren Einwirken von Feldzügen auch für die Friedenszeit errichtete Armeeoberkommando - wie die Geschichte unserer Wehrmacht zeigt - aus konstitutionellen Rücksichten sehr bald wieder aufgelöst und seine Agenden sind dem Kriegsministerium übertragen worden. Es empfiehlt sich daher auch heute die während des jetzigen Krieges zum größten Teile durch das Armeeoberkommando geführten Agenden der Allerhöchsten Kommandogewalt in dem nach § 4 des Militärgesetzentwurfes zu bestimmenden Umfang nach erfolgter Demobilisierung wieder im gemeinsamen Kriegsministerium bearbeiten zu lassen. (§ 7, Absatz 5 des Militärgesetzentwurfes). Hinsichtlich dieser Agenden wäre das gemeinsame Kriegsministerium gleichsam nur im übertragenen Wirkungskreise, weil als Organ des Allerhöchsten Oberbefehls, nicht aber als verantwortliches Ministerium, tätig. Nach dieser Richtung hätte es lediglich die vom Chef des Generalstabes zu erteilenden Direktiven näher auszuführen. Der Chef des Generalstabes aber hätte als unmittelbares Hilfsorgan des Allerhöchsten Oberbefehles neben dem gemeinsamen Kriegsminister, diesem koordiniert, Immediatvortrag bei SEINER MAJESTÄT. In dieser Eigenschaft wären dem Kriegsminister auch die Generalinspektoren der Truppen, - Waffen - und besonderen Dienstzweige unterzuordnen.

Alle, die Heere der beiden Staaten betreffenden Agenden, soferne sie nicht der Kommandogewalt oder dem selbständigen Wirkungskreise des gemeinsamen Kriegsministers vorbehalten sind, gehören in die Kompetenz des k.k. österreichischen, beziehungsweise des k.u. Kriegsministers. (§ 5, Absatz 1 und § 6 des Militärgesetzentwurfes). Diesen obliegt auch für den Bereich ihres Staates die politisch-administrative Tätigkeit hinsichtlich der gemeinsamen Teile der Wehrmacht; k.u.k. Kriegsmarine, k.u.k. bosnisch-hercegovinisches Heereskontingent. (§ 5, Absatz 2 des Militärgesetzentwurfes).

Zur Sicherstellung der Einheitlichkeit der Militärverwaltung in beiden Staaten, soferne sie auf Grund von Gesetzen oder delegierten Verordnungen durchzuführen ist, wird gesetzlich vorgesehen, daß die Kriegsminister der beiden Staaten bei der Vorbereitung der in ihr Ressort fallenden Gesetze, bei der Erlassung von Verordnungen auf Grund dieser Gesetze und bei allen prinzipiellen Entscheidungen und Verfügungen das Einverständnis mit dem gemeinsamen Kriegsminister herzustellen haben. (§ 5, Absatz 3 und § 7, Absatz 2 des Militärgesetzentwurfes). Die hier vorgeschlagene Verknüpfung der gemeinsamen Militärverwaltung mit der Sonderverwaltung jedes der beiden Staaten findet ihr Vorbild in einem durch die Rechtsordnungen der beiden Staaten bereits geschaffenen und entwickelten Rechtsinstitute, so wie es insbesondere in den Vollzugsklauseln der beiden Wehrgesetze normiert ist.

Hinsichtlich der militärischen Gesetze wäre eventuell in Erwägung zu ziehen, ob ihnen nicht allen die gleiche Qualifikation von notwendigerweise paktierten, hinsichtlich ihres Inhaltes zwischen beiden Staaten zu vereinbarenden Normen in der gleichen Weise zuerkannt werden sollte, wie dies gegenwärtig nur hinsichtlich des Wehrgesetzes und zwar unzweideutig nur im österreichischen Ausgleichsgesetze geschieht.

Ebenso wie der gemeinsame Kriegsminister können auch die beiden nationalen Kriegsminister im übertragenen Wirkungskreise als Organe der Allerhöchsten Kommandogewalt verwendet werden. (§ 5, Absatz 4 des Militärgesetzentwurfes). Insbesondere käme hier die teilweise Übertragung der näheren Durchführung der im § 4, Absatz 1, des Militärgesetzentwurfes genannten Mobilisierungs- und Demobilisierungsagenden in Betracht:

Die **Kosten** der durch die beiden Kriegsminister geführten Militärverwaltungen würden in Hinkunft nicht mehr gemeinsam sein, sondern den betreffenden Staat allein belasten, so daß Österreich für das österreichische Heer, Ungarn für das ungarische Heer zu sorgen hätte. (§ 8, Absatz 2 des Militärgesetzentwurfes). Dagegen müßten die Kosten der Ausübung der Kommandogewalt und der vom gemeinsamen Kriegsminister geführten Militärverwaltung insbesondere die Kosten der k.u.k. Kriegsmarine im Sinne der beiden Ausgleichsgesetze gemeinsam bleiben (§ 8, Absatz 1 des Militärgesetzentwurfes).

Die Kosten des bosnisch-hercegovinischen Heereskontingentes wären nach wie vor aus den Einkünften Bosniens und der Hercegovina zu bestreiten.

Als gemeinsam müssen dagegen die Kosten aller Befestigungen anerkannt werden, da sonst der österreichische Staat mit seiner unverhältnismäßig größeren Auslandsgrenze eine mit Rücksicht auf den auch für den anderen Staat entscheidenden Wert der österreichischen Grenzbefestigungen zu starke finanzielle Belastung erfahren würde. Gemeinsam müßten auch bleiben die Kosten der Mobilisierung jedes Teiles der bewaffneten Macht und vor allem die Kosten der Kriegsführung. Denn es müßte die Einheit der Kriegsführung gefährden, wenn man beide Staaten der Monarchie ein gesondertes Interesse an der Höhe der Kriegskosten bei gemeinsamer Kriegsführung einräumen würde. So werden ja auch gegenwärtig die durch die Mobilisierung und Verwendung der Landwehren und des Landsturms zu Kriegszwecken entstehenden Kosten vom gemeinsamen Kriegsministerium bestritten.

Mit einer solchen Regelung der Kostenfrage würde, die überaus schwierige und das politische Verhältnis zwischen beiden Staaten immer trübende **Festsetzung der Quote** für das Beitragsverhältnis zu den gemeinsamen Ausgaben entweder überhaupt überflüssig werden, oder doch mit Rücksicht auf die geringe Höhe des quotenmäßig noch zu bedeckenden Betrages jede Bedeutung verlieren. Ebenso würde die mit soviel Schwierigkeiten verbundene **quotenmäßige Aufteilung der Heereslieferungen** und damit eine ständige Quelle von Streitigkeiten verschwinden.

Als eine wichtige und wertvolle Konsequenz der geplanten Reform wäre auch die Tatsache in Rechnung zu ziehen, daß durch eine administrative Trennung des gemeinsamen Heeres und die Aufteilung der Militärverwaltung auf beide Staaten die Möglichkeit einer **Überprüfung der Militärverwaltung durch die Gerichtshöfe des öffentlichen Rechtes** geschaffen würde, denen die dringend notwendige, im Interesse der Heeresverwaltung ebenso wie der Staatsbürger gelegene Rechtskontrolle wegen der Gemeinsamkeit der Militärverwaltung bisher entrückt war.

Mit der durch die beiden Militärgesetze durchzuführenden Reform wären die beiden **Landwehrgesetze** (§ 9 des Militärgesetzentwurfes) und sonstige durch die Reform bedingte **Änderungen der Rechtsordnungen** beider Staaten zu verbinden.

Speziell für die österreichische Regierung käme in Betracht, daß das tirolische Landesgesetz betreffend das **Landesverteidigungsinstitut** - das ja als solches im Gefüge des österreichischen Heeres bestehen bleiben könnte - der neuen Organisation entsprechend zu modifizieren wäre.

Was die **Justizgesetze** betrifft, so wären für die gemeinsam verbleibenden Teile der Wehrmacht die gegenwärtig bestehenden Normen aufrecht zu erhalten. Für das österreichische, beziehungsweise das ungarische Heer wären Militärstrafgesetz und Militärstrafprozeßordnung so wie sie bisher für die beiden Landwehren in Geltung stehen, zu übertragen.

Betreffs der Militärgerichtsbarkeit über Angehörige der beiden Heere, die bei gemeinsamen Institutionen eingeteilt sind, werden Vereinbarungen zu treffen sein.

Schließlich wären im Zuge der Reform moderne, die Erfahrungen dieses Krieges berücksichtigende **Wehrgesetze** zu schaffen, für die ich mir nach Maßgabe des Fortschreitens der Verhandlungen über das vorliegende Militärgesetz entsprechende Vorschläge zu erstatten erlauben werde.

Unvorgreiflich des SEINER MAJESTÄT reservierten Organisationsrechtes möchte ich über die innere **Ausgestaltung der beiden Heere** nur soviel bemerken, daß sie die beiden Landwehren in sich aufzunehmen hätten und daß auf solche Weise an Stelle von drei Heeren nur mehr deren zwei träten. Beide Heere wären mit allen Symbolen und Abzeichen des Staates auszustatten; nur bei den gemeinsamen Institutionen, die sich in personeller Hinsicht aus Angehörigen der beiden Heere zusammensetzten, und bei den gemeinsam verbleibenden Teilen der Wehrmacht hätten gemeinsame **Symbole und Abzeichen** zu bestehen. Als **Dienst- und Kommandosprache** wäre in den gemeinsam verbleibenden Teilen der Wehrmacht, und in der österreichischen Armee die deutsche, in der ungarischen die ungarische einzuführen, wobei jedoch die kroatische Sprache im Gefüge des ungarischen Heeres berücksichtigt werden müßte. Ebenso wäre die deutsche Sprache in allen die Führung berührenden taktischen, operativen und generalstabs-technischen Angelegenheiten als "Dispositionssprache" anzuerkennen. Auch wären wegen Erlernung der deutschen beziehungsweise der ungarischen Sprache in den militärischen Bildungsanstalten der beiden Heere und bei der Zulassung zur Ausbildung für die gemeinsamen Stäbe entsprechende Maßnahmen zu treffen. In allen Teilen der Wehrmacht wäre aber auf die Muttersprache des Mannes, so wie dies schon gegenwärtig der Fall ist, im Interesse der Ausbildung Rücksicht zu nehmen.

ENTWURF FÜR EIN MILITÄRGESETZ

Die Bestimmung der Wehrmacht

§ 1.

Die Wehrmacht der österreichisch-ungarischen Monarchie ist in ihrer Gesamtheit wie in jedem ihrer Teile zur Verteidigung des Gebietes sämtlicher unter der Herrschaft Seiner kaiserlichen und königlichen APOSTOLISCHEN MAJESTÄT stehenden Länder gegen äußere Feinde und zur Aufrechterhaltung der Ordnung und Sicherheit im Innern bestimmt.

Die Gliederung der Wehrmacht

§ 2.

Die Wehrmacht der österreichisch-ungarischen Monarchie gliedert sich in administrativer Hinsicht in das kaiserlich-königliche österreichische und das königlich ungarische Heer, die kaiserliche und königliche gemeinsame Kriegsmarine und das kaiserliche und königliche bosnisch-hercegovinische Heereskontingent.

Die Kommandogewalt

§ 3.

Die oberste Kommandogewalt über alle Teile der Wehrmacht steht im Frieden und im Kriege im Sinne des Gesetzes vom 21. Dezember 1867, Reichsgesetzblatt Nr. 146 (Gesetzartikel XII vom Jahre 1867) ausschließlich und ungeteilt Seiner kaiserlichen und königlichen APOSTOLISCHEN MAJESTÄT zu.

§ 4.

Zur obersten Kommandogewalt gehören:

1. Die Organisation der Wehrmacht einschließlich der Ernennung und Einteilung der Offiziere; insbesondere auch die Regelung der Dienst- und Kommandosprache, die Bestimmung der zur Handhabung der Kommandogewalt notwendigen allen oder nur einzelnen Teilen der Wehrmacht gemeinsamen Organe (Stäbe und Anstalten), die Erlassung genereller Normen für den Dienstbetrieb aller Teile der Wehrmacht (Reglements, Dienstbücher), die Festsetzung der Bewaffnung, Bekleidung und Ausrüstung.

2. Die Ausbildung der Truppen und Stäbe, die Vorbereitung und Durchführung von Truppenübungen aller Art und die Inspizierung aller Teile der Wehrmacht.

3. Die Verwendung aller Teile der Wehrmacht und deren Dislokation, das ist die Bestimmung ihrer Standorte.

4. Alle die Wehrmacht betreffenden operativen Angelegenheiten, insbesondere alle Verfügungen über die Wehrmacht während des Krieges, die teilweise oder volle Ergänzung auf den Kriegsstand sowie die Entlassung zur Wiederannahme des Friedensstandes, die Mobilisierung und Demobilisierung, das Befestigungswesen.

Die Militärverwaltung: der österreichische (ungarische) Kriegsminister

§ 5.

Zur Durchführung der gesamten Militärverwaltung für das österreichische (ungarische) Heer ist ein verantwortlicher kaiserlich-königlicher österreichischer (königlich ungarischer) Kriegsminister als Mitglied der österreichischen (ungarischen) Regierung berufen.

Ihm obliegt auch die politisch-administrative Tätigkeit hinsichtlich der gemeinsamen Teile der Wehrmacht für den Bereich der österreichischen Länder (Länder der ungarischen heiligen Krone).

Er hat bei der Vorbereitung der in sein Ressort fallenden Gesetze, bei der Erlassung von Verordnungen auf Grund dieser Gesetze und bei allen prinzipiellen Entscheidungen und Verfügungen das Einverständnis mit dem kaiserlichen und königlichen gemeinsamen Kriegsminister herzustellen.

Der österreichische (ungarische) Kriegsminister fungiert als Organ der Kommandogewalt, sofern ihm von SEINER MAJESTÄT auch die Durchführung von im § 4 bezeichneten Agenden für das österreichische (ungarische) Heer übertragen wird.

§ 6.

Zu der im § 5, Absatz 1, erwähnten Militärverwaltung gehören alle das österreichische (ungarische) Heer betreffenden Angelegenheiten, sofern sie nicht im § 4 der Kommandogewalt SEINER MAJESTÄT vorbehalten sind oder in den im § 7 umschriebenen

Wirkungskreis des gemeinsamen Kriegsministers fallen.

Die Militärverwaltung: Der gemeinsame Kriegsminister

§ 7.

Der gemeinsame Kriegsminister ist für die budgetmäßige Verwendung der zur Ausübung der Kommandogewalt jährlich bewilligten Gelder den Delegationen im Sinne des Gesetzes vom 21. Dezember 1867, R.G.Bl.Nr. 146 (Gesetzartikel XII vom Jahre 1867) verantwortlich.

Er hat in den im § 5, Absatz 3 genannten Angelegenheiten mit den Kriegsministern der beiden Staaten der Monarchie das Einverständnis herzustellen. Im Falle ein Einverständnis nicht zu erzielen ist, entscheidet SEINE MAJESTÄT.

Hinsichtlich der gemeinsamen Kriegsmarine verbleibt dem gemeinsamen Kriegsminister seine im Gesetze vom 21. Dezember 1867, R.G.Bl.Nr. 146 (Gesetzartikel XII vom Jahre 1867) begründete Kompetenz und Verantwortung.

Dem gemeinsamen Kriegsminister steht hinsichtlich des bosnisch-hercegovinischen Heereskontingentes die Militärverwaltung zu.

Als Organ der Kommandogewalt bearbeitet das gemeinsame Kriegsministerium die im § 4 bezeichneten Agenden.

Die Kosten

§ 8.

Die Kosten der Ausübung der Kommandogewalt und der vom gemeinsamen Kriegsminister geführten Militärverwaltung (mit Ausnahme des b.h. Heereskontingentes), ebenso die Kosten aller Befestigungen, der Mobilisierung jedes Teiles der Wehrmacht und der Kriegsführung sind gemeinsam.

Dagegen belasten die Kosten der von dem österreichischen (ungarischen) Kriegsminister geführten Militärverwaltung ausschließlich den österreichischen (ungarischen) Staat.

Die Aufhebung der Landwehr

§ 9.

Das Gesetz vom 5. Juli 1912, R.G.Bl.Nr. 129 über die k.k. Landwehr etc. (der Gesetzartikel XXXI vom Jahre 1912 über die Landwehr) wird außer Kraft gesetzt.

Die Abänderung des Militärgesetzes

§ 10.

Eine Abänderung dieses Gesetzes kann nur erfolgen, wenn das ungarische Militärgesetz, Gesetzartikel ....vom Jahre.... (das österreichische Militärgesetz, Gesetz vom........ R.G.Bl.Nr.....) im gleichen Sinne abgeändert wird.

Ich bitte EUER EXZELLENZ diese meine Vorschläge einer geneigten Prüfung zu unterziehen und mir ehestens EUER EXZELLENZ prinzipiellen Standpunkt bekanntgeben zu wollen.

Ich bin gerne bereit in mündliche Verhandlungen einzutreten, falls EUER EXZELLENZ diesem Weg vorerst den Vorzug geben sollten.

Schließlich glaube ich noch mit Nachdruck betonen zu sollen, daß ich für meine Person die tunlichst beschleunigte Herbeiführung eines Einverständnisses mit den Chefs beider Regierungen für dringend notwendig erachte, weil das Vorhandensein bestimmter, von den Regierungen der beiden Staaten untereinander und mit dem Kriegsminister gemeinsam festgestellter Richtlinien in dieser die Interessen der Monarchie wie nicht minder der beiden Staaten so tief berührenden Frage, die fast täglich wechselnde außen- und innenpolitische Situation entscheidend beeinflußen muß.

Diese Note richte ich gleichlautend an E.E. und an den (k.k., k.u.) Ministerpräsidenten.

Genehmigen etc.........

DOKUMENT IV

1918 03 04. Wien. Hauptmannauditor Professor Dr. Hans KELSEN konzipiert über besondere Weisung des k.u.k. Kriegsministers Rudolf Freiherr STÖGER-STEINER von STEINSTÄTTEN einen (ungültigen) Alleruntertänigsten Vortrag über die Reform der Militärverwaltung.

Original. Maschineschrift. Kriegsarchiv Wien. Präsidialakten des k.u.k. Kriegsministeriums 1918 19 - 12/1.

Allergnädigster Herr!

Die Erfahrung, die die Heeresverwaltung in diesem Kriege gesammelt hat, drängen nicht nur zu einer Reorganisation der kombattanten Wehrmacht, sondern fordern auch eine entsprechende Reform der Militärverwaltung. Ihre Vorbereitung habe ich neben anderen Aufgaben in mein Arbeitsprogramm aufgenommen.

Eine solche Reform der Militärverwaltung ist in doppelter Hinsicht von Bedeutung. Einerseits wird die mit der Revision des Verhältnisses zwischen Österreich und Ungarn verbundene Neugestaltung der staatsrechtlichen Basis der Wehrmacht eine prinzipielle Anpassung des militärischen Verwaltungsapparates an die geänderte Grundlagen erheischen. Andererseits wird die Militärverwaltung - die von der eigentlichen Kommandoführung schon aus staatsrechtlichen Gründen deutlicher als bisher zu scheiden sein wird - aus der ungesunden Isolierung befreit werden müssen, in der sie heute der Zivilverwaltung - trotz der mannigfachen Interessengemeinschaft zwischen beiden - gegenübersteht. Es wird eine Annäherung der von den Agenden der Kommandogewalt womöglich gesetzlich abzugrenzenden Militärverwaltung an den übrigen staatlichen Verwaltungsapparat anzustreben sein, indem Einrichtungen geschaffen werden, die dafür Gewähr leisten, daß der allgemeine Staatsgeist auch den militärischen Verwaltungskörper durchdringe, der nicht mehr als Staat im Staate, sondern als Glied des Staates von jedermann empfunden werden muß. Insbesondere wird die Frage einer Rechtskontrolle über die Militärverwaltung (nicht über die Kommandogewalt) und eine Reform der Militärgerichtsbarkeit - letztere mit besonderer Rücksicht auf die ernsten Erfahrungen dieses Krieges - in Erwägung zu ziehen sein.

Bei der außerordentlichen Bedeutung, die die Militärverwaltung während des Krieges gewonnen hat, und auch für die Zeit nach dem Kriege im allgemeinen Bewußtsein behalten wird, hat sich die Tatsache besonders fühlbar gemacht, daß die Militärjuristen - das Offizierskorps für den Justizdienst - eine vornehmlich strafrechtliche Ausbildung erhalten. Daraus mag zum Teile erklärlich sein, daß sie - die doch die einzige juristisch qualifizierte Standesgruppe darstellen - in der eigentlichen Militärverwaltung keine Verwendung finden. Diese wird im auffallenden Unterschiede von der Zivilverwaltung ausschließlich von Nichtjuristen geführt, ein Zustand, der mit dem Vordringen des Rechtsstaatsprinzips auch in diesem Bereich der Staatstätigkeit und mit der zunehmenden Komplikation der Rechtsgrundlagen der Militärverwaltung immer schwieriger wird.

Um den Militärjuristen diese erweiterte Verwendungsmöglichkeit zu schaffen, ist eine Reorganisation des Offizierskorps für den Justizdienst im Zuge der beabsichtigten Reform der Militärverwaltung dringend notwendig.

Während des Krieges hat sich auch der Umstand sehr unangenehm bemerkbar gemacht, daß das die Grundlage jeder geordneten Militärverwaltung bildende Militärverfassungs- und Verwaltungsrecht theoretisch wie praktisch so gut wie unbearbeitet ist. Während sich die Zivilverwaltung in einer reichen juridischen Literatur zu orientieren Gelegenheit hat, ist die Militärverwaltung bei den zahlreichen ihr auftauchenden Rechtsfragen ohne jede Direktive durch die Rechtswissenschaft. Zur Behebung dieses Mangels wäre es im militärischen Interesse dringend zu wünschen, daß an den juristischen Fakultäten wenigstens der beiden größten Universitäten der Monarchie - Wien und Budapest - sobald als möglich ordentliche Professuren für Militärrecht errichtet werden. Damit würde nicht nur die wissenschaftliche Bearbeitung dieses Gebietes des öffentlichen Rechtes gefördert, es würde auch die notwendige Kenntnis der militärischen Verfassung und Verwaltungsorganisation in die weitesten Kreise der Ziviljuristen und damit in die Bevölkerung überhaupt getragen werden. Gerade daran ist aber die Heeresverwaltung in höchsten Maße interessiert, weil ein Großteil der antimilitaristischen Schlagworte auf die Unkenntnis der Organisation des militärischen Staatszweckes zurückzuführen ist. Hätte der Mann nicht, wie das bisher der Fall ist, bei seinem Eintritt in die militärische Organisation das Gefühl, in ein ihm gänzlich unbekanntes und nach allgemeiner Meinung rechtloses Gebiet zu geraten, entfiele eine Quelle antimilitaristischer Gesinnung, mit der besonders nach dem Kriege wird gerechnet werden müssen.

Einer Lehrkanzel, der die Pflege des Militärrechtes gewidmet ist, fiele aber vor allem die für die Heeresverwaltung besonders wichtige Aufgabe einer öffentlichen rechtlichen Aus- und

Fortbildung der Auditoren und sonstiger juristisch qualifizierter Militärverwaltungsorgane zu.

Die Modernisierung und Annäherung der Militärverwaltung an die Zivilverwaltung - eine Maßnahme, die unter dem Gesichtspunkt eines demokratischen Fortschritts gewiß allseits die größten Sympathien finden würde - kann am besten dadurch verwirklicht werden, daß im Kriegsministerium ebenso wie schon jetzt in den beiden Landesverteidigungsministerien, eine Abteilung errichtet wird, die aus Ziviljuristen als Konzeptsbeamte zusammengesetzt ist. Diese Abteilung hätte die staats- und verwaltungsrechtlichen Fragen zu bearbeiten, aber auch die zahlreichen zivilrechtlichen Agenden zu vereinigen, die heute in verschiedenen Abteilungen des KM erledigt werden.

Schließlich wären dieser neuen Abteilung auch die zahlreichen völkerrechtlichen Fragen zuzuweisen, die sich in diesem Kriege speziell auf militärischen Gebiete ergeben haben. Bei der bevorstehenden Reform des Land- und Seekriegsrechtes hätte diese Abteilung die vom militärischen Interesse bestimmten Gesichtspunkte zu vertreten und auf diesem Gebiete der Militärverwaltung die Führung zu sichern.

Die Aufstellung einer solchen Abteilung hätte prinzipiell im Rahmen der juridischen Sektion zu erfolgen. Mit der tatsächlichen Durchführung wäre jedoch erst nach geraumer Zeit, wenn die geplante Reform bis zu einem gewissen Grade fortgeschritten ist, zu beginnen. Für den Anfang würde es genügen, eine mit den Vorarbeiten betraute kleine Gruppe aufzustellen, und von der Schaffung eines eigenen Status's von Zivilkonzeptsbeamten im Rahmen des KM vorerst noch abzusehen.

Nach befriedigender Lösung der Personalfrage werde ich mir alleruntertänigst gestatten,
EURER MAJESTÄT
auch nach dieser Richtung einen konkreten Antrag alleruntertänigst zu unterbreiten. Ebenso werde ich detaillierte Vorschläge für die Reorganisation des Offizierskorps für den Justizdienst mir erlauben in einem späteren Zeitpunkte alleruntertänigst vorzulegen.

Im gegenwärtigen Augenblicke erlaube ich mir alleruntertänigst zu bitten:
Geruhen
EUER MAJESTÄT
die oben entwickelten **Grundlinien für eine Reform der Militärverwaltung** und **Reorganisation des Offizierskorps für den Justizdienst** allergnädigst zu genehmigen und zu gestatten, daß ich

mit den Regierungen beider Staaten wegen der **Errichtung von Professuren für Militärrecht** das Einvernehmen pflege.

DOKUMENT V

1918 03 06. Wien. Hauptmannauditor Hans KELSEN konzipiert für das Präsidium des k.u.k. Kriegsministeriums den an den k.k. Minister für Kultus und Unterricht, an den k.k. Ministerpräsidenten, an den k.k. Minister für Landesverteidigung, an den k.u. Ministerpräsidenten und an den k.u. Minister für Landesverteidigung ergehenden Antrag auf Einrichtung einer ordentlichen Professur für Militärrecht an den Universitäten Wien und Budapest.

Original. Maschineschrift. Kriegsarchiv Wien. Präsidialakten des k.u.k. Kriegsministeriums 1918 19 - 12/1.

K.K. Minister für Kultus und Unterricht ... 1.
K.K. Ministerpräsident ... 2.
K.K. Minister für Landesverteidigung ... 3.
K.u. Minister für Kultus und Unterricht ... 4.
K.u. Ministerpräsident ... 5.
K.u. Minister für Landesverteidigung ... 6.
Expedit. ... 7.

Wien, am 6. März 1918
7.III.

1. Schon vor längerer Zeit hat die Heeresverwaltung ihr Interesse daran bekundet, daß an der Wiener Universität Vorlesungen über Heerwesen und sonstige Fragen militärischer Organisation abgehalten werden.

Die Angelegenheit ist jedoch bisher zu keinem befriedigenden Resultat gelangt. Wenn ich auf sie zurückkomme und den Gedanken in einer modifizierten Form wiederaufnehme, so geschieht es, gedrängt durch die Erfahrungen dieses Krieges.

1. und 4.

Bei der außerordentlichen Bedeutung, die die Militärverwaltung während des Krieges gewonnen hat, und auch für die Zeit nach dem Kriege im allgemeinen Bewußtsein behalten wird, hat sich die Tatsache besonders fühlbar gemacht, daß die Militärjuristen - das Offizierskorps für den Justizdienst - eine vornehmlich strafrechtliche Ausbildung erhalten. Daraus mag zum Teile erklärlich sein, daß sie - die doch die einzige juristisch qualifizierte Standesgruppe darstellen - in der eigentlichen Militärverwaltung keine Verwendung finden.*

Während des Krieges hat sich auch der Umstand sehr unangenehm bemerkbar gemacht, daß das **die Grundlage jeder geordneten Militärverwaltung** bildende **Militärverfassungs- und Verwaltungsrecht** theoretisch wie praktisch so gut wie **unbearbeitet ist.** Während sich die Zivilverwaltung in einer reichen juridischen Literatur zur orientieren Gelegenheit hat, ist die Militärverwaltung bei den zahlreichen ihr auftauchenden Rechtsfragen ohne jede Direktive durch die Rechtswissenschaft. Zur Behebung dieses Mangels wäre es im militärischen Interesse dringend zu wünschen, daß an den juristischen Fakultäten wenigstens der beiden größten Universitäten der Monarchie - **Wien und Budapest** - sobald als möglich **ordentliche Professuren für Militärrecht errichtet werden.** Damit würde nicht nur die wissenschaftliche Bearbeitung dieses Gebietes des öffentlichen Rechts gefördert, es würde auch die notwendige Kenntnis der militärischen Verfassung und Verwaltungsorganisation in die weitesten Kreise der Ziviljuristen und damit in die Bevölkerung überhaupt getragen werden. Gerade daran ist aber die Heeresverwaltung in höchsten Maße interessiert, weil ein Großteil der antimilitärischen Schlagworte auf die Unkenntnis der Organisation des militärischen Staatszweckes zurückzuführen ist. Hätte der Mann nicht, wie das bisher der Fall ist, bei seinem Eintritt in die militärische Organisation das Gefühl, in ein ihm gänzlich unbekanntes und nach allgemeiner Meinung rechtloses Gebiet zu geraten, entfiele eine Quelle antimilitaristischer Gesinnung, mit der besonders nach dem Kriege wird gerechnet werden müssen.

Einer Lehrkanzel, der die Pflege des Militärrechts gewidmet ist, fiele aber vor allem die für die Heeresverwaltung besonders wichtige Aufgabe einer öffentlichen rechtlichen Aus- und Fortbildung der Auditoren** und sonstiger juristisch qualifizierter Militärverwaltungsorgane zu.

----

* In der Reinschrift berücksichtigte Bleistiftkorrektur durch das Büro des Sektionschefs Generalchefauditor FEIGL: ... in der eigentlichen Militärverwaltung nur in beschränkter Weise Verwendung finden.

** In der Reinschrift berücksichtigte Bleistiftkorrektur durch das Büro des Sektionschefs Generalchefauditor FEIGL: ... Offiziere für den Justizdienst

Es ist in der Sache von großem Werte, daß die juristische Fakultät der **Wiener** ebenso wie die der **Budapester Universität** vor kurzem **aus eigener Initiative** Beschlüsse wegen **Errichtung von Militärrechts-Professuren** gefaßt hat. Für eine Information über den Stand dieser Angelegenheit wäre ich Euer Exzellenz sehr verbunden.

1.

Bemerken möchte ich nur, daß es im Interesse der Sache zu wünschen wäre, daß der mit den Vorlesungen zu betrauende Dozent neben seiner wissenschaftlichen Qualität als Theoretiker des öffentlichen Rechtes auch über entsprechende Kenntnisse der militärischen Verwaltungspraxis verfüge.

1. und 4.

Schließlich erlaube ich mir diensthöflichst zu ersuchen, mir Euer Exzellenz prinzipielle Stellungnahme zu meiner Anregung* bekannt geben zu wollen.

Genehmigen Euer Exzellenz etc. etc.

2. und 5.

Die in Abschrift folgende Note an den Minister für Kultus und Unterricht beehre ich mit dem Ersuchen um gefällige Unterstützung durch Euer Exzellenz zu übermitteln.

Genehmigen Euer Exzellenz ....

----

* Ebenso: ... Anregung, deren ehebaldigste Realisierung die Heeresverwaltung zu größtem Danke verpflichten würde, bekannt geben zu wollen.

DOKUMENT VI

1918 03 11. Wien. Separatvotum des Ernst Freiherr von SCHWIND (1865-1932) aus Anlaß des Antrages der rechts- und staatswissenschaftlichen Fakultät der Universität Wien auf Ernennung von Hans KELSEN (1881-1973) zum wirklichen außerordentlichen Professor des Staatsrechtes.

Abschrift. Allgemeines Verwaltungsarchiv Wien, Akten des Ministeriums für Kultus und Unterricht Nummer 9583 aus 1918.

Das Professoren-Kollegium der rechts- und staatswissenschaftlichen Fakultät hat in seiner Sitzung vom 27. Februar 1918 beschlossen, die Ernennung des Titular-Extraordinarius Dr. Hans KELSEN zum wirklichen a.o. Professor des Staatsrechtes und seiner Nebenfächer bei dem k.k. Ministerium zu beantragen.

Ich habe in der Sitzung gegen diesen Vorschlag meine Bedenken geltend gemacht, und da dieselben keine weitere Beachtung gefunden haben, gegen den Beschluß ein Separatvotum angemeldet, das ich hiermit erstatte.

Ich anerkenne ohne weiteres KELSENs große Begabung, sowie die Tatsache, daß seine wissenschaftlichen Arbeiten Produkte einer sehr scharfen logischen Geistesarbeit und zum teile sehr großen Fleises sind; und da ich mit meinen wissenschaftlichen Grundauffassungen auf einem von ihm völlig abweichenden in allen wesentlichen fast antipodisch entgegengesetzten Standpunkte stehe, so will ich darüber hinaus noch zugeben, daß vielleicht manche andere Vorzüge seinen Werken noch eigen sein mögen, die ich von meinem Standpunkte nicht so vollauf zu würdigen vermag. Auch das will ich nicht bestreiten, daß ich aus der Lektüre derselben so manche Anregung erhalte, und wäre es auch vorwiegend oder nur durch die heftige Opposition, die seine Gedankenreihen und seine Methode bei mir ausgelöst hat.

Mir erscheint das Recht in allen seinen Erscheinungen als ein Stück des Lebens. Von der ältesten Zeit bis zur Gegenwart herauf, von den Tagen, da wir die ersten Anzeichen rechtlicher Ordnung aufdecken können bis in unsere Ordnung, wie sie der moderne Rechtsstaat gezeitigt hat, kann man die Beobachtung machen, daß das äußere Zusammenleben der Menschen durch bestimmte Normen geregelt und geleitet wird, die ursprünglich auf ein Minimum eingeschränkt, aber auch heute noch gegenüber der unendlichen Mannigfaltigkeit des Lebens in geringer Zahl den Lebensverhältnissen einen äußeren Halt und eine gewisse Umrahmung geben; eine Umrahmung, die im Leben nicht überschritten werden soll, aber innerhalb deren doch noch weite Bewegungsfreiheit im Leben besteht. Steht nur so das Recht im engsten Zusammenhang mit dem Leben, so ist's mir auch selbstverständlich, daß der **Inhalt** der rechtlich geordneten bestimmten Lebensverhältnisse als das wichtigste erscheint.

Ganz anders KELSEN, der im Rechte nur etwas formales erblickt, der z.B. Hauptprobleme der Staatsrechtslehre S.675 es als einen Fehler aller juristischen Konstruktionen bezeichnet, "wenn sie physische Momente wie Wille, Interesse etc. in Rechtsbegriffe aufnehmen", als den Fehler, "daß sie sich in die der Welt der Rechtsbegriffe völlig fremde Welt des Seins, der Realität verirren!"

In dem Referate über KELSENs Habilitierung hat MENZEL u.a. hervorgehoben: Wenn KELSEN darzutun versucht, daß zum juristischen Wesen des Staates die Herrschaft nicht gehöre, daß er ein Rechtssubjekt wie jedes andere sei, daß es für die formelle Betrachtung nur Rechte und Pflichten, keine Über- und Unterordnung gebe, so mag das logisch korrekt sein; man kann also die Empfindung nicht unterdrücken, daß dieses Ergebnis in der "Welt des Seins" keine Stütze findet.

Von seinen Prämissen ausgehend konstruiert sich KELSEN einen Rechtsstaat, der nur aus den Geweben der Rechtsordnung und Rechtssätze aufgebaut ist und in dem alle realen Machtverhältnisse selbst weiter keine Beachtung verdienen; ist's nicht charakteristisch, daß nach seiner Auffassung der Monarch selbst im Rahmen dieses Rechtsstaates zum Teil keinen Raum findet (S.684 ff.). Das Privatrecht und Strafrecht erscheint ihm nur getragen durch die Aufstellung der Unrechtsfolgen, die Executive und Strafe; was besonders schöne Ergebnisse zeitigt für das Privatrecht. Man denke sich z.B. etwa ein Familienrecht, das lediglich aufgebaut wäre und nur soweit reichen würde, als die gerichtliche Execution. Wiederholt hat man den Eindruck als lehnte KELSEN ängstlich jeden Blick ins Historische ab, weil da die Unmöglichkeit seiner Auffassungen an der Macht der Tatsache sogleich klar hervortreten würde. Wer könnte sich unter Hinblick auf die Geschichte auch nur für einen Augenblick einen Staat ohne Herrschaft, ohne Über- und Unterordnung denken? Sollte das keine Mahnung sein, daß solche Gedanken auch für Gegenwart nicht von dieser Welt sind? Nun mag man ja die begriffliche abstrahierende Denkbarkeit, die KELSEN in seinem über 700 Seiten starken Bande über die Hauptprobleme der Staatsrechtslehre aufgehäuft hat, anerkennen, schätzen und bewundern und es mag dabei zweifelhaft sein, ob man ihr als rechtsphilosophischen Aufbau oder als Gedanken- Turn- und Akrobatenkunst die größere Bewunderung zollen soll.

Juristisch aber ist diese Richtung m.E. nur destruktiv und zersetzend, im Rahmen der akademischen Lehre für die Studierenden vielfach blendend, aber im Erfolge verwirrend und höchst bedenklich. Nach allem was mir über seine akademische Wirksamkeit bekannt ist und was mir sehr ernste Studenten, die an seinen Vorlesungen teilnehmen, berichten, ist sein Einfluß auf den Hörerkreis nicht gering; aber ausgehend von seinen in der höchsten Sphäre der Begriffswelt aufgebauten Spekulation fördert er, wie mir von sehr verläßlicher Seite berichtet wurde, bei den Hörern nur die ohnedies schon viel zu stark vorhandene Neigung nach unfruchtbarer Dialektik und untergräbt dabei jede Achtung vor dem positiven Rechte, dem Werte der positiven Gesetzgebung und der darauf aufgebauten Jurisprudenz. Eine Bewegung, welche es darauf anlegt eine Rechtsordnung aus einer abstrakten Gedankenwelt aufzubauen, ohne es dabei - wie selbstverständlich ist - zu irgend welchem positiven Ergebnisse zu bringen, erscheint mir nun als ernste Gefahr für die Zukunft unserer Juristen, zumal wenn sie mit soviel Geschick und äußerem Apparat in Scene gesetzt wird und zum großen Teil auf einen Boden fällt, der auch sonst nur zur Negation und zu Nihilismus in ökonomischen und sozialen Fragen hinneigt. Gegenüber der ernsten Arbeit die auf juristischem und ökonomischen Gebiete zu leisten wäre, ist es namentlich für die Schüler zu verlockend schön und leicht, diesem Geplänkel von Gedanken zu folgen, an dem schließlich jeder auch ohne positive Vorkenntnisse sich beteiligen kann. Wiederholt konnten wir schon die Beobachtung machen, daß fähige junge Leute, deren Studiengang [wir] mit der Hoffnung begleiten konnten, daß aus ihnen einmal tüchtige Juristen werden, mit dem Eintritt in den Bannkreis Dr. KELSENs für fruchtbare Arbeit m.E. verloren gingen.

Dabei geht meine Auffassung selbstverständlich nicht dahin, daß man wissenschaftliche Richtungen, die man nicht billigt, etwa deshalb unterdrücken sollte; das wäre schlechterdings unvereinbar mit allen unseren Grundanschauungen über die Freiheit der Wissenschaft und ihrer Lehre. Eine andere Frage aber ist die, ob man eine solche für unser soziales Leben und die Zukunft der Staatseinrichtungen und der Rechtswissenschaft m.E. höchst bedenkliche Richtung besonders fördern soll, wie dies durch Ernennung ihres Hauptvertreters auf eine in meinen Augen sonst ganz überflüssige 4. Lehrkanzel des Staatsrechtes geschehen würde.

Und ein akademisches Bedürfnis für seine Ernennung unter dem Gesichtspunkte der Pflege des Heeresrechtes scheint mir auch nicht so überwältigend zu sein, da dem ja leicht durch den a.o. Professor v. LAUN abgeholfen werden kann, der ohnedies mit der Abhaltung von Vorlesungen aus diesem Gebiete betraut und hiefür nach meiner Auffassung durch seine mehr positive Richtung gewiß nicht weniger als Dr. KELSEN berufen sein dürfte. Vielleicht würde auch ein Lehrauftrag für diese Zwecke genügen.

Ich möchte diese Ausführungen nicht schließen ohne eine Bemerkung allgemeiner Art.

Vielleicht liegt der Zug zu spekulativen in meinen Augen allzu theoretisierenden Betrachtungen in unserer Zeit.

Auf dem Gebiete der politischen Ökonomie hat ein ähnlicher Zug zur theoretischen Nationalökonomie und damit zu dem Glanz der Wiener Schule, MENGER, BÖHM, WIESER geführt; ich glaube mich aber nicht zu täuschen in der Annahme, daß eine gewisse Hypertrophie in dieser Richtung zu dem Rückschlag hingeführt hat, den man jetzt in der jüngeren Generation der Nationalökonomen beobachten kann und die Tatsache, daß es uns heute an Nationalökonomen fehlt, die über gründliche Kenntnis des wirtschaftlichen Lebens verfügen, scheint mir nicht außer Zusammenhang mit der zu starken Neigung zum Abstrakten und zur Theorie. Die heutige akademische Jugend aber ist sehr leicht zu begeistern zu einer kritisch dialektischen nicht aufbauenden sondern zersetzenden Richtung, an der man ohne viel Vorkenntnisse sich leicht beteiligen kann, mit dem Erfolge, sich in der Kritik scheinbar hoch über alles Vorangehende zu erheben. Zum Theile auf akademischem Boden gepflegt findet diese Bewegung auch von außen gefordert ihren Nährboden und ihren Widerhall in den verschiedenen sozialpolitischen, sozialdemokratischen und kulturpolitischen studentischen Vereinigungen.

Ist's bei dieser Sachlage wirklich notwendig, die Richtung auch auf juristischem Gebiete noch besonders zu fördern und gerade Denjenigen, der dieser ganz abstrakten Richtung am konsequentesten huldigt und der durch seine Begabung und seinen Anhang diese abstrakte Gedanken jurisprudenz bis in die allerhöchsten Sphären fortspinnt, gerade an unserer Universität zum Professor des Staats- und Heeresrechts zu ernennen?

Wien, 11. März 1918. Schwind m.p.

RECHTSHISTORISCHE REIHE

Band 1 Studien zu den germanischen Volksrechten. Gedächtnisschrift für Wilhelm Ebel. Vorträge gehalten auf dem Fest-Symposion anläßlich des 70. Geburtstages von Wilhelm Ebel am 16. Juni 1978 in Göttingen. Götz Landwehr (Hrsg.) 1982.

Band 2 Hans Poeschel: Die Statuten der Banken, Sparkassen und Kreditgenossenschaften in Hamburg und Altona von 1710 bis 1889. 1978.

Band 3 Thomas Kolbeck: Juristenschwemmen, Untersuchungen über den juristischen Arbeitsmarkt im 19. und 20. Jahrhundert. 1978.

Band 4 Norbert Hempel: Richterleitbilder in der Weimarer Republik. 1978.

Band 6 Martin C. Lockert: Die niedersächsischen Stadtrechte zwischen Aller und Weser. Vorkommen und Verpflechtungen. Eine Bestandsaufnahme. 1979.

Band 7 Joachim Rückert/Wolfgang Friedrich: Betriebliche Arbeitsausschüsse in Deutschland, Großbritanien und Frankreich im späten 19. und frühen 20. Jahrhundert. Eine vergleichende Studie zur Entwicklung des kollektiven Arbeitsrechts. 1979.

Band 8 Peter Bender: Die Rezeption des römischen Rechts im Urteil der deutschen Rechtswissenschaft. 1979.

Band 9 Friedrich Karl Alsdorf: Untersuchungen zur Rechtsgestalt und Teilung deutscher Ganerben burgen. 1980.

Band 10 Dietmar Willoweit/Winfried Schich (Hrsg.): Studien zur Geschichte des sächsisch-magdeburgischen Rechts in Deutschland und Polen (Sammelband). 1980.

Band 11 Brigitte Hempel: Der Entwurf einer Polizeiordnung für das Herzogtum Sachsen-Lauenburg aus dem Jahre 1591. 1980.

Band 12 Klaus-Detlev Godau-Schüttke: Rechtsverwalter des Reiches Staatssekretär Dr. Curt Joel. 1981.

Band 13 Rainer Polley: Anton Friedrich Justus Thibaut (AD 1772-1840) in seinen Selbstzeugnissen und Briefen. Teil 1: Abhandlung. Teil 2: Briefwechsel. Teil 3: Register zum Briefwechsel. 1982.

Band 14 Michael Wettengel: Der Streit um die Vogtei Kelkheim 1275-1276. Ein kanonischer Prozeß. 1981.

Band 15 Otto Wilhelm Krause: Naturrechtler des sechzehnten Jahrhunderts. Ihre Bedeutung für die Entwicklung eins natürlichen Privatrechts. 1982.

Band 16 Helga Spindller: Von der Genossenschaft zur Betriebsgemeinschaft. Kritische Darstellung der Sozialrechtslehre Otto von Gierkes. 1982.

Band 17 Holger Otte: Gustav Radbruchs Kieler Jahre 1919 - 1926. 1982.

Band 18 Rüdiger Teuner: Die fuldische Ritterschaft 1510 - 1656. 1982.

Band 19 Gerhard Dilcher/Rudolf Hoke/Gian Savino Pene Vidari/Hans Winterberg (Hrsg.): Grundrechte im 19. Jahrhundert. 1982.

Band 20 Karl-Heinz Schloßstein: Die westfälischen Fabrikengerichtsdeputationen - Vorbilder, Werdegang und Scheitern -. 1982.

Band 21 Birger Schulz: Der Republikanische Richterbund (1921-1933). 1982.

Band 22 Engelbert Krause: Die gegenseitigen Unterhaltsansprüche zwischen Eltern und Kindern in der deutschen Privatrechtsgeschichte. 1982.

Band 23 Meent W. Francksen: Staatsrat und Gesetzgebung im Großherzogtum Berg (1806 - 1813). 1982.

Band 24 Gerd von Sonnleithner: Bearbeitung des Handelsrechts durch Ignaz von Sonnleithner in seinem "Leitfaden über das österreichische Handels- und Wechselrecht". 1982.

Band 25 Rudolf Palme: Rechts-, Wirtschafts- und Sozialgeschichte der inneralpinen Salzwerke bis zu deren Monopolisierung. 1983.

Band 26 Helen Bosshard: Pestalozzis Staats- und Rechtsverständnis und seine Stellung in der Aufklärung. 1983.

Band 27 Jens Jessen: Die Selbstzeugnisse der deutschen Juristen. Erinnerungen, Tagebücher und Briefe. Eine Bibliographie. 1983.

Band 28 Günter Martin Jensen: Das Domanium Waldeck. Die rechtliche Zuordnung eines Fürstenvermögens. 1984.

Band 29 Johann Heinrich Kumpf: Petitionsrecht und öffentliche Meinung im Entstehungsprozeß der Paulskirchenverfassung 1848/49. 1983.

Band 30 Sabine Frey: Rechtsschutz der Juden gegen Ausweisungen im 16. Jahrhundert. 1983.

Band 31 Dietrich Joswig: Die germanische Grundstücksübertragung. 1984.

Band 32 Andreas Baryli: Konzessionssystem contra Gewerbefreiheit. Zur Diskussion der österreichischen Gewerberechtsreform 1835 bis 1860. 1984.

Band 33 Gerhard Oberkofler: Studien zur Geschichte der österreichischen Rechtswissenschaft. 1984.

Band 34 Rudolf Lauda: Kaufmännische Gewohnheit und Burgrecht bei Notker dem Deutschen. Zum Verhältnis von literarischer Tradition und zeitgenössischer Realität in der frühmittelalterlichen Rhetorik. 1984.

Band 35 Jens Jensen: Die Ehescheidung des Bischofs Hans von Lübeck von Prinzessin Julia Felicitas von Württemberg-Weiltingen AD 1648-1653. Ein beitrag zum protestantischen Ehescheidungsrecht im Zeitalter des beginnenden Absolutismus. 1984.

Band 36 Horst Schröder: Friedrich Karl von Savigny. Geschichte und Rechtsdenken beim Übergang vom Feudalismus zum Kapitalismus in Deutschland. 1984.

Band 37 Andreas Hatzung: Dogmengeschichtliche Grundlagen und Entstehung des zivilrechtlichen Notstands. 1984.

Band 38 Matthias Klasen. Das Billwerder Landrecht. Landrecht und Landgericht in den Hamburger Elbmarschen. 1985.

Band 39 Rainer Jamin: Aufbau, Tätigkeit und Verfahren der Auseinandersetzungsbehörden bei der Durchführung der preußischen Agrarreformen. 1985.

Band 40 Henry Winter: Teilschuld, Gesamtschuld und unechte Gesamtschuld. Zur Konzeption der §§ 420 ff. BGB - Ein Beitrag zur Entstehungsgeschichte des BGB. 1985.

Band 41 Hermann Eichler: Verfassungsbeschwerden in Amerika und Europa. 1985.

Band 42 Dagmar Bandemer: Heinrich Albert Zachariae. Rechtsdenken zwischen Restauration und Reformation. 1985.

Band 43 Eva-Christine Frentz: Das Hamburgische Admiralitätsgericht (1623-1811). Prozeß und Rechtsprechung. 1985.

Band 44 Karl Lillig: Rechtsetzung im Herzogtum Pfalz-Zweibrücken während des 18. Jahrhunderts. Ein Beitrag zur Geschichte der territorialen Rechtsbildung. 1985.

Band 45 Walter Weber: Die Entwicklung der Sparkassen zu selbständigen Anstalten des öffentlichen Rechts. Ein Beitrag zur Entwicklung des Anstaltsbegriffs im 19. Jahrhundert. 1985.

Band 46 Bärbel Baum: Der Stabreim im Recht. Vorkommen und Bedeutung des Stabreims in Antike und Mittelalter. 1986.

Band 47 Hans Popp: Die nationalsozialistische Sicht einiger Institute des Zivilprozeß- und Gerichtsverfassungsrechts. 1986.

Band 48 John Karl-Heinz Montag: Die Lehrdarstellung des Handelsrechts von Georg Friedrich von Martens bis Meno Pöhls. Die Wissenschaft des Handelsrechts im ersten Drittel des 19. Jahrhunderts. 1986.

Band 49 Volker D. Anhäusser: Das internationale Obligationenrecht in der höchstrichterlichen Rechtsprechung des 19. Jahrhunderts. 1986.

Band 50 Udo Beer: Die Juden, das Recht und die Republik. Verbandswesen und Rechtsschutz 1919-1933. 1986.

Band 51 Herbert Grziwotz: Der moderne Verfassungsbegriff und die "Römische Verfassung" in der deutschen Forschung des 19. und 20. Jahrhunderts. 1986.

Band 52 Ralf Conradi: Karl Friedrich Eichhorn als Staatsrechtslehrer. Seine Göttinger Vorlesung über "Das Staatsrecht der deutschen Bundesstaaten" nach einer Kollegmitschrift aus dem Wintersemester 1821/22. 1986.

Band 53 Dieter Dannreuther: Der Zivilprozeß als Gegenstand der Rechtspolitik im Deutschen Reich 1871 - 1945. Ein Beitrag zur Geschichte des Zivilprozeßrechts in Deutschland. 1987.

Band 54 Stephan Felix Pauly: Organisation, Geschichte und Praxis der Gesetzesauslegung des (Königlich) Preußischen Oberverwaltungsgerichtes 1875 - 1933. 1987.

Band 55 Rüdiger Schulz: Die Entstehung des Seerechts des Allgemeinen Deutschen Handelsgesetzbuches unter besonderer Berücksichtigung der Bestimmungen über die Reederei, den Schiffer und die Schiffsmannschaft. 1987.

Band 56 Reinhold Reis: Deutsches Privatrecht in den Weistümern der Zenten Schriesheim und Kirchheim. 1987.

Band 57 Jürgen Christoph: Die politischen Reichsamnestien 1918 - 1933. 1987.

Band 58 Gerhard Oberkofler/Eduard Rabofsky: Hans Kelsen im Kriegeinsatz der k.u.k.-Wehrmacht. Eine kritische Würdigung seiner militärtheoretischen Angebote. 1988.

Band 60 Gerhard Köbler (Hrsg.): Wege europäischer Rechtsgeschichte. Karl Kroeschell zum 60. Geburtstag. 1987.

Band 61 Rüdiger Hütte: Der Gemeinschaftsgedanke in den Erbrechtsreformen des Dritten Reichs. 1988.

Band 62 Markus Göldner: Politische Symbole der europäischen Integration. Fahne, Hymne, Hauptstadt, Paß, Briefmarke, Auszeichnungen. 1988.

Band 63 Wolfgang Kröner: Freiheitsstrafe und Strafvollzug in den Herzogtümern Schleswig, Holstein und Lauenburg von 1700 bis 1864. 1988.

Band 64 Werner Gaile: Die Norder Theelacht. 1988.

Band 65 Karl v. Kempis: Andreas Gaill (1526 - 1587). Zum Leben und Werk eines Juristen der frühen Neuzeit. 1988.

Band 66 Wolf-Rüdiger Osburg: Die Verwaltung Hamburgs in der Franzosenzeit. 1811-1814. 1988.

Band 67 Christian Schudnagies: Hans Frank. Aufstieg und Fall des NS-Juristen und Generalgouverneurs. 1988.